高等职业教育铁道运输类新形态一体化教材

列车行车安全装备

李　晛　岳艳虹◎主　编
王志亮◎副主编
贾　峰◎主　审

中国铁道出版社有限公司

2024年·北　京

内容简介

本书为高等职业教育铁道运输类新形态一体化教材之一。书中基于工作过程组织内容，按照项目引领、任务驱动的编写模式将列车行车安全装备原理及操作方法所需的理论知识与实践技能相互融合。全书包括六个项目，从铁路机务运用现场出发，以轨道电路与机车信号、列车运行监控装置、机车综合无线通信设备、机车车载安全防护系统、自动过分相系统、机车辅助操控系统的操作与维护为主，精选相关知识，内容通俗易懂，具有较强的针对性。

本书可作为高等职业院校铁道机车运用与维护专业的教材，还可供相关专业铁路工程技术人员参考使用。

图书在版编目(CIP)数据

列车行车安全装备 / 李晛，岳艳虹主编. -- 北京 ：中国铁道出版社有限公司，2024. 12. --(高等职业教育铁道运输类新形态一体化教材). -- ISBN 978-7-113-30741-7

Ⅰ. U298.1

中国国家版本馆 CIP 数据核字第 20244XX017 号

书　　名：列车行车安全装备
作　　者：李　晛　岳艳虹

责任编辑：亢丽君　　**编辑部电话：**(010)51873205　　**电子邮箱：**67204751@qq.com
封面设计：崔丽芳
责任校对：安海燕
责任印制：高春晓

出版发行：中国铁道出版社有限公司(100054，北京市西城区右安门西街 8 号)
网　　址：https://www.tdpress.com
印　　刷：天津嘉恒印务有限公司
版　　次：2024 年 12 月第 1 版　2024 年 12 月第 1 次印刷
开　　本：787 mm×1 092 mm 1/16　**印张：**13.75　**字数：**302 千
书　　号：ISBN 978-7-113-30741-7
定　　价：54.00 元

前言

实施科教兴国战略，强化现代化建设人才支撑，是中国共产党第二十次全国代表大会上作出的重大战略决策。教育、科技、人才是全面建设社会主义现代化国家的基础性、战略性支撑。通过职业教育类型的正确定位，加强产教融合、科教融汇，通过教材建设，完善评价体系。本书以铁路机车乘务员岗位为定位，结合岗位环境，依据真实设备，基于工作过程组织教学项目及任务，将理论与实践相结合，培养学习者知识、技能与素养的综合能力。本书由六个项目组成，项目一围绕轨道电路与机车信号，介绍轨道电路组成、信号制式、车载设备及机车信号机显示含义；项目二介绍LKJ2000型列车运行监控装置的设备组成、界面及相关操作，拓展介绍LKJ-15S型列车运行监控装置、机车防撞土挡装置；项目三围绕机车综合无线通信设备(CIR)的通话、调度命令、列尾与列车防护报警功能，梳理操作方法；项目四介绍机车车载安全防护系统(6A)及其操作；项目五和项目六分别对自动过分相系统和机车辅助操控系统(STO)进行介绍。本书图文并茂，资源丰富，具有较强的可读性、实用性和先进性。

本书编写理念主要有以下几点：

(1)理论教学与实践教学融合

教材的开发围绕岗位实际，结合教学内容设计教学项目及任务，对学习组织、教学评价、教学管理进行整体规划与设计，为职业学校实施课程改革提供完善的解决方案，提高实施效率和质量。

(2)职业素养与学习目标并行

教学环节的设计结合职业素养，注重安全意识、职业规范的培养；结合小组合作，培养学习者团队精神和沟通交流能力。

(3)注重学习者能力的培养

在教学设计中融入了大量的教学互动,启发学习者不断地思考、讨论、实作,在潜移默化中达成培养关键能力的目标。

本书由山东职业学院李晛、岳艳虹担任主编,王志亮担任副主编,中国铁路济南局集团有限公司机务部贾峰担任主审。参与编写的人员还有中国铁路济南局集团有限公司职工培训中心杨猛、中国铁路济南局集团有限公司济南机务段曾光、中国铁路济南局集团有限公司济南西机务段贾乾峰。

由于编者水平有限,书中难免不足与疏漏之处,恳请读者批评指正。

编　者

2024 年 10 月

目　录

项目一
轨道电路与机车信号

项目导语

机车信号能自动复示运行前方地面信号机显示内容的含义，用来自动反映机车或动车组的运行条件并指示其运行。机车信号机设在驾驶室内，不受天气和地形影响，可改善机车乘务员瞭望条件。机车信号就像机车的“眼睛”，帮助机车乘务员掌握前方线路的情况，保障列车的行车安全。

思维导图

任务一　轨道电路认知

工作任务

轨道电路用以传递列车占用信息，使得机车乘务员可以通过机车信号机的显示得知前方一段距离内列车的占用情况。在本任务中，通过分组讨论设计简单轨道电路，认识轨道电路设备，理解其工作原理。

任务目标

1. 了解轨道电路的作用、分类及工作状态。
2. 掌握轨道电路的组成及各部分的作用。
3. 识别轨道电路的设备。
4. 培养团队合作精神及学习主动性。

相关知识

轨道电路是铁路信号的重要基础设备之一，它的性能直接影响行车安全和运输效率。

轨道电路是利用钢轨做导体，中间的轨缝用轨端接续线连接起来，并用引接线连接电源和接收设备的电路。轨道电路用以检查线路上有无列车，传递列车占用信息，以及其他信号信息，是电气集中、行车闭塞、机车信号和调度集中等信号设备的基础设备。

一、轨道电路的组成

轨道电路的组成如图 1-1-1 所示，它由送电端、受电端、钢轨绝缘、引接线、轨端接续线及钢轨线路组成。

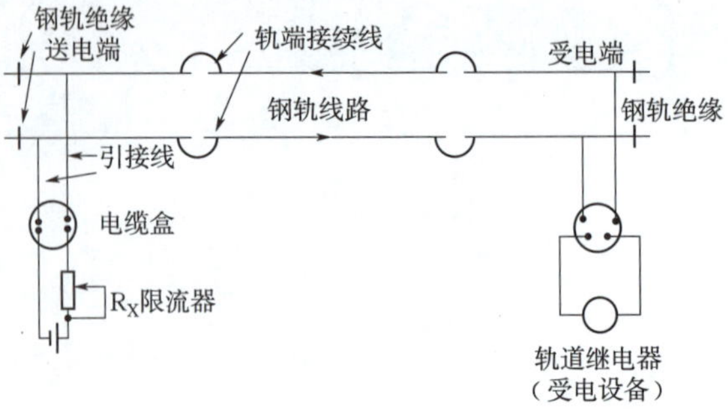

图 1-1-1 轨道电路的组成

1. 送电端（电源端或始端）

电源：直流电源、轨道变压器、信号发生器。

限流器：电阻器、电抗器，其作用是调整供给轨道电路的电压值，保护电源设备，相位调整，减轻干扰。

2. 受电端（继电器端或终端）

轨道继电器（GJ）：接收轨道信号电流并反映轨道电路的工作状态。轨道电路的接收设备一般采用电子器件，其作用和轨道继电器相同。

3. 钢轨绝缘

钢轨绝缘是为了分隔相邻轨道电路而装设的。

4. 引接线

引接线是连接轨道电路送受端变压器箱或电缆盒与钢轨的导线。

5. 轨端接续线

轨端接续线用来保持电信息延续。

6. 钢轨线路

钢轨线路用来传递电信息。送电端到受电端之间，即两个绝缘节间的钢轨线路为轨道电路的控制区段，也即轨道电路的长度。

二、轨道电路的工作原理

轨道电路是电气集中设备、调度集中设备等铁路信号设备的基础，它可以监督列车的运行情况，也可传递与行车有关的各种信息。

轨道电路的工作原理如图 1-1-2 所示。

当列车未轧上轨道电路，即线路空闲时，电流通过轨道继电器线圈，使轨道继电器保持在吸起状态，接通信号机的绿灯电路，允许列车进入轨道电路。

当列车进入分区，即线路被占用时，电流同时通过机车车辆轮对和轨道继电器线圈。由于轮对的电阻比轨道继电器线圈的电阻小很多，使电源输出电流显著增大，限流器上的压降

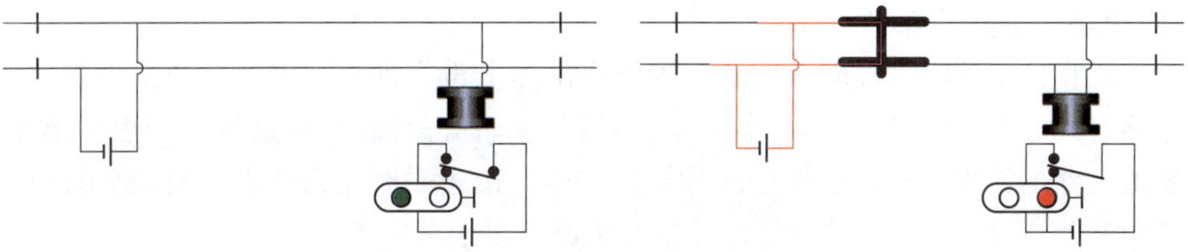

图 1-1-2　轨道电路的工作原理

随之也增大，两根钢轨间的电压降低，因而通过轨道继电器线圈的电流减小到继电器的释放值。轨道继电器的后接点接通信号机的红灯电路，向续行列车发送停车信号，以保证列车在该轨道电路分区内运行的安全。

综上所述，轨道继电器监督着轨道电路的工作状态，继电器的接点控制着信号机的显示，信号机的显示指挥着列车的运行，列车的运行改变着轨道电路的工作状态，这样反复循环地实施着轨道电路的自动控制。

由此可见，轨道电路能否正常工作，直接影响信号机的显示，关系列车安全与行车效率，为此，轨道电路必须具备下列条件：

1. 轨道电路分区空闲

轨道继电器应可靠吸起，保持正常工作。

2. 轨道电路分区被列车占用

轨道继电器的衔铁应释放落下。

3. 轨道电路设备发生故障（如钢轨断裂）

轨道继电器应立即释放落下，使信号机显示停车信号。

三、轨道电路的作用

（1）监督列车的占用。

（2）传递行车信息。

（3）检查线路的完整性。

四、轨道电路的分类

1. 按工作方式

（1）开路式轨道电路（图 1-1-3）

开路式轨道电路的轨道继电器在平时不吸起，当轨道电路有车占用构成闭合回路时轨道继电器吸起。它的优点是能够节约能源，但当轨道电路发生故障时不能实现故障导向安全。

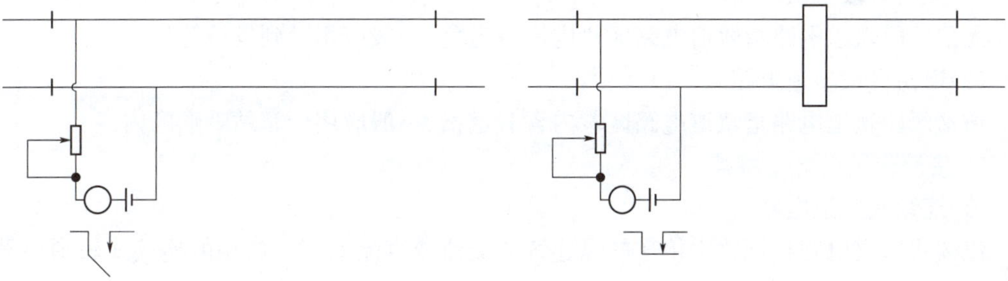

图 1-1-3　开路式轨道电路

(2)闭路式轨道电路(图 1-1-4)

闭路式指的是平时构成闭合回路。当轨道电路上没有列车占用时轨道继电器吸起;当轨道电路有列车占用时,轨道继电器落下;当发生断轨等故障时,轨道继电器也会落下。闭路式轨道电路的最大优点是能保证故障导向安全。由于平时无列车占用时,轨道继电器始终处于吸起状态,所以,闭路式轨道电路的最大缺点是浪费能源。

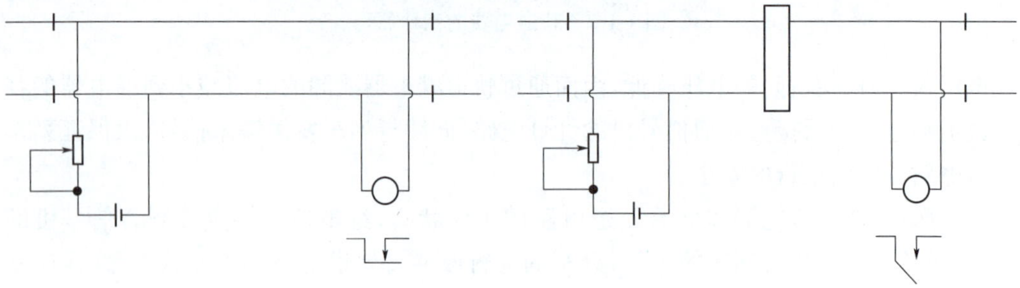

图 1-1-4 闭路式轨道电路

2. 按动作电源

(1)直流轨道电路

直流轨道电路采用直流电源供电,由于该轨道电路存在传输衰耗较大等缺点现已很少采用。

(2)交流轨道电路

各种交流轨道电路最主要的区别是轨道电源的信号频率范围不同,包含工频 50 Hz 的轨道电路,25 Hz 相敏轨道电路,ZPW-2000 系列、UM2000 系列、UM71 系列等移频轨道电路,JWXC-2.3 型轨道电路等。

3. 按分割方式

(1)有绝缘轨道电路

有绝缘轨道电路设有机械绝缘节,利用机械绝缘节将相邻两轨道电路区段分开。车站范围内的轨道电路基本都是有绝缘轨道电路。

(2)无绝缘轨道电路

无绝缘轨道电路并不是指它没有绝缘,而是没有机械绝缘节,但有电气绝缘节,即采用电气隔离方式将相邻两轨道电路区段分开。电气绝缘节的原理是利用谐振槽路,采用不同的信号频率,谐振回路对不同频率呈现不同阻抗,以实现相邻轨道电路间电气隔离。

4. 按有无道岔

(1)无岔区段轨道电路

无岔区段轨道电路指轨道电路区段内没有道岔,一般应用于到发线等处。

(2)道岔区段轨道电路

道岔区段轨道电路指轨道电路区段内含有道岔,一般应用于车站咽喉区内。

5. 按所传送的电流特性

(1)连续式轨道电路

连续式轨道电路在钢轨中传送的是连续的交流或直流电流。典型的连续式轨道电路有车站范围内使用的工频交流连续式轨道电路和 25 Hz 相敏轨道电路。

(2)移频式轨道电路

移频式轨道电路在钢轨中传送的是移频电流。典型的移频轨道电路有 ZPW-2000 系列、UM2000 系列、UM71 系列轨道电路。

(3)数字编码式轨道电路

数字编码式轨道电路根据速度码、线路坡度码、闭塞分区长度码、路网码等编码去调制载频。

五、轨道电路的基本工作状态

1. 调整状态

轨道电路的调整状态，指的是轨道电路完整、无车占用，接收设备正常工作时的状态。

2. 分路状态

轨道电路的分路状态，指的是当轨道电路区段有车占用时，接收设备停止工作的状态。

3. 断轨状态

轨道电路的断轨状态，指的是轨道电路的钢轨在某处折断的情况下，其接收设备应停止工作。

六、轨道电路设备

1. 轨道变压器

BG 型轨道变压器主要用于轨道电路供电，其一次侧为 220 V，二次侧依据所连接的端子不同，可以获得各种不同的电压值，范围在 0.45～10.80 V 之间。

2. 中继变压器

BZ_4 型中继变压器用于轨道电路的受电端，其一次端、二次端的变压比为 1∶20，一次端接到轨面，交流电压一般在 0.7～0.9 V，二次端接电缆返回室内。与 JZXC-480 型轨道继电器配合使用。

轨道变压器及中继变压器如图 1-1-5 所示。

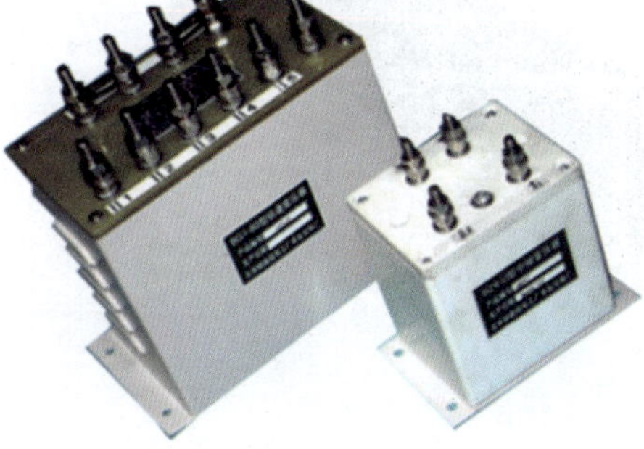

图 1-1-5　轨道变压器及中继变压器

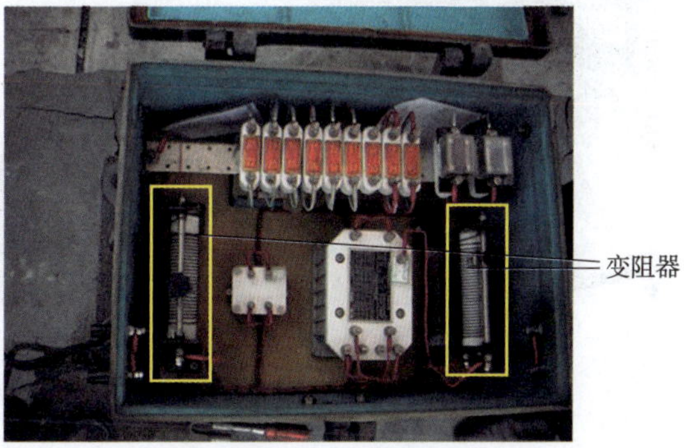

图 1-1-6　变阻器

3. 变阻器

轨道电路用变阻器为 R2.2/220 型，如图 1-1-6 所示。其阻值为 2.2 Ω，功率为 220 W、容许电流为 10 A、容许温度为 105 ℃。变阻器作用是保护轨道变压器不致过载损坏。

4. 钢轨绝缘

钢轨绝缘设于轨道电路分界处（图 1-1-7），用于隔离开相邻的轨道电路，保证相邻轨道电路之间的电气绝缘。同时，在轨道电路区段，其轨距保持杆、道岔连接杆、道岔连接垫板、尖端杆、转辙机的安装，以及其他有导电性能的连接两钢轨的配件，均应保持绝缘良好。

图 1-1-7　绝缘节

图 1-1-8　引接线

5. 轨道电路连接线

(1)引接线：连接轨道电路送、受电端变压器箱或电缆盒与钢轨的导线，如图 1-1-8 所示。引接线一般用涂有防腐油的多股钢丝绳制成，长度为 1.6 m 或 3.6 m。

(2)钢轨接续线：用于轨道电路接缝处的连接，以减小接触电阻，如图 1-1-9 所示。钢轨接续线有塞钉式（现场广泛使用）、焊接式两种。

(a)　(b)

图 1-1-9　钢轨接续线

任务实施

任务名称	轨道电路认知	任务编号	1.1
任务说明	掌握轨道电路的设备组成及各部分作用，能够分析其工作原理		

任务实施

1. 设计简单轨道电路

设计简单轨道电路：如何实现一段钢轨有车占用时地面信号显示红色，无车时显示绿色？

（1）经小组分析讨论后总结所设计的轨道电路需要的设备及其作用，填写下表。

序号	名称	作用
1		
2		
3		
4		
5		
6		
7		

（2）绘制所设计的轨道电路原理图。

2. 认知轨道电路组成及功能

在现场识别轨道电路设备组成及其作用，填写下表。

序号	名称	作用
1		
2		
3		
4		
5		
6		
7		

任务考核

班级　　　　　　　　　　　　　姓名　　　　　　　　　　　　　学号　　　　　　　　　　　　　第　小组

考核项目		考核要点	分值	自评	互评	师评
实践能力	设计简单轨道电路	轨道电路设备组成及其各部分作用的掌握情况	50			
	轨道电路组成及功能	轨道电路工作原理的掌握情况	30			
职业素质		安全意识、遵章守纪、团队合作	20			
小计						
权重(自评 30%+互评 30%+师评 40%)总分						

习题巩固

1. 轨道电路的组成包括________、________、________、________、________、________几大部分组成。

2. 轨道电路的基本工作状态有________、________和断轨状态。

3. 轨道电路按工作方式分为________与________轨道电路。

任务二　轨道电路信号制式认知

工作任务

轨道电路传递信息的方式是多种多样的，通过本任务的学习，理解各种信号制式的原理，认知相关设备。

任务目标

1. 理解轨道电路多种信号制式的原理、联系与区别。
2. 能够认知 ZPW-2000A 型无绝缘轨道电路相关设备。
3. 培养对比分析意识及学习的自主性。

相关知识

轨道电路中传递的信息是有不同制式的区别的，每一种信号制式的信号系统都由地面设备和机车上的接收、译码设备构成。轨道信号系统主要有以下几种：交流计数轨道电路系统、微电子交流计数轨道电路系统、极频脉冲信号系统、移频信号系统、法国多信息信号系统、ZPW-2000A 型无绝缘移频自动闭塞系统等。

一、交流计数轨道电路系统

交流计数轨道电路系统中地面发码设备有两种：一种发码周期为 1.6 s，另一种发码周期为 1.9 s。不同类型的发码设备，可使相邻轨道电路中传输的电码脉冲周期不同，以防止发生绝缘破损故障时可能造成的错误接收，每种发码设备可发出三种信息，满足三显示自动闭塞要求，机车信号机有五种显示。其中，由 L、U 码变为无码时，机车信号机显示白灯；由 HU 码变为无码时，机车信号机显示红灯。

图 1-2-1 为交流计数自动闭塞示意图，在列车运行至区段 1 时，轮对将两条钢轨短接，使得接收设备 2 收不到发码设备 1 发出的信息，接收设备 2 收不到码，就控制发码设备 2 发出 HU 码，点灯设备 2 使信号机 2 显示红灯(如果此时区段 2 有车，轨道电路中传送的是 HU 码，机车上的机车信号机显示 HU 灯)。接收设备 3 收到 HU 码，控制发码设备 3 发出 U 码，点灯设备使信号机 3 显示黄灯。接收设备 4 收到 U 码，控制发码设备 4 发出 L 码，点灯设备使信号机 4 显示绿灯。接收设备 5 收到 L 码，其发码设备仍发出 L 码，点灯设备使信号机显示绿灯。

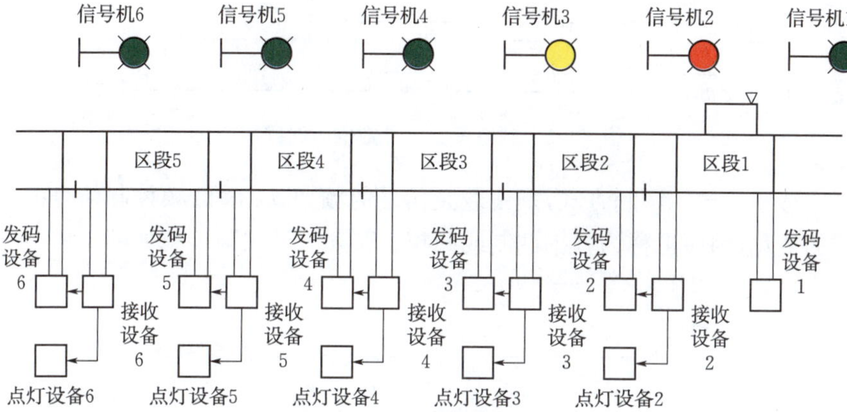

图 1-2-1　交流计数自动闭塞示意

二、微电子交流计数轨道电路系统

与交流计数轨道电路系统相比，微电子交流计数轨道电路系统可发送五种信息，区间可发送四种信息，使得通过信号机可显示四种信号，从而满足四显示自动闭塞。进站信号机增加 UU 码，从机车信号得知列车进车站的正线还是侧线，机车信号为六显示。

微电子交流计数电码自动闭塞发码器分 A 型和 B 型，以便在相邻闭塞分区进行交叉配置。微电子交流计数电码时间图如图 1-2-2 所示。

三、极频脉冲信号系统

极频脉冲信号系统在轨道电路中传输的是不同极性、不同频率的脉冲信息。它可发四种信息。极频脉冲信号系统的优点是：极频脉冲信号平均消耗功率小，瞬时发送的功率却很大，有利于提高抗干扰能力；由于是脉冲式轨道电路，所以轨道电路的传输特性较好；可以简化地面接收设备。

四、移频信号系统

移频信号系统以轨道电路为通道，利用移频信号的形式传送低频控制信息。

移频信号是一种调制信号，它是以低频控制信号对载波信号的参数进行改变，这种技术

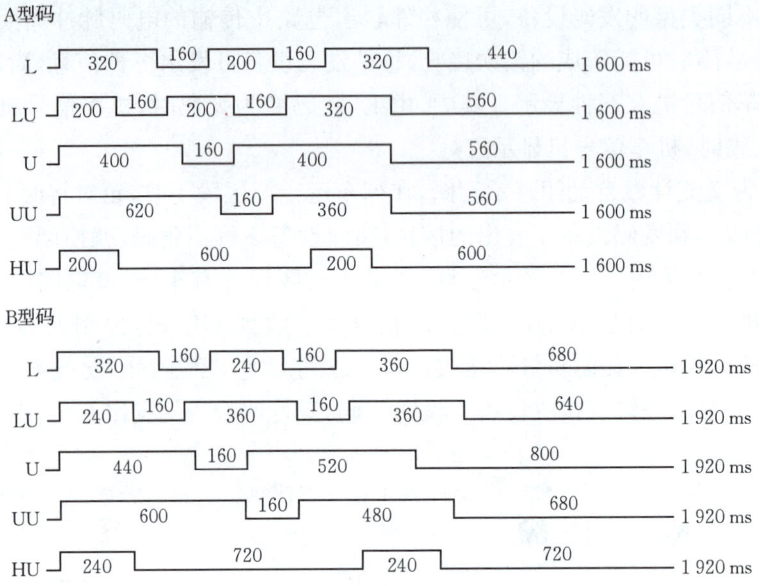

图 1-2-2 微电子交流计数电码时间图

称为“调制”。移频信号的调制方式，是使载频信号的频率 f_0 随低频控制信号的频率 f_c 产生一定形式的变化，因而也称为频率调制或调频。移频信号调制示意如图 1-2-3 所示。

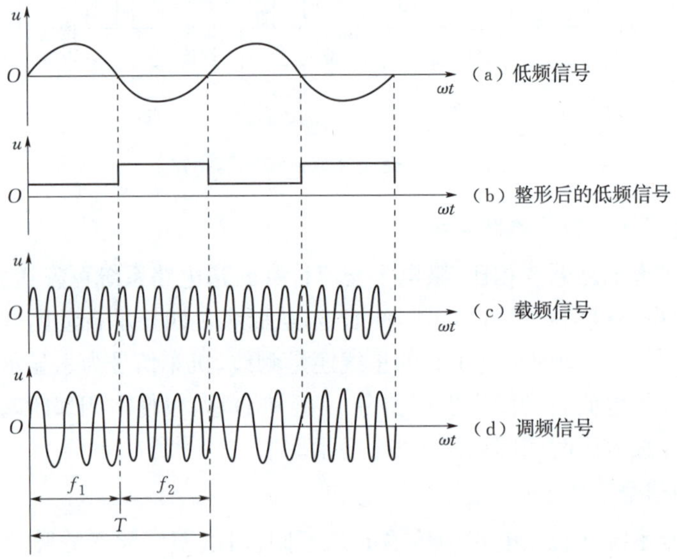

图 1-2-3 移频信号调制示意

移频信号的变化规律是以载频信号 f_0 为中心，做高低频率偏移。在轨道电路中传送的移频信号，是受低频控制信号 f_c 控制做交替变化的高端载频 f_2 和低端载频 f_1，二者交替变化一次叫作一个周期 T，而它们在每秒内交替变化的次数与低频控制信号的频率是相同的，例如 $f_c=11$ Hz，即每秒要交替变化 11 次。在轨道电路中传输的移频是低端载频 f_1 和

高端载频 f_2，它们做近似突变性的变化，好像频率在移动，因此被称为移频信号。

移频信号具有较强的抗干扰能力，可以防止外界干扰的侵入，因而它既适用于内燃牵引区段，也适用于干扰大的交流电气化牵引区段。在采用三显示自动闭塞的牵引区段，移频信号的低频控制信号频率 f_c 共有四种。

移频自动闭塞的中心载频 f_0 也设计为四种，即上行线采用 650 Hz 和 850 Hz 两种频率交错排列，下行线以 550 Hz 和 750 Hz 两种频率交错排列。这样便可以防止同一线路两相邻闭塞分区之间，因钢轨绝缘破损造成的错误干扰，以及防止双线区段上、下行线路之间相互干扰。

综上所述，在移频闭塞分区轨道电路中传输的移频信号，就是以四种低频控制信号 f_c 分别对四种中心载频 f_0 进行调制以后产生的信号波形，即 $f_0 \pm \Delta f$，Δf 称为频偏，其频率为 55 Hz。移频信号实际上是低端载频（也叫下边频）f_1 和高端载频（也称上边频）f_2 两个交替变换的正弦交流信号，即由 $f_1 \to f_2$，再由 $f_2 \to f_1$，每秒内变换 f_c 次。在单线自动闭塞区段，因为不存在邻线相互干扰问题，所以只采用 650 Hz 和 850 Hz 两种中心载频交错排列。在双线区段，则采取在上行线以 650 Hz 和 850 Hz，下行线以 550 Hz 和 750 Hz 交错排列的方法。

如图 1-2-4 所示，以下行方向为例，当先行列车 A 在 1G 内行驶时，防护该闭塞分区的通过信号机 7 显示红灯。这时通过信号机 7 处的发送设备 FS 自动产生以 26 Hz 低频控制信号调制中心载频 750 Hz 的移频信号，并向后方 2G 内发送；通过信号机 5 处的接收设备 JS 接收到此移频信号以后，通过信号机 5 显示黄灯。此时通过信号机 5 的发送设备 FS，自动产生以 15 Hz 低频控制信号调制中心载频 550 Hz 的移频信号，并向其后方 3G 发送；在通过信号机 3 处的接收设备 JS 接收到此移频信号后，通过信号机 3 便显示绿灯。同理，通过信号机 3 的发送设备 FS，自动向其后方 4G 发送以 11 Hz 低频控制信号调制中心载频为 750 Hz 的移频信号，使通过信号机 1 显示绿灯。这时追踪列车 B 的司机，便可以在绿灯下按线路允许最大速度驾驶列车运行。

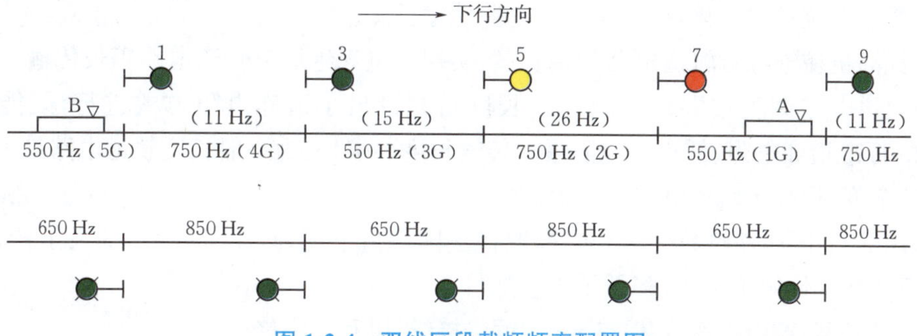

图 1-2-4 双线区段载频频率配置图

五、法国多信息信号系统

法国多信息信号系统是在区间采用 UM71 系列无绝缘轨道电路的四显示信号系统，其信息量除满足四显示自动闭塞本身的要求外，还满足区间和站内列车速度等级的要求。四显示自动闭塞采用 L、LU、U、H 四种色灯显示。

UM71 系列无绝缘轨道电路传送的是一种移频信号，由发送器产生低频信号，其频率记

作 f_{tbf}，从 10.3 Hz 至 29 Hz 按 1.1 Hz 等差数列递增，共有 18 个低频频率，即 $f_{tbf}=10.3+1.1n$ （$n=0\sim17$）。

f_{tbf} 系列：10.3 Hz、11.4 Hz、12.5 Hz、13.6 Hz、14.7 Hz、15.8 Hz、16.9 Hz、18.0 Hz、19.1 Hz、20.2 Hz、21.3 Hz、22.4 Hz、23.5 Hz、24.6 Hz、25.7 Hz、26.8 Hz、27.9 Hz、29.0 Hz。

发送器的载频频率有四种，即 1 700 Hz、2 000 Hz、2 300 Hz 和 2 600 Hz。上行线路为 2 000 Hz、2 600 Hz 相间隔排列，下行线路为 1 700 Hz、2 300 Hz 相间隔排列。移频信号的频偏 Δf 为 10.3 Hz。

六、ZPW-2000A 型无绝缘移频自动闭塞系统

ZPW-2000A 型无绝缘移频自动闭塞系统（ZPW-2000A 型无绝缘轨道电路）是我国充分吸收 UM71 系列无绝缘轨道电路技术优势，自主研发的不仅满足主体化机车信号和列车超速防护对轨道电路的高安全性、高可靠性要求，同时提高轨道电路传输安全性、传输长度、系统可靠性及技术性能价格比的产品。

ZPW-2000A 型无绝缘轨道电路采用调谐式电气绝缘节，沿钢轨按规定距离敷设补偿电容，进行传输补偿。由于两相邻平行 ZPW-2000A 型无绝缘轨道电路采用相同载频，因此必须具备可靠的邻线干扰防护能力，以满足双线双方向运行的要求。

ZPW-2000A 型无绝缘轨道电路采用的标准载频为 1 700 Hz、2 000 Hz、2 300 Hz、2 600 Hz。传输的低频调制信号频率与法国多信息信号系统相同。

1. 主要技术特点

（1）充分保持 UM71 系列无绝缘轨道电路在整体结构上的优势。

（2）实现了调谐区断轨检查，实现轨道电路全程断轨检查。

（3）实现对调谐单元断线故障的检查。

（4）实现对拍频干扰的防护。

（5）通过系统参数优化，提高了轨道电路传输长度。

（6）提高机械绝缘节轨道电路传输长度，实现与电气绝缘节轨道电路等长传输。

（7）轨道电路调整按固定轨道电路长度与允许最小道砟电阻方式进行，既能够满足 1 Ω · km 标准道砟电阻、低道砟电阻最大传输长度要求，又为一般长度轨道电路最大限度提供了调整余度，提高了轨道电路工作稳定性。

（8）用 SPT 国产铁路数字信号电缆取代法国进口电缆，减小了线径，加大了传输距离，提高了系统技术性能价格比，降低了工程造价。

（9）采用钢包铜引接线取代 75 mm^2 铜引接线，以利于维修。

（10）发送器采用双机"1+1"冗余，接收器采用成对双机并联运行，提高了系统的可靠性，大幅度增加单一电子设备故障不影响系统正常工作的时间。

（11）区间和站内轨道电路采用计算机编码控制方式。

（12）道岔区段采用分支并联方式的一体化轨道电路。

2. 系统构成及安装方式

ZPW-2000A 型无绝缘移频自动闭塞系统构成如图 1-2-5 所示。

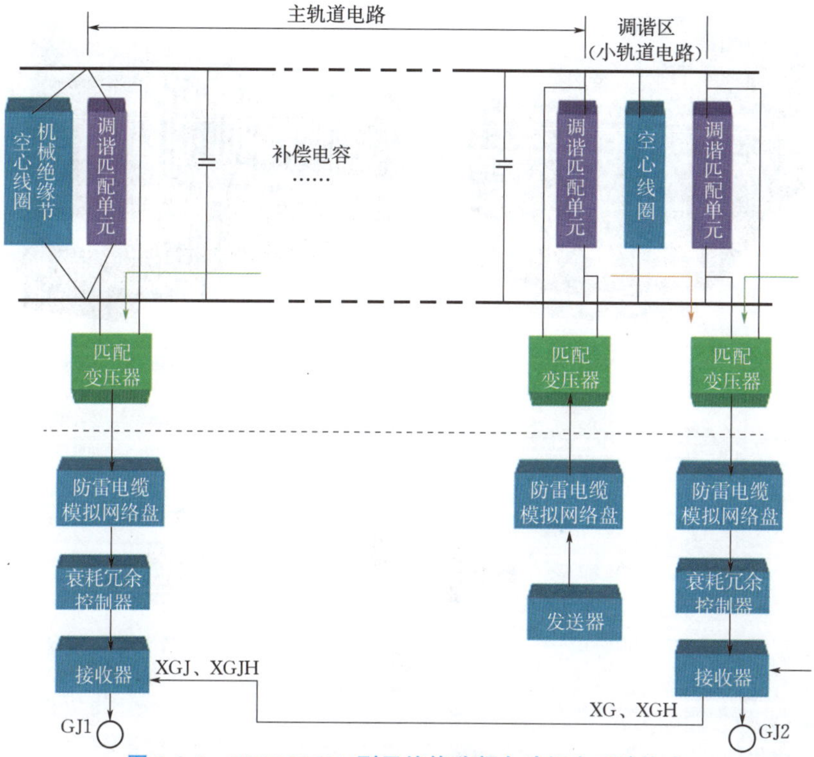

图 1-2-5　ZPW-2000A 型无绝缘移频自动闭塞系统构成

ZPW-2000A 型无绝缘移频自动闭塞系统室内设备由发送器(图 1-2-6)、接收器(图 1-2-7)、衰耗冗余控制器(图 1-2-8)、防雷电缆模拟网络盘(图 1-2-9)、通信盘、机柜等构成。每台机柜可安装纵向 5 路组合,每路组合可安装 2 个轨道电路的设备,发送器、接收器、衰耗冗余控制器;防雷电缆模拟网络盘安装在接口柜中;通信盘安装在列控机柜中。

室外设备由调谐匹配单元(图 1-2-10)、空芯线圈(图 1-2-11)、补偿电容器等构成。调谐匹配单元安装在轨道旁的基础桩上,两端用钢包铜引接线与钢轨连接。空芯线圈安装在调谐区的中间,固定在轨道旁的基础桩上,然后用钢包铜引接线与钢轨连接。调谐匹配单元和空芯线圈外部安装有复合材料制成的防护罩。电容器按规定的参数和间距,采用镀锡塞钉或专用销钉与钢轨连接。

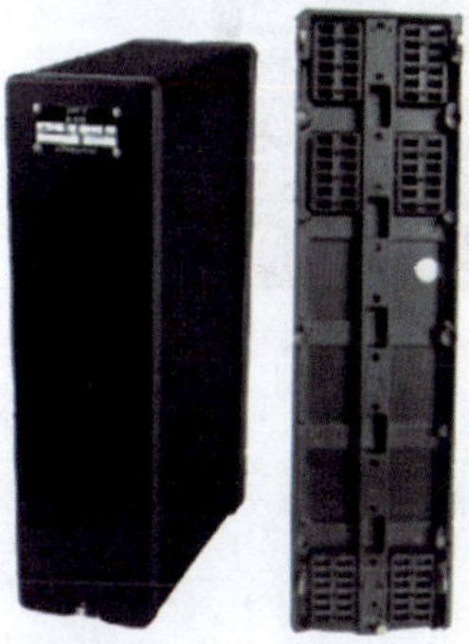
图 1-2-6　发送器

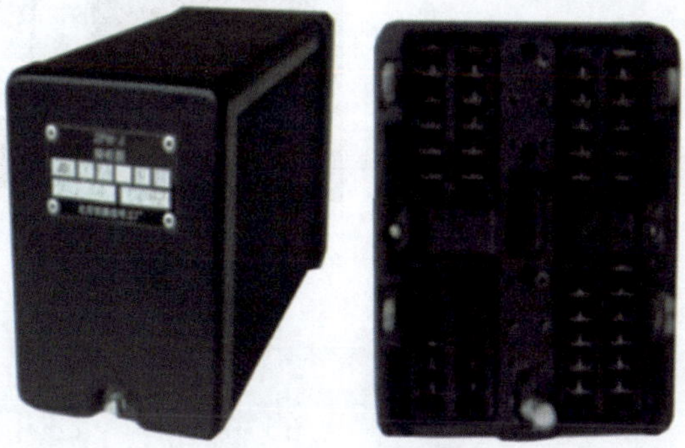
图 1-2-7　接收器

图 1-2-8 衰耗冗余控制器

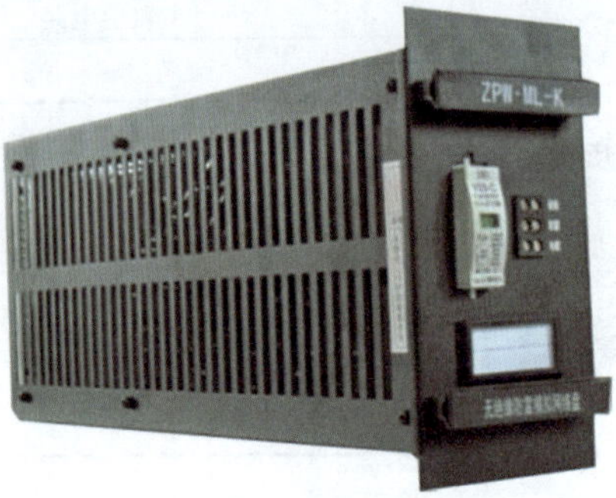

图 1-2-9 防雷电缆模拟网络盘

图 1-2-10 调谐匹配单元

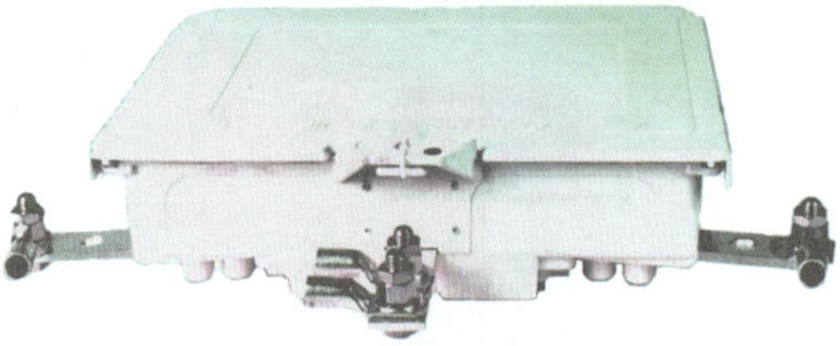

图 1-2-11 空芯线圈

任务实施

<table>
<tr><td>任务名称</td><td>轨道电路信号制式认知</td><td>任务编号</td><td>1.2</td></tr>
<tr><td>任务说明</td><td colspan="3">掌握 ZPW-2000A 型无绝缘轨道电路室外设备</td></tr>
<tr><td rowspan="2">任务实施</td><td colspan="3">ZPW-2000A 型无绝缘轨道电路室外设备</td></tr>
<tr><td colspan="3">观察现场 ZPW-2000A 型无绝缘轨道电路室外设备，说出其名称及功能，并填写下表。

<table>
<tr><td>序号</td><td>名　称</td><td>作　用</td></tr>
<tr><td>1</td><td></td><td></td></tr>
<tr><td>2</td><td></td><td></td></tr>
<tr><td>3</td><td></td><td></td></tr>
<tr><td>4</td><td></td><td></td></tr>
</table>
</td></tr>
</table>

任务考核

班级　　　　　　　　姓名　　　　　　　　学号　　　　　　　　第　小组

考核项目		考核要点	分值	自评	互评	师评
实践能力	ZPW-2000A 型无绝缘轨道电路室外设备	ZPW-2000A 型无绝缘轨道电路室外设备的识别情况	70			
职业素质		安全意识、遵章守纪、团队合作	30			
小计						
权重(自评 30%＋互评 30%＋师评 40%)总分						

习题巩固

1. 轨道电路信号制式的种类有哪些?

2. 什么是移频信号?

任务三　JT-C 系列机车信号车载系统设备认知

工作任务

机车信号车载系统设备是机车乘务员获取前方运行条件的重要设备。通过本任务的学习,认知机车信号车载系统设备,理解其工作原理。

任务目标

1. 掌握机车信号车载系统设备构成及工作原理。
2. 能够识别 JT-C 系列机车信号车载系统设备。
3. 培养安全意识。

相关知识

机车信号车载系统是一种能够自动显示列车运行前方地面信号机显示的系统。它通过对接收到的地面信号的处理,得到列车运行前方信号机的显示信息,并将该信息通过机车信号显示机构复示出来,以此来反映列车的运行条件。

随着列车速度的提高,机车交路的延长,铁路运输对机车信号车载系统设备的要求也越来越高。JT-C 系列机车信号车载系统设备吸取了 JT1-A/B 型通用式机车信号车载系统设备及 JT1-CZ2000 型主体化机车信号车载系统设备多年来运用的经验,采用 DSP 技术,按照故障—安全原则设计，具有数据记录和远程监控接口功能，满足《机车信号车载系统设备》(TB/T 3287—2013)的要求，是机车信号车载系统设备升级产品。

一、系统设备构成

JT-C 系列机车信号车载系统设备由以下几部分构成：机车信号主机、机车信号机、双路接收线圈、机车信号远程监测数据传输模块(选配)等。

图 1-3-1 为 JT-C 系列机车信号车载系统设备构成(单端安装)，实线部分为本系统部件。图 1-3-2 为 JT-C 系列机车信号车载系统设备构成(双端安装)，实线部分为本系统部件。

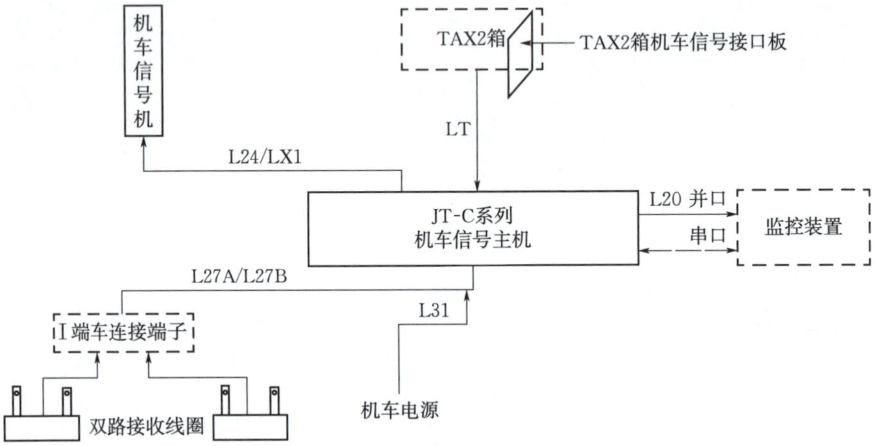

图 1-3-1 JT-C 系列机车信号车载系统设备构成(单端安装)

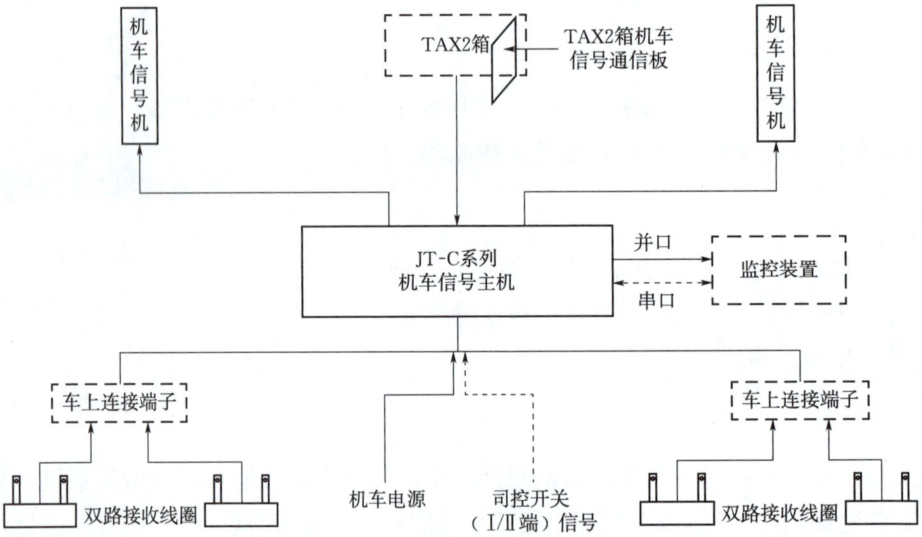

图 1-3-2 JT-C 系列机车信号车载系统设备构成(双端安装)

1. 机车信号主机

接收线圈接收到钢轨信号后，机车信号主机(图 1-3-3)对接收的信号进行处理，解调、译码得到信号信息，输出到机车信号机显示给机车乘务员，同时机车信号信息输出到监控装置作为控车基本条件。

机车信号主机采用 6 槽机箱结构，自左至右分别为记录板插板、主机板 A、主机板 B、连接板、电源板一、电源板二，如图 1-3-4 所示。

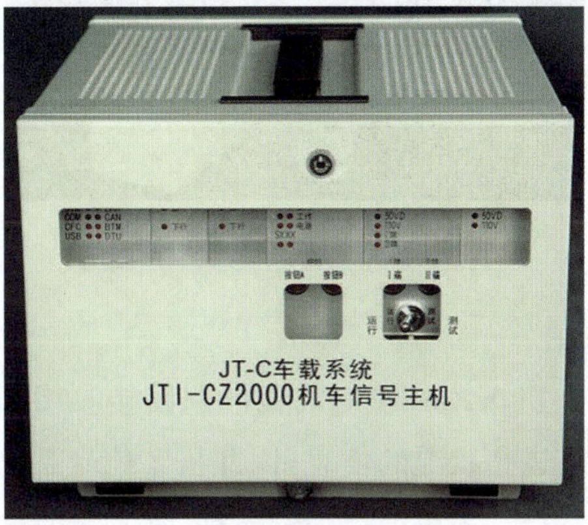

图 1-3-3　机车信号主机

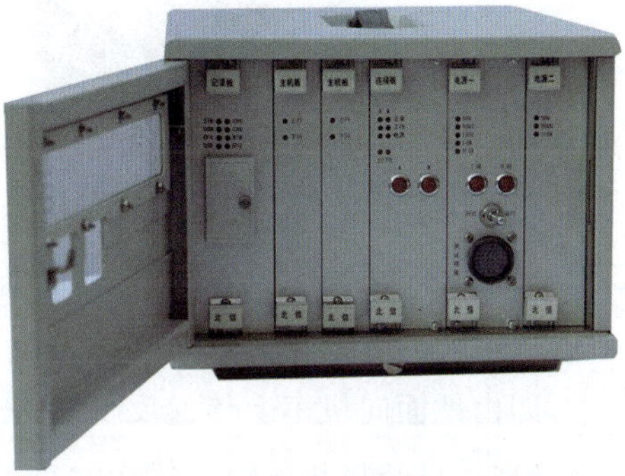

图 1-3-4　机箱前面板示意

记录板实现在机车运行过程中的有关动态信息的采集、记录，并通过 U 盘作为转存介质进行读取。

主机板完成信号的接收及输出工作，两块主机板，两块电源板、双路接收线圈构成双套热备冗余系统。

连接板实现电源分配、主机状态显示、并口输出的双套切换等功能。

两块电源板中，各含一块电源模块，电源模块每路输入为 110 V，输出为双路 50 V。一路为接收主机电路提供 50 V 工作电源，另一路为动态控制安全点灯电路提供 50 V 点灯电源。

2. 机车信号机

双面八显示机车信号机(图 1-3-5)8 个灯位，从上到下依次是：绿、半绿半黄、黄、黄 2、半黄半红、双半黄、红、白。机车信号机按主机译码后的点灯输出及制式输出显示。信号机下端设有载频切换(上下行)开关和载频组指示灯，指示灯可显示机车信号主机正在接收的载频组(上下行)状态；机车信号机下端设有 ZS 显示和操作端显示，用于指示当前操作端和译码制式(接收 ZPW-2000 制式时，ZS 指示灯闪亮，其他制式 ZS 指示灯灭)。

3. 双路接收线圈

双路接收线圈(图 1-3-6)安装在机车转向架前端，通过与钢轨的电磁耦合接收钢轨上的信号后传送给机车信号主机。双路接收线圈内部为双路冗余线圈，保证当在一路接收线圈断线时，或因中间连线故障而使主机无法接收到地面信号时，另外一路接收线圈保证机车信号主机仍能正常译码输出。

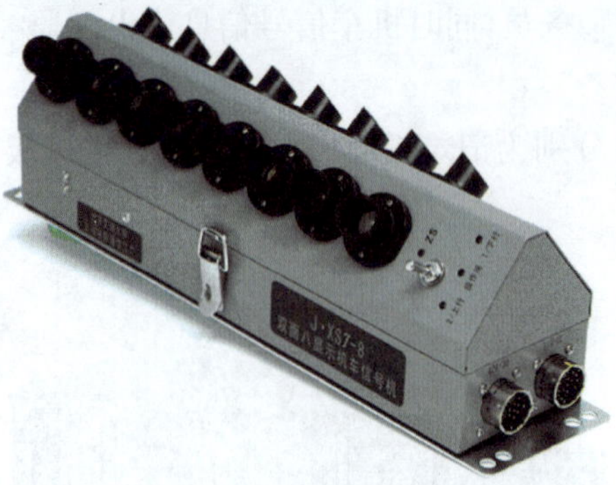

图 1-3-5　双面八显示机车信号机

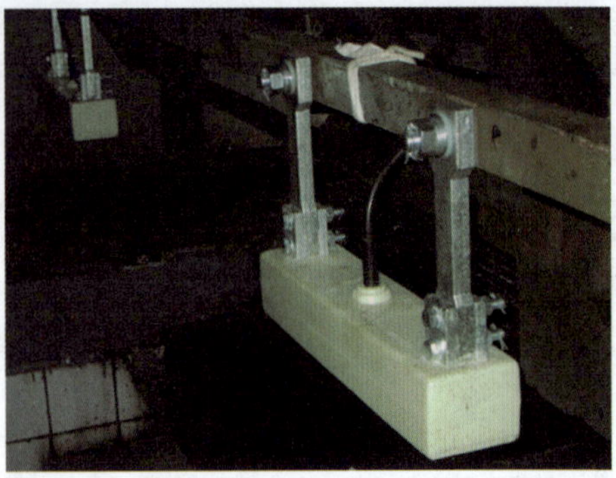

图 1-3-6　双路接收线圈

二、JT-C 系列机车信号车载系统设备工作原理

JT-C 系列机车信号车载系统设备通过安装在机车第一轮对前面的双路接收线圈接收轨面信息，即由地面向机车上传递反映线路空闲与进路状况的信息，因此机车信号系统通过车载设备和地面设备将相关信息传送给机车信号主机，主机通过模数变换、数字信号处理等一系列解调、译码处理过程将译码结果显示于安装在司机室的显示器上，指导机车乘务员按照机车信号的显示要求行车，同时把机车信号信息输出至监控装置作为控车基本条件。

机车信号记录板可对机车信号运行状态及地面信息进行记录，并可通过地面处理系统对机车信号运行过程中采集的有关动态信息进行读取分析。

1. 机车信号主机原理

机车信号主机把从两路接收电路同时接收到的轨面信息由隔离放大器进行隔离，经 A/D 转换，由 DSP 芯片进行处理、译码，控制相应的输出显示。

机车信号主机的原理框图如图 1-3-7 所示。双路接收线圈的一路接主机板 A，另一路接主机板 B，主机输出除原来并行输出外，预留了 CAN 总线输出或 RS-485 输出，可支持双向信息传输。

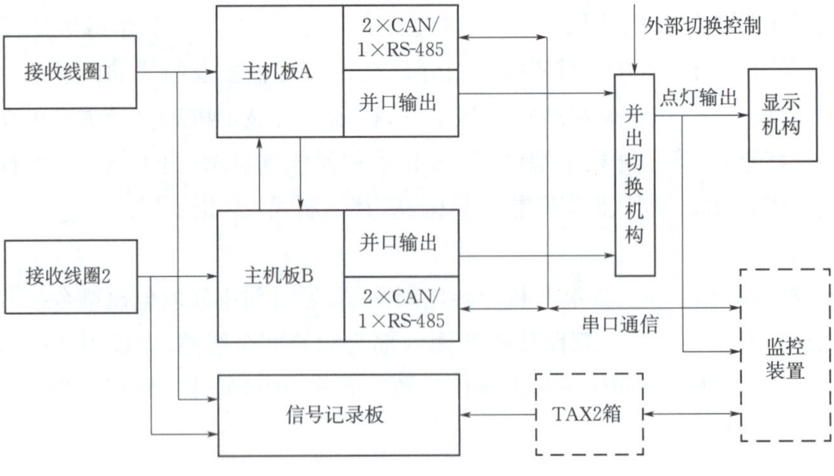

图 1-3-7　接收主机结构原理框图

主机的每块主机板采用二取二容错安全结构,即每块主机板中有 2 路独立接收译码通道,2 路的译码输出结果进行比较,比较一致才有有效输出。如果输出结果不一致,则禁止输出并立即进入设备复位自检模式。其原理如图 1-3-8 所示。

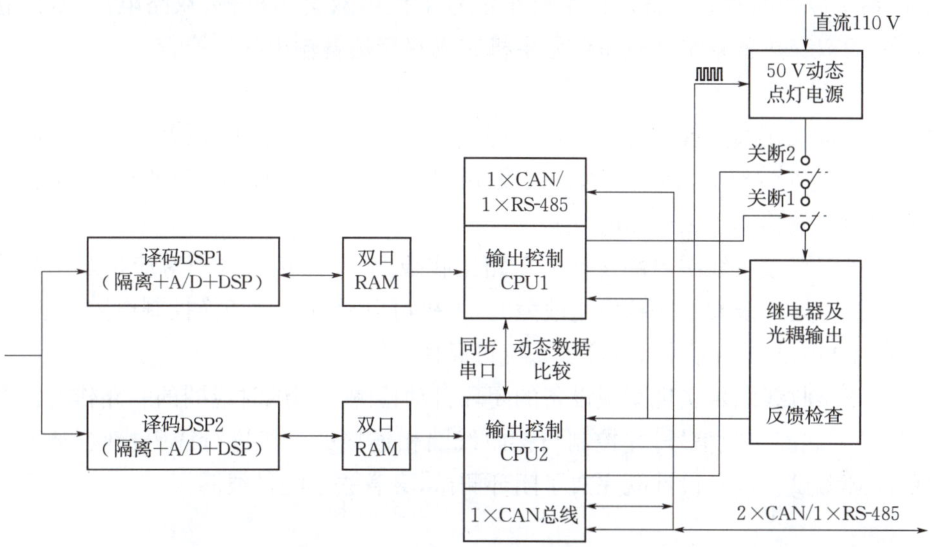

图 1-3-8　主机板二取二结构图

主机板预留有 CAN 总线或 RS-485 输出,可与监控设备进行大容量信息传输。由于现有的 LKJ-2000 型列车运行监控装置的内部采用 CAN 总线,对外部设备只预留 RS-485 接口,对机车信号只分配一路 RS-485 接口,信息传输是单向的,连接方式如图 1-3-9 所示。机车信号的两路 RS-485 只有工作主机对应的那路发送信息,而做备机时不发送信息。主机转换时,发送会有不大于 350 ms 的延时。机车信号每块主机板只有 CPU1 输出一路 RS-485 信号,而 CPU2 接收 CPU1 的串口输出,当 CPU2 接收的 CPU1 串口输出与 CPU2 自行运算得到的串口输出不一致时,CPU2 关断 CPU1 的串口输出,关断 4 s 后,重新开设串口输出。

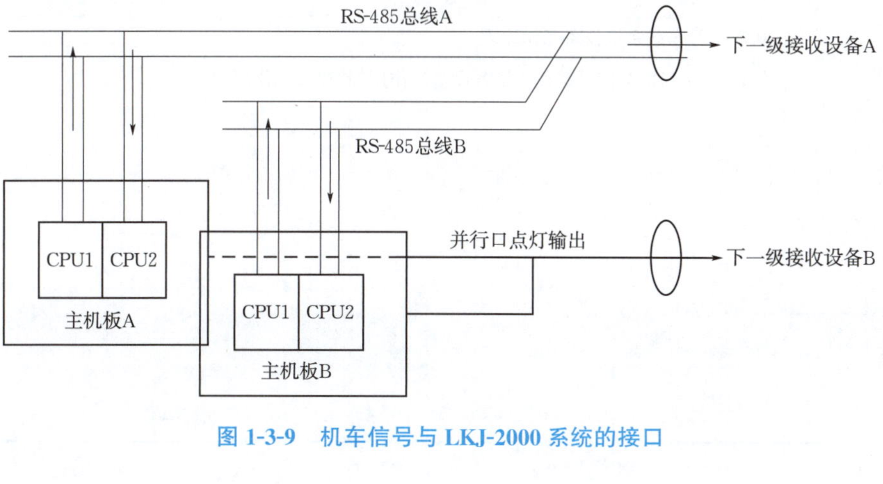

图 1-3-9　机车信号与 LKJ-2000 系统的接口

机车信号主机上电后随机由双套主机板中的一套占据输出位置，即处于工作状态，另外一套处于备用状态。当占据输出位置的主机故障时，将自动关断点灯电源失去输出位置状态，而由备机获得输出位置状态，从而实现双机的自动切换。

JT-C 系统设备的双套热备是指由机车信号主机内双套主机板、双路电源、双路接收线圈共同组成的双套热备系统。机车信号主机完成双套热备输出的切换。

2. 双路接收线圈原理

机车信号接收线圈安装位置在机车排障器后与第一轮对之间，距第一轮对轴心水平距离大于 1.5 m 处安装架上，必须要保证接收线圈底部与轨面距离为(155±5) mm，接收线圈中心与轨面中心偏移小于±5 mm。

机车信号双路接收线圈内部设计为双路接收线圈，每路接收线圈对应机车信号主机中的一路主机板。接收线圈中一路发生故障时，主机可以通过自动切换控制电路，把对应正常接收线圈的主机转换成工作机，提高了系统可靠性。

另外双路接收线圈可实现车载设备的闭环自动检测。测试时线圈的一路作为测试线圈发送信号，另一线圈接收信号，并控制与接收线圈相连接的主机进行译码接收，从而实现车载设备的闭环测试。这种设计既完成了闭环测试，又省去了测试线圈。

任务实施

<table>
<tr><td>任务名称</td><td>JT-C 系列机车信号车载系统设备认知</td><td>任务编号</td><td>1.3</td></tr>
<tr><td>任务说明</td><td colspan="3">掌握 JT-C 系列机车信号车载系统设备组成及各部分作用，理解机车信号车载系统工作原理</td></tr>
<tr><td rowspan="5">任务实施</td><td colspan="3">1. JT-C 系列机车信号车载系统设备</td></tr>
<tr><td colspan="3">观察实训场地 JT-C 系列机车信号车载系统设备，识别设备组成及其作用，并填写下表。
<table>
<tr><td>序　号</td><td>名　称</td><td>作　用</td></tr>
<tr><td>1</td><td></td><td></td></tr>
<tr><td>2</td><td></td><td></td></tr>
<tr><td>3</td><td></td><td></td></tr>
</table></td></tr>
<tr><td colspan="3">2. 机车信号车载系统设备工作原理</td></tr>
<tr><td colspan="3">结合 JT-C 系列机车信号车载系统各设备的作用，叙述其工作原理。</td></tr>
</table>

任务考核

班级　　　　　　　　　　　　姓名　　　　　　　　　　　　学号　　　　　　　　　　　　第　小组

考核项目		考核要点	分值	自评	互评	师评
实践能力	JT-C 系列机车信号车载系统设备	JT-C 系列机车信号车载系统设备组成及其各部分作用的识别情况	50			
	机车信号车载系统工作原理	机车信号车载系统工作原理的理解情况	30			
职业素质		安全意识、遵章守纪、团队合作	20			
小计						
权重(自评 30%+互评 30%+师评 40%)总分						

习题巩固

1. JT-C 系列机车信号车载系统设备由________、________、________等构成。

2. 双面八显示机车信号机 8 个灯位，从上到下依次是：绿、________、黄、黄 2、________、________、红、白。

任务四　机车信号机的显示识读

工作任务

机车乘务员通过机车信号机的显示获取前方运行信息，通过本任务的学习，熟练掌握双面八显示机车信号机的显示含义。

任务目标

1. 掌握三显示、四显示自动闭塞区段机车信号机的显示含义并进行区分。
2. 能够根据机车信号机的显示情况与地面信号的状态进行一一对应。
3. 树立安全第一的意识。

相关知识

因风、雪、雨、雾等气候原因及隧道、曲线等地形原因造成的瞭望条件不佳的影响，机车乘务人员往往不能在规定的距离内确认信号显示，存有冒进信号的行车危险。采用机车信号设备后，能降低自然条件干扰的影响，机车乘务人员能从容地采取制动措施，安全性、可靠性增强，提升了列车运行的效率。

我国现在采用的机车信号有连续式和接近连续式两种类型。

连续式机车信号是能在整个运行线路上连续不断地反映线路状态和运行条件的机车信号，其用于自动闭塞区段。它的主要优点是能连续不断地把地面信号显示情况反映给机车乘务人员，大大地改善了机车乘务人员的工作条件。

接近连续式机车信号是在固定地段连续地反映地面信息的机车信号，其广泛用于非自动闭塞区段。在进站信号机外 1 200 m 处的接近区段及接车进路的道岔区段和股道上分别由地面设备向列车所进入的区段发送与进站、出站信号机显示相符的信息。

我国许多地方地形条件复杂，在采用连续式机车信号的区段，机车信号成为确切反应地面信号显示的辅助信号。按照《铁路技术管理规程(普速铁路部分)》(以下简称《技规(普速)》)的要求，接近连续式机车信号的显示方式与连续式机车信号相同。三显示自动闭塞区段的连续式机车信号机的具体显示含义见表 1-4-1。

表 1-4-1　三显示自动闭塞区段的连续式机车信号机的显示与含义

序号	机车信号显示	显示意义	图　示
1	一个绿色灯光	准许列车按规定速度运行，表示列车接近的地面信号机显示绿色灯光	
2	一个半绿半黄色灯光	准许列车按规定速度注意运行，表示列车接近的地面信号机显示一个绿色灯光和一个黄色灯光	
3	一个带“2”字的黄色闪光	要求列车注意运行，表示列车接近的地面信号机显示一个黄色灯光，并预告次一架地面信号机开放经 18 号及以上道岔侧向位置的进路，且列车运行前方第三架信号机开通直向进路或开放经 18 号及以上道岔侧向位置的进路	
4	一个带“2”字的黄色灯光	要求列车注意运行，表示列车接近的地面信号机显示一个黄色灯光，并预告次一架地面信号机开放经道岔侧向位置的进路(但不满足上述第 3 项条件)	
5	一个黄色灯光	要求列车注意运行，表示列车接近的地面信号机显示一个黄色灯光，并预告次一架地面信号机处于关闭状态	

续上表

序号	机车信号显示	显示意义	图　　示
6	一个双半黄色闪光	要求列车限速运行，表示列车接近的地面信号机开放经 18 号及以上道岔侧向位置的进路，且次一架信号机开通直向进路或开放经 18 号及以上道岔侧向位置的进路；或表示列车接近设有分歧道岔线路所的地面信号机开放经 18 号及以上道岔侧向位置的进路、显示一个黄色闪光和一个黄色灯光	
7	一个双半黄色灯光	要求列车限速运行，表示列车接近的地面信号机开放经道岔侧向位置的进路（但不满足上述第 6 项条件）、显示两个黄色灯光或其他相应显示	
8	一个半黄半红色闪光	表示列车接近的进站、接车进路或接发车进路信号机显示引导信号或通过信号机显示容许信号	 
9	一个半黄半红色灯光	要求及时采取停车措施，表示列车接近的地面信号机显示红色灯光	
10	一个红色灯光	表示列车已越过地面上显示红色灯光的信号机	

续上表

序号	机车信号显示	显示意义	图　示
11	一个白色灯光	不复示地面上的信号显示，机车乘务人员应按地面信号机的显示运行	
12	无显示	表示机车信号机在停止工作状态	

四显示自动闭塞区段的连续式机车信号机的具体显示含义见表 1-4-2。

表 1-4-2　四显示自动闭塞区段的连续式机车信号机的显示与含义

序号	机车信号显示	显示意义	图　示
1	一个绿色灯光	准许列车按规定速度运行，表示列车接近的地面信号机显示绿色灯光	
2	一个半绿半黄色灯光	准许列车按规定速度注意运行，表示列车接近的地面信号机显示一个绿色灯光和一个黄色灯光	
3	一个带“2”字的黄色闪光	要求列车减速到规定的速度等级越过接近的显示一个黄色灯光的地面信号机，并预告次一架地面信号机开放经 18 号及以上道岔侧向位置的进路，且列车运行前方第三架信号机开通直向进路或开放经 18 号及以上道岔侧向位置的进路	
4	一个带“2”字的黄色灯光	要求列车减速到规定的速度等级越过接近的显示一个黄色灯光的地面信号机，并预告次一架地面信号机开放经道岔侧向位置的进路(但不满足上述第 3 项条件)	

续上表

序号	机车信号显示	显示意义	图　示
5	一个黄色灯光	要求列车减速到规定的速度等级越过接近的显示一个黄色灯光的地面信号机，并预告次一架地面信号机处于关闭状态	
6	一个双半黄色闪光	要求列车限速运行，表示列车接近的地面信号机开放经18号及以上道岔侧向位置的进路，且次一架信号机开通直向进路或开放经18号及以上道岔侧向位置的进路；或表示列车接近设有分歧道岔线路所的地面信号机开放经18号及以上道岔侧向位置的进路、显示一个黄色闪光和一个黄色灯光	
7	一个双半黄色灯光	要求列车限速运行，表示列车接近的地面信号机开放经道岔侧向位置的进路(但不满足上述第6项条件)、显示两个黄色灯光或其他相应显示	
8	一个半黄半红色闪光	表示列车接近的进站、接车进路或接发车进路信号机显示引导信号或通过信号机显示容许信号	 
9	一个半黄半红色灯光	要求及时采取停车措施，表示列车接近的地面信号机显示红色灯光	

续上表

序号	机车信号显示	显示意义	图示
10	一个红色灯光	表示列车已越过地面上显示红色灯光的信号机	
11	一个白色灯光	不复示地面上的信号显示，机车乘务人员应按地面信号机的显示运行	
12	无显示	表示机车信号机在停止工作状态	

机车信号机的显示应与线路上列车接近的地面信号机的显示含义一致。当机车信号机发生故障，或与地面信号机的显示不一致时，均应以地面信号机的显示为准。

任务实施

<table>
<tr><td>任务名称</td><td>机车信号机的显示识读</td><td>任务编号</td><td>1.4</td></tr>
<tr><td>任务说明</td><td colspan="3">掌握三显示、四显示自动闭塞区段的机车信号机的显示含义</td></tr>
<tr><td rowspan="3">任务实施</td><td colspan="3">1. 三显示自动闭塞区段的机车信号机的显示含义</td></tr>
<tr><td colspan="3">记忆三显示自动闭塞区段的机车信号机的显示含义，填写下表。</td></tr>
<tr><td colspan="3">
<table>
<tr><td>序号</td><td>机车信号显示</td><td>显示意义</td></tr>
<tr><td>1</td><td></td><td></td></tr>
<tr><td>2</td><td></td><td></td></tr>
<tr><td>3</td><td></td><td></td></tr>
<tr><td>4</td><td></td><td></td></tr>
<tr><td>5</td><td></td><td></td></tr>
<tr><td>6</td><td></td><td></td></tr>
<tr><td>7</td><td></td><td></td></tr>
<tr><td>8</td><td></td><td></td></tr>
<tr><td>9</td><td></td><td></td></tr>
<tr><td>10</td><td></td><td></td></tr>
<tr><td>11</td><td></td><td></td></tr>
<tr><td>12</td><td></td><td></td></tr>
</table>
</td></tr>
</table>

续上表

任务实施	2. 四显示自动闭塞区段的机车信号机的显示含义
	记忆四显示自动闭塞区段的机车信号机的显示含义，填写下表。

序号	机车信号显示	显示意义
1		
2		
3		
4		
5		
6		
7		
8		
9		
10		
11		
12		

任务考核

班级　　　　　　　　姓名　　　　　　　　学号　　　　　　　　第　小组

考核项目		考核要点	分值	自评	互评	师评
实践能力	三显示自动闭塞区段的机车信号机的显示含义	三显示自动闭塞区段的机车信号机的显示含义的掌握情况	40			
	四显示自动闭塞区段的机车信号机的显示含义	四显示自动闭塞区段的机车信号机的显示含义的掌握情况	40			
职业素质		安全意识、遵章守纪	20			
小计						
权重(自评 30%+互评 30%+师评 40%)总分						

习题巩固

一、填空题

1. 机车信号的显示应与线路上列车接近的________的显示含义相符。

2. 改按天气恶劣难以辨认信号的办法行车时，列车按________的显示运行。

3. 自动闭塞区段连续式机车信号机显示一个________色灯光，表示列车接近的地面信号机显示一个绿色灯光和一个黄色灯光。

二、判断题

1. 装有连续式机车信号的列车，遇通过信号机显示停车信号，而机车信号显示允许运行的信号时，应按机车信号的显示运行。（　　）

2. 自动闭塞区段连续式机车信号机显示一个双半黄色灯光时，表示列车接近的地面信号机开放经道岔直向位置的进路、显示两个黄色灯光或其他相应显示。（　　）

3. 机车信号为一个半黄半红色灯光，表示要求及时采取停车措施，列车接近的地面信号机显示红色灯光。（　　）

4. 自动闭塞区段，连续式机车信号机显示一个白色灯光，不复示地面上的信号显示，机车乘务人员应按地面信号机的显示运行。（　　）

5. 自动闭塞区段，连续式机车信号机显示一个红色灯光，表示列车接近的地面信号机显示红色灯光。（　　）

项目二
列车运行监控装置

项目导语

思维导图

列车运行监控装置(LKJ)是中国铁路列车运行控制系统体系的组成部分,是用于防止列车冒进信号、运行超速事故和辅助机车乘务员提高操纵列车运行安全能力的重要行车设备。掌握监控装置的基本原理和构成,正确使用操作该设备是机车驾驶岗位应该具备的基本技能之一。

任务一　LKJ2000 型列车运行监控装置系统构成认知

工作任务

认知 LKJ2000 型列车运行监控装置(以下简称"LKJ2000 型监控装置")系统各设备,分组讨论其系统构成和在机车上的运用情况,完成任务单。

任务目标

1. 了解 LKJ2000 型监控装置的基本原理。
2. 掌握 LKJ2000 型监控装置的基本功能。
3. 能够认识 LKJ2000 型监控装置各组成设备。
4. 能够自主学习新知识、新技术。
5. 能够通过各种资源查找所需要的信息。
6. 树立安全第一的意识。

相关知识

相关规章

列车运行监控装置是以保障列车运行安全为目的的列车速度控制装置。该装置在实现安全速度控制的同时,采集记录与列车安全运行有关的各种机车运行状态信息,促进了机车运行管理的自动化,为多种安全监测、运行信息传输提供基础。

一、LKJ2000型监控装置的特点

1. 车载存储线路参数

LKJ2000型监控装置继承了各型监控装置获取线路参数的成熟技术，将列车运行全部线路设施资料预先存储于主机中，不用在地面增加附属设备。

2. 采用连续平滑速度模式曲线控制

将固定限速、闭塞指令限速等各种控制要求的控制值，沿运行里程形成连续平滑速度模式曲线，最大限度地适应机车乘务员正常操纵和运行效率的提高，提高了控制精度。

3. 实时计算取得速度控制值

对每一速度控制值均针对限速目标按验证成熟的数学模型进行计算取得。实时计算中考虑了列车类别，含状况、线路参数、特殊要求等随机因素，最大限度地使控制符合运行实际。

4. 控制过程全部采用计算机实现

全国统一硬件和统一的基本控制软件，适应性强，便于规范管理。

5. 提高可靠性设计

系统采用模块级双机主从热备冗余的设计方式，当其中一个单元故障时，另一个单元立即投入工作，增强了设备可靠性。

6. 提高安全性设计

在故障—安全措施方面较以前的设备有了很大加强。在双机数据处理，以及速度信号故障、轨道绝缘节识别、通信故障等方面的检测、判断和处理均进行了专门设计。

7. 采用图形化屏幕显示器

采用TFT高亮度彩色液晶显示器，以动态图形方式预示运行前方线路的弯度、坡道、桥梁、隧道、道岔以及信号机布置情况，随列车运行滚动显示控制模式限速曲线，直观清晰。

二、LKJ2000型监控装置系统构成

LKJ2000型监控装置包括车载设备和地面设备两部分，由基本设备、配套设备和支撑软件构成，如图2-1-1所示。LKJ软件、基础数据和控制模式设定的管理，按中国国家铁路集团有限公司有关规定执行。各机车、动车组运用区段车载数据文件的编制和控制模式的设定和调整，应由铁路局集团公司专业机构实施，由铁路局集团公司实行集中统一管理。

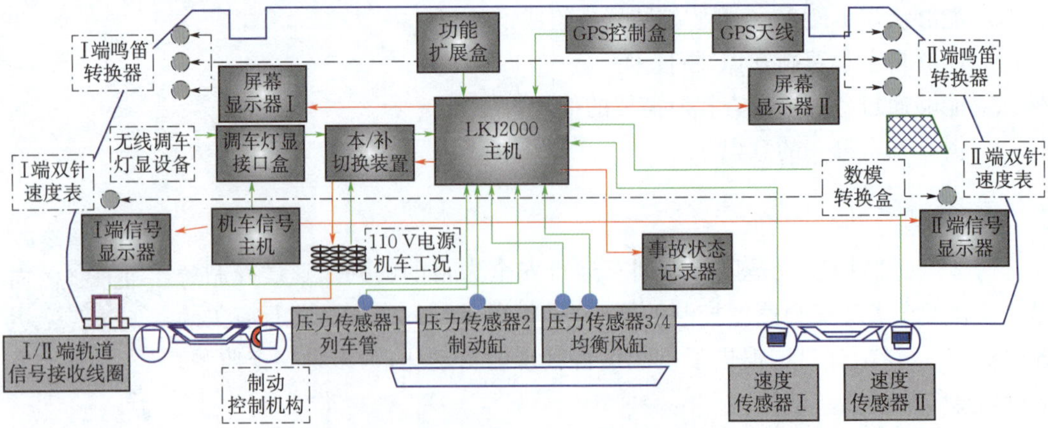

图2-1-1　LKJ2000型监控装置系统构成

1. 车载设备

(1)主机

主机(图 2-1-2)为 LKJ2000 型监控装置系统的控制中心,其内部由 A、B 两组完全相同的控制单元组成(左侧为 A 组,右侧为 B 组),每组有 8 个插件位置,各插件以机箱垂直中心线为基准对称排列。从中心线开始往左、右,各插件排列顺序依次为:监控记录、地面信息、通信、模拟量输入/输出、预留、数字量输入、数字量输入/输出、电源,如图 2-1-3 所示。

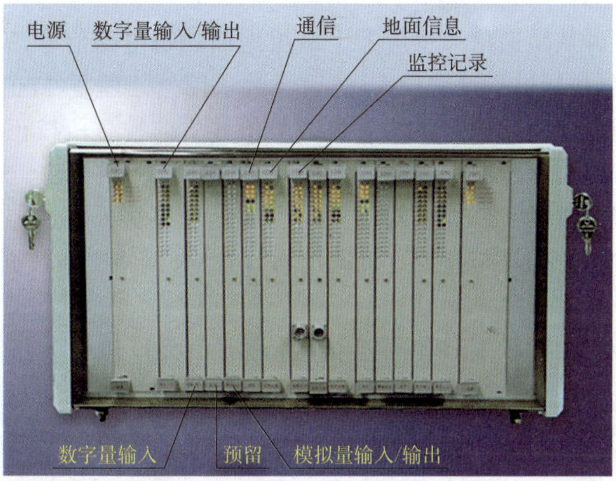

图 2-1-2　LKJ2000 型监控装置主机

电源A	数字量输入/输出A	数字量输入A	预留A	模拟量输入/输出A	通信A	地面信息A	监控记录A	监控记录B	地面信息B	通信B	模拟量输入/输出B	预留B	数字量输入B	数字量输入/输出B	电源B

图 2-1-3　LKJ2000 型监控装置主机插件排列

由于 A、B 两个单元互为热备,一个单元工作时,另一个单元处于热备状态,一旦工作单元任何一块插件发生故障时,另一个单元中的相同插件将立即投入工作,故障的插件将自动退出工作。工作单元的主机插件有指示灯指示,表示处于工作状态。

主机的输入/输出接口具有一定的扩展空间,它可允许 4 个压力传感器信号(如列车管压力、机车制动缸压力以及均衡风缸压力等)输入,3 路速度信号输入,2 路模拟量(原边电流及原边电压)输入,1 路柴油机转速信号输入、16 个机车信号(50 V)开关量及 8 个 110 V 机车工况开关量输入;7 路制动控制指令的输出(110 V 回路)。

①监控记录插件

监控记录插件是 LKJ2000 型监控装置的主机模块,系统的核心部件。插件以 32 位微处理器 MC68332 为 CPU，主要完成地面线路数据的存储与调用、运行状态数据的记录与同步、控制模式曲线的计算、实时时钟的产生，并通过双路 CAN 串行总线和 VME 并行总线实现对系统其他模块的控制与管理。其他模块中带 CPU 的模块通过 CAN 网络与主机模块交换数据，而不带 CPU 的模块通过 VME 并行总线与主机模块连接。工作主机与热备主机之间的数据交换是通过同步通信实现的。记录用数据存储器与实时时钟器件采用非易失性存储器件，因而在无外部电池情况下可实现数据的长期可靠保存。

②地面信息处理插件

地面信息处理插件从轨道信号感应器上取得地面轨道电路信号，完成轨道电路传输信息的输入，经过电气隔离后进行调整放大，然后经数字信号处理器(DSP)对各种制式的信号进行数字滤波及分析处理。插件产生的过绝缘节信号供监控主机校正距离测量误差，绝缘节信息通过电平方式输出至监控主机，也可通过 CAN 通信网络传输。地面点式信息或轨道电路叠加信息的处理是根据需要以相对独立的专用处理模块来完成的，结构上此模块叠加在地面信息处理插件上。插件与监控主机通过内部 CAN 网络交换数据。

③通信插件

通信插件提供装置的各种对外串行通信接口，通信接口包括 2 路 RS-485 接口及 1 路 RS-422/RS-485 接口。1 路 RS-485 通信接口用于与 TAX2 综合信息监测装置通信；1 路 RS-485 通信接口用于与列车总线/车辆总线连接，实现监控装置与列车/机车控制系统的信息交换；1 路 RS-422/RS-485 接口用于与机车信号装置或地面点式信息设备通信，从而提高传输信息量以及传输信息的可靠性。插件与监控主机通过内部 CAN 网络交换数据。

④模拟量输入/输出插件

模拟量输入/输出插件主要完成模拟输入信号和频率输入信号的调整、隔离、模/数转换及模拟输出信号的数/模转换、隔离及调整输出。模拟量输入信号包括：压力信号、电流信号、电压信号以及加速度信号；频率输入信号包括速度信号及柴油机转速信号；模拟量输出信号主要是驱动双针速度表实际速度和限制速度的电流信号，以及驱动双针速度表里程计的电压脉冲信号。所有输入/输出信号全部经过隔离放大器隔离或光电隔离。模拟量输入/输出插件经 VME 并行总线与监控主机连接。

⑤数字量输入插件

数字量输入插件完成对机车信号点灯条件输入(50 V)的光电隔离与转换，经 VME 并行总线与监控主机连接，供监控主机读取。

⑥数字量输入/输出插件

数字量输入/输出插件一方面完成机车工况输入信号(110 V)的隔离与转换，另一方面完成常用与紧急制动控制指令的执行输出(继电器触点输出)。输出信号可直接驱动内燃机车常用制动装置控制阀或与电力机车制动控制回路连接，但控制信号不能直接驱动电力机车主断路器。数字量输入/输出插件经 VME 并行总线与监控主机连接。

⑦电源插件

电源插件是采用模块电源方式将 110 V 输入电源转换成系统所需的各种电源。所有输出电源与输入电源隔离。输出电压包括供主机各插件工作的 5 V、+12 V、−12 V 及 24 V；

供数码显示器的 15 V(屏幕显示器采用 110 V 电源);供速度传感器的 15 V 以及供压力传感器的 15 V。除 5 V、+12 V 及−12 V 共地外,其他各路输出电压互相隔离。

⑧母板

母板完成各插件的 VME 总线连接及输入/输出信号的连接。母板分左、右两部分,左半部分为 A 机母板;右半部分为 B 机母板。A 机母板、B 机母板的上半部分为 VME 总线,采用标准 96 芯连接器;下半部分为信号的输入/输出,采用标准 48 芯连接器。

⑨过压抑制板(安装在后盖板上)

外部 110 V 电源及 110 V 电路输入信号经过过压抑制板,输入至数字量输入/输出插件;数字量输入/输出插件的继电器输出信号经过过压抑制板输出至机车 110 V 回路。因而所有与机车 110 V 回路相连的信号均经过过压抑制板的滤波及瞬态过压抑制处理,消除机车 110 V 回路干扰对装置的影响。因此,在安装 LKJ2000 型监控装置时,无须在机车上再另外安装过压吸收片。

(2)显示器

LKJ2000 型监控装置采用 10 英寸 TFT 高亮度彩色液晶显示屏,以屏幕滚动方式显示实际运行速度曲线及限制速度曲线,以图形、符号和文字形式显示地面信号机的位置、种类及运行线路的曲线、坡道、桥梁、隧道及道口等信息,同时可显示优化操纵曲线。

(3)运行状态记录器

运行状态记录器(黑匣子)记录 30 min 以内的最新列车运行状态数据(事故发生后将自动停止记录),并且其记录密度大大高于监控主机数据记录密度,列车走行距离超过 5 m 时,将产生一次相关参数记录。因此在发生严重事故后可提供详细、准确的列车运行状态数据。运行状态记录器具备抗冲击、防水及耐高温等性能,其外形如图 2-1-4 所示。

(4)速度传感器

采用光电式速度传感器,安装在机车轮对上。速度传感器将检测到的速度信号传送给监控主机,速度信号的基本配置为二通道(可扩充至三通道),如果二通道速度信号相位相差 90°,则可以满足装置相位防溜功能的需要。在无相位防溜功能的情况下,二通道速度信号可分别取自两个速度传感器。速度传感器如图 2-1-5 所示。

图 2-1-4　运行状态记录器

图 2-1-5　速度传感器

(5)压力传感器

压力传感器将检测到的压力信号传送给监控主机，一方面检测列车管压力和均衡风缸压力，另一方面还能检测制动缸压力。压力传感器共有 4 个(列车管压力传感器 1 个、均衡风缸压力传感器 2 个、制动缸压力传感器 1 个)。压力传感器如图 2-1-6 所示。

(6)双针速度表

双针速度表有实际运行速度指针和限制速度指针，在正常情况下两个指针依靠监控主机驱动，驱动信号为 0～20 mA 的电流信号，在装置关机情况下由数/模转换盒驱动。双针速度表如图 2-1-7 所示。

图 2-1-6　压力传感器

图 2-1-7　双针速度表

(7)本/补机切换装置

机车在实际运用中，存在本务运行模式和非本务运行模式。本务运行模式下，监控装置实现安全控制以及全程运行记录等功能。而在非本务运行模式下，监控装置仅实现全程运行记录的功能。本/补机切换装置可以实现非本务运行模式下，将监控装置的控制输出与执行设备进行有效的硬件电气隔离。本/补机切换装置如图 2-1-8 所示。

切换开关置于补机位置时，监控主机不能进行制动控制输出；同时，装置将一路 DC 50 V+信号送入监控主机，监控装置基本控制软件根据信号状态判断硬件转为非本务状态。当切换开关置于本务位置时，制动控制信号线全部直通连接，切断 DC 50 V+信号，监控装置基本控制软件判断硬件转为本务状态。

图 2-1-8　本/补机切换装置

(8)调车灯显接口盒

调车灯显接口盒提供了平面调车灯显系统输出的 TTL 电平信号与监控装置之间的接口，将无线调车灯显系统输出的 TTL 电平信号送入调车灯显接口盒的信号转换电路，同时来自地面信息接收处理单元的点灯条件信息也送入信号转换电路，通过对信号转换电路进行控制，实现调车时输出调车灯显信号、非调车时输出地面信息接收处理单元点灯条件信息的功能。该装置能够实现平面调车灯显信号与机车信号的切换，并使机车监控装置能够接收平面调车灯显系统信号而无须对监控装置进行改动。调车灯显接口盒如图 2-1-9 所示。

(9)功能扩展盒

功能扩展盒通过扩展主机的开关量输入通道，将机车Ⅰ、Ⅱ端的鸣笛信号、过分相主断信号或其他扩展输入信号进行滤波、缓存，处理后通过 CAN 总线将数据传送至监控主机，规范了监控装置新增功能的统一接口，并且预留了开关量输出通道便于扩展其他控制功能。功能扩展盒如图 2-1-10 所示。

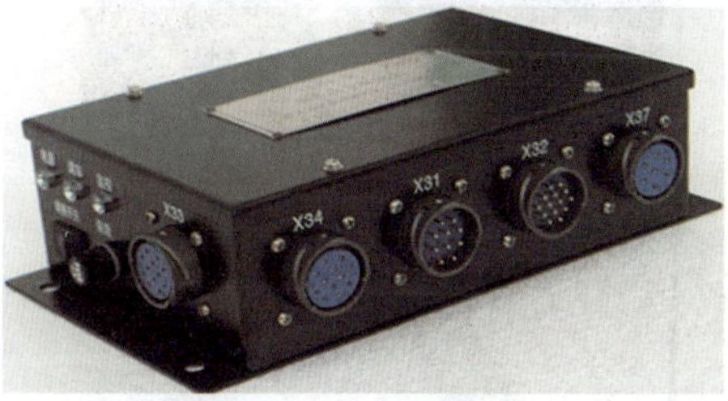

图 2-1-9　调车灯显接口盒

图 2-1-10　功能扩展盒

(10)数模转换盒

数模转换盒是与光电式速度传感器及双针速度表配套的转换装置，如图 2-1-11 所示。其主要功能是将速度传感器频率信号转换成 0～20 mA 的电流信号以驱动双针速度表的实际速度指针，并根据速度信号计算走行距离，输出信号驱动里程计指针动作。在行车安全设备系统中可作为备用速度通道中的转换装置使用。

(11)GPS 信息接收装置

GPS 信息接收装置包括 GPS 天线和 GPS 接收主机(图 2-1-12)两部分。

GPS 天线接收卫星信号后传递给 GPS 接收主机内部的 GPS 接收模块，经解析、处理后将时间、经纬度等信息传送给装置内部 CPU，CPU 对收到的信息进行处理，并将处理结果发送到监控主机。

图 2-1-11　数模转换盒

图 2-1-12　GPS 接收主机

2. 地面设备

(1)转储器

转储器将车载记录数据转录至地面微机系统供分析处理。其内部数据存储器采用大容量非易失性数据存储器(可不带电池长期保存数据)。转储器与车载主机的数据传输以及与地面微机的数据转录均采用 RS-232 标准通信方式，通信具备数据校验功能。转储器如图 2-1-13 所示。

图 2-1-13　转储器

(2)诊断仪

CJK2000 型监控装置综合诊断仪在测试监控装置时，能精确地提供各种机车条件，同时采用闭环测试方法，通过采集监控装置从诊断仪接收的各种信号，实现监控装置的自动测试监控及故障诊断功能。CJK2000 型监控装置综合诊断仪如图 2-1-14 所示。

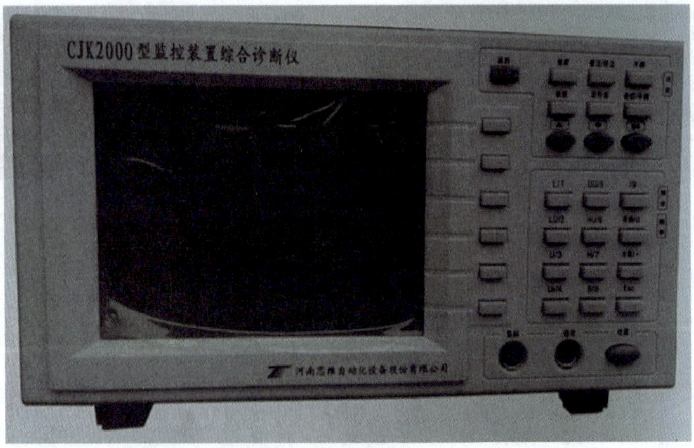

图 2-1-14　CJK2000 型监控装置综合诊断仪

诊断仪主要功能有：

①可以较准确地模拟普通监控装置所需的机车信号、机车工况、速度、柴油机转速、原边电流、原边电压、轨道信号、压力等条件。

②能够直接向 LKJ2000 型监控装置显示器提供 110 V 工作电源。

③采用闭环测试方法，能够采集监控装置产生的信号，以判断监控装置相应通道是否良好。

④通过和监控装置的通信，能够反馈监控装置采集到的信号状态，为判断监控装置各信号采集通道的情况提供便利。

⑤通过网络接口，可实现程序下载、自动测试等功能。

⑥能够提供双针速度表的测试信号。

⑦可以通过程序控制串行口控制以上功能。

三、LKJ2000 型监控装置的主要功能

1. 监控功能

(1)防止列车越过关闭的地面信号机。

相关规章

(2)防止列车超过线路(或道岔)允许速度及机车、车辆允许的构造速度。

(3)防止机车以高于规定的限制速度进行调车作业。

(4)在列车停车情况下，防止列车溜逸。

(5)可按列车运行揭示要求控制列车不超过临时限速。

2. 记录功能

(1)一次性记录项目

①开机记录：日期、时间、机型、机车号、监控装置编号、机车轮径。

②输入参数记录：车次号、司机号、副司机号、区段号、车站号、客货车别、本务补机别、牵引总重、载重、计长、辆数、支线号、侧线股道号、出入段时间。

(2)运行参数记录

时间、线路公里标、距前方信号机距离、前方信号机种类及编号、机车信号显示状态、地面传输信息、实际运行速度、限制速度、列车管压力、机车制动缸压力、机车工况、柴油机转速、原边牵引电流、装置控制指令输出状况、装置报警、机车乘务员操作装置状况、装置异常状况、平面调车灯显装置信息变化。

(3)事故状态记录

机车走行距离每达到 5 m 就会将上述“运行参数记录”项目内容记录一次。

(4)记录条件

①运行记录

当满足下列条件之一时，就会产生一次参数记录：

a. 实际速度变化 2 km/h。

b. 限制速度变化 2 km/h。

c. 列车管压力或机车制动缸压力 20 kPa。

d. 柴油机转速变化 100 r/min。

e. 机车工况变化。

f. 机车信号显示及平面调车灯显信息变化。

g. 机车过闭塞分区(过绝缘节)。

h. 监控装置控制指令输出。

i. 机车乘务员操作装置。

j. 监控装置报警或装置异常。

②运行事故状态记录

机车走行距离达到 5 m 就会将“运行参数记录”项目内容记录一次。

3. 人机交互功能

(1)显示列车运行的实际速度及限制速度(或目标速度)。

(2)显示距前方信号机距离及前方信号机种类。

(3)显示运行线路状况。

(4)显示机车优化操纵曲线。

(5)其他运行参数的显示。

(6)声音提示。

(7)键盘操作。

4. 地面分析功能

将车载记录的列车运行数据经过翻译、整理,以直观的全程记录、运行曲线、各种报表等形式再现列车运行全过程,为机务的现代化管理及事故分析提供强有力的工具。

(1)显示日期和时间。

(2)显示机车信号信息。

(3)显示列车运行速度与限速。

(4)显示前方目标信号机的类别、编号。

(5)显示距前方信号机距离。

(6)显示机车所在位置的里程坐标。

(7)显示监控状态和列车制动状态。

(8)显示列车最近走过的不少于 1 km 以内的运行速度值轨迹曲线。

(9)显示机车当前位置至前方不少于 3 km 以内的线路允许速度曲线。

(10)运行所在闭塞分区及运行前方闭塞分区模式限制速度曲线。

(11)以曲线、符号和文字形式,沿线路里程的延展显示机车运行前方不少于 3 km 以内的线路曲线、坡道坡度、道口、桥梁、隧道及车站、信号机、电气化铁路接触网分相标等设置情况。

(12)警示光带和放大标尺窗口显示。

5. 语音提示功能

(1)监控装置报警。

(2)机车信号变化。

(3)前方限速变化。

(4)临时限速地点及限速值。

(5)动力切除、常用制动或紧急制动。

(6)允许缓解。

(7)车机联控。

(8)侧线股道或支线的选择。

任务实施

<table>
<tr><td>任务名称</td><td>LKJ2000 型列车运行监控装置系统构成认知</td><td>任务编号</td><td>2.1</td></tr>
<tr><td>任务说明</td><td colspan="3">在行车安全装备实训室，找出 LKJ2000 型监控装置相关设备，分组讨论，认识 LKJ2000 型监控装置各组成设备；掌握 LKJ2000 型监控装置的基本功能；了解 LKJ2000 型监控装置的基本原理</td></tr>
<tr><td rowspan="4">任务实施</td><td colspan="3">1. 设备认知</td></tr>
<tr><td colspan="3">(1)说出 LKJ2000 型监控装置由几部分构成，每部分由哪些设备组成，各有什么功能。

(2)对照 LKJ2000 型监控装置主机，说出 LKJ2000 型监控装置主机各组成插件的名称、功能(从中心线依次往左)，并将结果填写到下表中。
<table>
<tr><td>序　号</td><td>名　　称</td><td>功　　能</td></tr>
<tr><td>1</td><td></td><td></td></tr>
<tr><td>2</td><td></td><td></td></tr>
<tr><td>3</td><td></td><td></td></tr>
<tr><td>4</td><td></td><td></td></tr>
<tr><td>5</td><td></td><td></td></tr>
<tr><td>6</td><td></td><td></td></tr>
<tr><td>7</td><td></td><td></td></tr>
<tr><td>8</td><td></td><td></td></tr>
</table></td></tr>
<tr><td colspan="3">2. 讨论分析</td></tr>
<tr><td colspan="3">(1)结合 LKJ2000 型监控装置系统构成，简要说明其基本工作原理。

(2)概括 LKJ2000 型监控装置的主要功能。</td></tr>
</table>

任务考核

班级　　　　　　　　　　　姓名　　　　　　　　　　　学号　　　　　　　　　　　第　小组

考核项目		考核要点	分值	自评	互评	师评
实践能力	设备认知	LKJ2000 型监控装置系统构成、监控主机结构的掌握情况	40			
	讨论分析	LKJ2000 型监控装置原理及功能的掌握情况	40			
职业素质		安全意识、遵章守纪、团队合作	20			
小计						
总分(自评 30%+互评 30%+师评 40%)						

习题巩固

一、填空题

1. LKJ2000 型监控装置具有监控、记录、________、________的功能。

2. LKJ2000 型监控装置主机为系统控制中心，采用双机主从________冗余方式，内部由 A、B 两组完全相同且相对独立的控制单元组成，每个单元都自成系统。

二、选择题

1. LKJ2000 型监控装置事故状态记录器(黑匣子)在机车走行距离每变化(　　)所有内容记录一次。

A. 5 m　　B. 10 m　　C. 15 m　　D. 20 m

2. 下列设备不属于 LKJ2000 型监控装置系统设备的是(　　)。

A. 主机　　B. 压力传感器　　C. 双针速度表　　D. TAX 箱

3. 下列选项中不属于 LKJ2000 型监控装置相关设备的是(　　)。

A. TAX 机车安全信息综合监测装置

B. LAIS 列车运行状态信息系统车载设备

C. 列车无线调度电话机车电台

D. 机车电台语音录音装置

三、简答题

1. LKJ2000 型监控装置运行线路状况是如何获取的?

2. LKJ2000 型监控装置是如何获取行车指令的?

拓展知识

LKJ-15S 型列车运行监控装置

一、LKJ-15S 型列车运行监控装置的技术特点

1. 系统的安全性提高

(1)平台安全。LKJ-15S 型列车运行监控装置(以下简称 LKJ-15S 型监控装置)采用二乘二取二安全计算机,系统安全完整性等级达到国际铁路标准 SIL4 级。

(2)接口安全。制动输出部分采用符合 EN 50205、EN 61810-1 标准的安全继电器,信号的采集和输出均使用双系冗余,提升了接口的安全性。

(3)通信安全。关键部件间的通信符合 ISO/IEC 10118-3 标准的硬件加密机制;对外通信接口采用一对一独立通信,同时结合软件加密认证策略等手段,保障系统通信安全。

(4)开发过程安全。系统及其开发过程符合 EN 50126、EN 50128—2001、EN 50129—2003、EN 50159 标准要求。

2. 系统的可靠性提高

(1)系统主机单元各插件、人机界面单元所有电路、扩展单元关键插件以及应答器传输模块、轨道信息单元接口均采用双套冗余设计。

(2)系统高度集成化,并选用高可靠连接器,减少系统内接插件数量并提高器件质量,系统结构更趋于优化。

(3)优选高等级元器件,对高频率故障零件采用宇航级、汽车级并符合相关安全认证的产品,提升系统整体可靠性指标。

(4)采用非接触式安装的霍尔式转速传感器和二线制电流型压力传感器,提升了系统测速测距和压力采集的可靠性。

(5)系统各单元间通信采用 UL 认证标准的高性能汽车级隔离集成芯片器件,以及 360°全屏蔽技术的通信线缆,通信抗干扰能力强。

3. 系统的性能提升

LKJ-15S 型监控装置的性能与 LKJ2000 型监控装置相比有了较大幅度的提升,见表 2-1-1。

表 2-1-1 LKJ-15S 型监控装置与 LKJ2000 型监控装置性能参数对比

项　点	LKJ-15S	LKJ2000
数据存储容量	128 MB	2 MB
记录容量	128 MB	1.75 MB
线路数据预铺范围	6.5 km	4 km
载入百条揭示耗时	2 s	30 s
转储 1 MB 文件耗时	4.4 s	282 s

续上表

项　　点	LKJ-15S	LKJ2000
换装 1 MB 数据耗时 *	3 s	58 s
事件记录密度	高	低

注：* 在实验室条件下，按双端 DMI 实测结果。

4. 系统的功能提升

(1)同时支持车载计算机预存基础数据和应答器提供基础数据两种方式，能够满足列车在不同线路上的运营要求。

(2)增加根据站点自动筛选运行径路、特定车次自动关联车站、运行径路以及引导性支线选择等功能。

(3)LKJ-15S 型监控装置在揭示控制、岔群控制、股道控制、应答器信息应用等方面均进行优化调整。

(4)增加总风缸压力采集接口，预留 CMD、司法记录器等设备的接口。

二、LKJ-15S 型监控装置的构成

LKJ-15S 型监控装置主要由主机单元、人机界面单元、扩展单元、速度传感器、压力传感器、应答器传输模块(BTM)、轨道信号单元(机车信号)以及配套的地面软件等组成。其系统构成如图 2-1-15 所示。

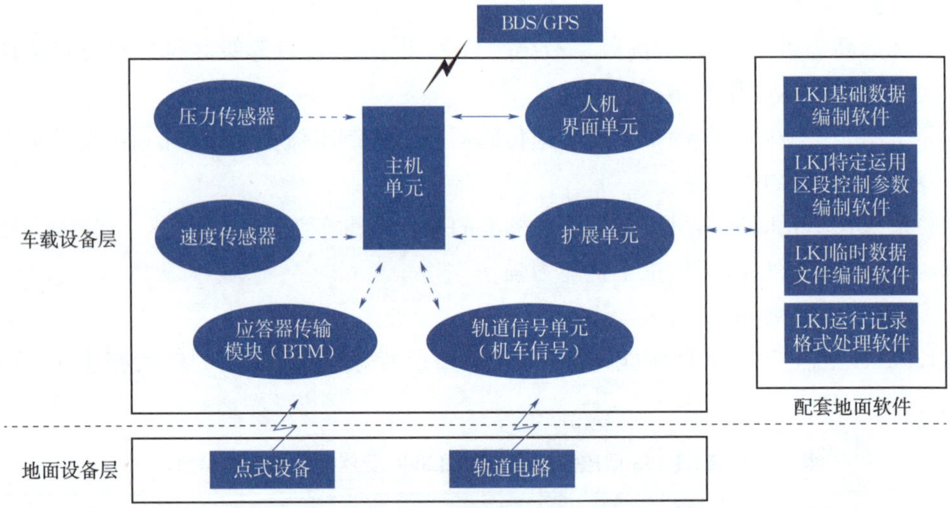

图 2-1-15　LKJ-15S 型监控装置系统构成

1. 主机单元

主机单元分控制、记录、冷却三部分。控制部分主要完成与安全相关的信息采集、通信及相关的运算、判断控制指令的输出等。记录部分主要完成列车运行状态记录、非安全相关信息的采集及通信。冷却部分由两块独立的模块组成，分别负责Ⅰ系、Ⅱ系的冷却工作。主机单元如图 2-1-16 所示。

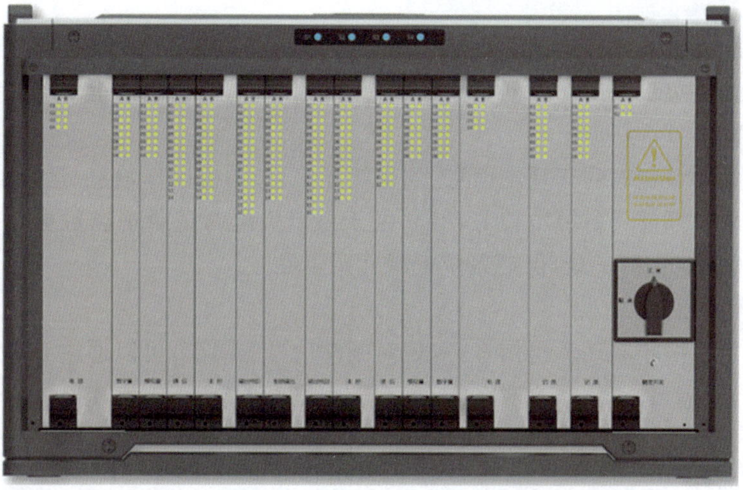

图 2-1-16　主机单元

(1)电源插件

电源插件负责为主机其他插件、速度传感器、压力传感器等提供电源，Ⅰ、Ⅱ系分别由各自的电源插件独立供电，互不影响。电源插件的输入回路、输出回路均具备过流保护功能，过流保护后可自动恢复。

(2)数字量插件

数字量插件负责采集机车接口信息，通过内部总线将采集结果送给主控插件。插件具备采集 16 路电压信号的功能，可采集机车工况、ATP 制动状态等开关量信号信息及电压信息。插件采用单板双模冗余结构，信息分送本系统 A、B 模主控插件。

(3)模拟量插件

模拟量插件负责压力、速度、柴油机转速等信号采集，通过内部总线将采集结果送给主控插件。插件集成有测速测距单元，支持转速传感器测速等功能。插件采用单板双模冗余结构，信息分送本系统 A、B 模主控插件。

(4)通信插件

通信插件负责从 ATP、机车信号、外部 CAN 接口等单元收集信息，并把相应信息传递到主控插件。插件用于主机单元与其他设备及相关模块的通信管理。插件具有 CAN 接口、485 接口、422 接口及对外维护总线接口等。

(5)主控插件

主控插件负责收集由各插件采集的信息，并负责数据的运算、处理、判断以及控制指令的生成，完成相关显示信息的发送及与机车乘务员交互信息的采集，发送相关的记录信息给运行记录插件。插件采用单板双模冗余结构，2 模独立采集、分别计算。

(6)输出检测插件

输出检测插件负责制动功能的完整性反馈，输出故障继电器驱动信号。插件具备对主要电源的电压、电流的检测和功能，对紧急、故障及常用继电器检测。插件采用单板双模架构，互不干扰。

(7)制动输出插件

制动输出插件负责输出切除列车牵引动力、常用制动、紧急制动指令的功能。

(8)记录插件

记录插件主要负责对列车基本信息、列车状况信息、司机操作信息、运行状态信息、设备基本信息的记录。插件具备掉电检测功能，便于系统失电时记录现场数据。插件采用单模架构，A、B 插件同时进行记录，保证系统记录冗余可靠。

(9)隔离开关插件

隔离开关负责接收制动输出信号，实现对制动信号的隔离，可以通过开关旋钮操作选择“正常”模式或者“隔离”模式。它具备与数字量输入插件的接口，为其提供隔离开关位置状态信号。

(10)冷却插件

冷却插件负责加强主机单元内空气流动，监测并有效降低系统内环境温度，促使系统稳定工作。插件可控制风扇工作和停止工作，控制风扇以不同的转速工作，风扇工作时能够检测风扇工作状态。能够检测风扇工作电压和电流，当工作电压或电流异常时能够控制风扇停止工作。

2. 人机界面单元

人机界面单元主要负责参数和信息输入、揭示载入、控制指令输入；可以显示控制曲线、线路情况及列车速度等信息；具有语言提示等功能。人机界面如图 2-1-17 所示。

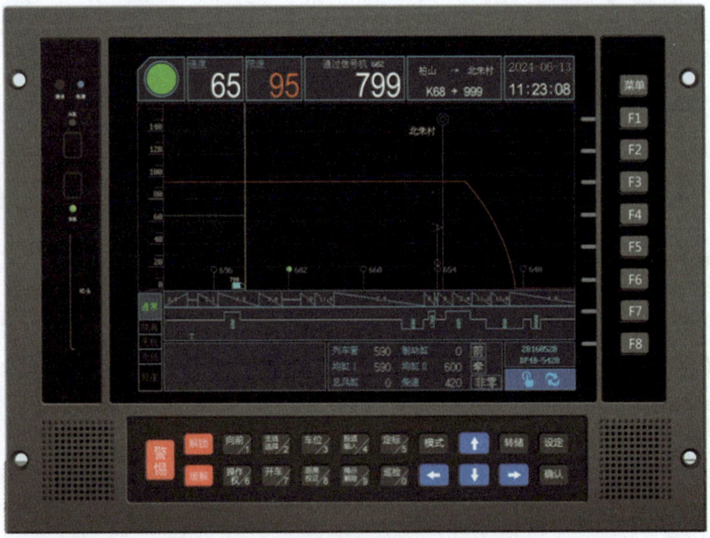

图 2-1-17　人机界面

3. 扩展单元

扩展单元包括电源插件、功能扩展插件、平面调车插件、数模转换插件、主控插件、数据交换插件、无线通信插件、GNSS 插件等。扩展单元如图 2-1-18 所示。

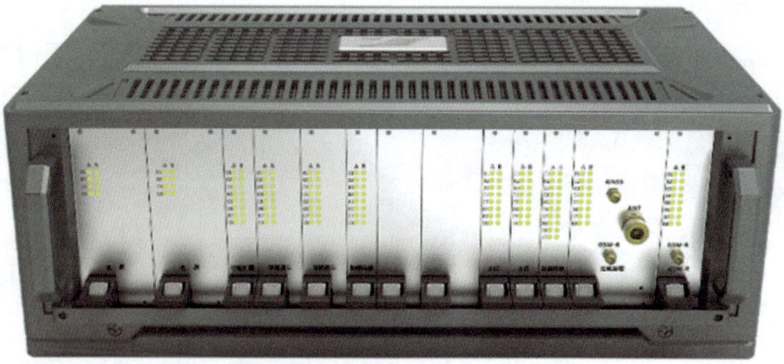

图 2-1-18 扩展单元

(1)电源插件

电源插件采用双机热备工作架构,每个电源插件提供 1 路系统电源(24 V),可通过 CAN 总线对电源插件进行在线程序更新。电源(24 V)具有输出保护功能及输入过欠压保护功能。

(2)功能扩展插件

功能扩展插件共 2 块。一块采集Ⅰ端、Ⅱ端的鸣笛信号,过分相主断信号或其他扩展输入信号,通过双路 CAN 总线与其他设备进行通信。插件提供对于本板关键电源电压、电流及温度的检测,完成故障代码及历时的记录。

另一块提供与速度传感器的接口,完成速度信息采集,提供与双针表里程计的接口,完成速度等信息的显示。插件提供内部 CAN 通信的接口,完成与通信插件的信息交换。

(3)平面调车插件

平面调车插件采用双机热备工作架构,具备接收机车Ⅰ端、Ⅱ端平面调车灯显系统信号的能力。插件具备与主机单元通过 2 路 CAN 通信的能力,以及对平面调车灯显系统供电的能力(隔离 12 V×2 A)。

(4)数模转换插件

数模转换插件提供与速度传感器的接口,完成速度信息采集。插件提供与双针表里程计的接口,完成速度等信息的显示。插件同时提供内部 CAN 通信的接口,完成与通信插件的信息交换。

(5)主控插件

主控插件具有内部双路 CAN 接口,通过 CAN 接口和扩展单元其他插件进行信息交换;具有外部双路 CAN 接口,连接至主机单元通信插件和 TAX 主机。插件采用双 24 V 冗余供电,安全可靠。

(6)数据交换插件

数据交换插件实现网络数据交互和 CAN 通信功能、内部其他插件及外部设备之间的以太网连接、内部其他插件之间的 CAN 连接。

(7)无线通信插件

无线通信插件通过 2 路 CAN 总线与扩展单元通信插件进行通信;通过 2 路以太网总线与扩展单元通信插件进行通信;通过 WLAN 通信模块与外部设备进行通信;具备 4G/3G/2G 与 GSM-R 通信功能。

(8)GNSS 插件

GNSS 插件具备 2 路 CAN 与扩展单元内部插件通信,具备 2 路隔离 CAN 与 LKJ 通信。插件通过北斗/GPS 信号接收功能完成定位、授时等功能。

4. 速度传感器

速度传感器采用非接触式霍尔转速传感器,它具备无机械磨损、长寿命、无油污的优点,有效提升了系统测速测距的可靠性。速度传感器如图 2-1-19 所示。

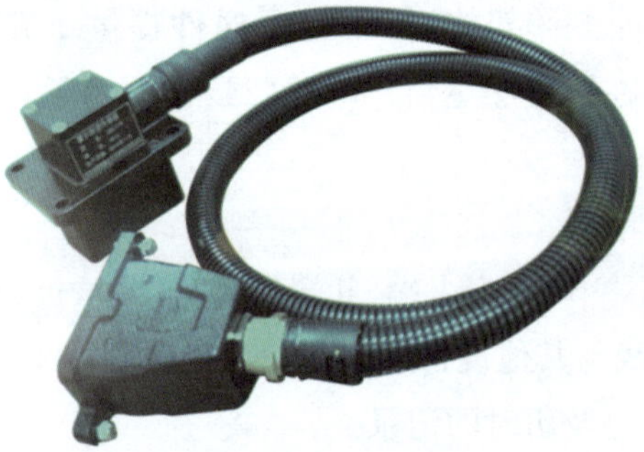

图 2-1-19　速度传感器

5. 压力传感器

压力传感器采用二线制电流式压力传感器,每系配置 5 只,两系共 10 只。二线制电流式压力传感器具备抗干扰能力强、支持断线检测等优点。压力传感器如图 2-1-20 所示。

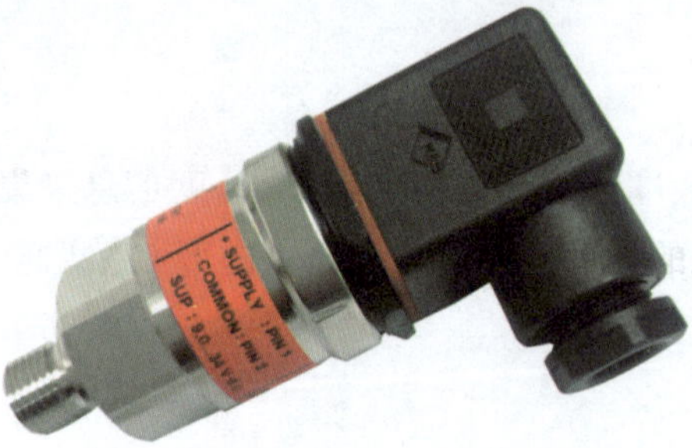

图 2-1-20　压力传感器

6. 应答器传输模块(BTM)

应答器传输模块(BTM)完成地面应答器信息的接收和解析,采用符合安全标准的通信接口和协议,同时采用成熟、安全可靠的设备。

任务二　LKJ2000 型列车运行监控装置屏幕显示器认知

工作任务

屏幕显示器是 LKJ2000 型监控装置的重要组成部分，是直接和机车乘务员交流信息的人机界面。在本任务中，认知 LKJ2000 型监控装置屏幕显示器，完成开机操作，并识读显示界面和功能按键。

任务目标

1. 能够正确识读显示界面。
2. 掌握显示器功能按键的作用。
3. 能够自主学习新知识、新技术。
4. 树立安全第一的意识。

相关知识

LKJ2000 型监控装置屏幕显示器采用 10 英寸 TFT 高亮度彩色液晶显示屏，由显示屏、21 个薄膜按键和大容量 IC 卡读卡器组成。显示屏以屏幕滚动方式显示实际运行速度曲线及限制速度曲线，以图形、符号和文字形式显示相关信息，包括机车信号、速度、限速、时间、公里标、线路纵断面（如桥梁、隧道、坡道、弯道）以及系统状态等。极大地改善了人机界面的友好性、全面性，以及对操作人员的指导性。屏幕显示器通过双路 CAN 总线和监控主机通信交换数据，并有车载数据、预存曲线、键盘扫描、IC 卡转储、语音提示、蜂鸣器报警等功能。LKJ2000 型监控装置屏幕显示器如图 2-2-1 所示。

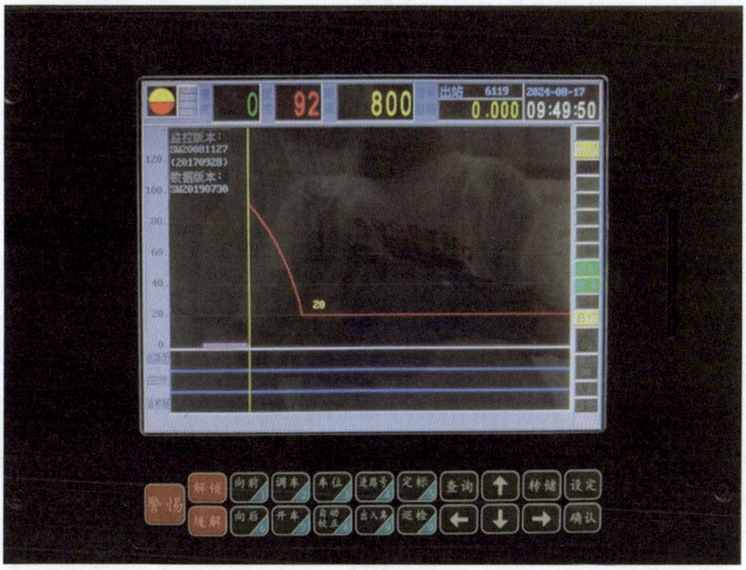

图 2-2-1　LKJ2000 型监控装置屏幕显示器

一、显示器显示界面

1. 显示器显示屏上方区

显示屏最上方的窗口显示依次为：机车信号、速度等级、当前速度、限制速度、距前方信号机距离、信号机编号、信号机类型、里程、日期和时间，如图 2-2-2 所示。

图 2-2-2 显示器显示屏上方区

(1)机车信号：显示机车当前接收的信号状态，如绿 3、绿 2、绿灯、绿黄灯、黄灯、红灯、红/黄灯、双黄灯、黄 2 灯、白灯、黄闪黄、红黄闪、黄 2 闪等。

(2)速度等级：从上至下有 LC、SD3、SD2、SD1 四种速度等级，亮的部分表示当前所处的速度等级状态。其中 LC 亮表示绿灯信号状态下的最高速度等级，SD1、SD2、SD3 分别表示速度等级 1、速度等级 2、速度等级 3。

(3)当前速度：显示机车当前的实际运行速度(绿色数字)。

(4)限制速度：显示监控装置当前限速值(红色数字)。

(5)距前方信号机距离：显示列车距前方信号机的距离(黄色数字)。

(6)信号机编号和信号机类型：显示前方信号机的编号和信号机的类型。

(7)里程：显示当前机车所在位置的公里标。

(8)日期和时间：显示当前的系统日期及时间。

2. 显示器显示屏右边区

显示屏右侧为系统状态指示灯，自上到下依次为：

(1)故障：系统与所有单元通信中断时亮。

(2)降级：装置处于降级工作状态时亮。

(3)紧急：装置发出紧急制动指令时亮，停车后灯灭。

(4)常用：装置发出常用制动指令时亮，缓解操作成功后灯灭。

(5)卸载：装置发出卸载动作指令时亮。

(6)解锁：解锁成功后亮，4 s 后灭。

(7)开车：参数有效设定完毕亮，按压【开车】键进入通常工作状态后灭。

(8)调车：装置处于调车工作状态时亮。

(9)有权：显示“有权”时本端显示器有操作权；显示“无权”时本端显示器无操作权。

(10)客货/巡检：设定完毕后显示当前的客货状态(客本：客车本务状态；货本：货车本务状态；客补：客车非本务状态；货补：货车非本务状态；动本：动车组本务状态)。当按压【巡检】键有效后显示“巡检”，4 s 后指示灯恢复显示原信息。

(11)IC 卡：正确插入 IC 卡后灯亮，无卡或插卡无效时灯灭。

(12)A 机/B 机：指示当前监控装置主机的工作状态，显示“A 机”表示 A 机为当前工作机，显示“B 机”表示 B 机为当前工作机。

(13)侧线：允许输入侧线股道号时，此指示灯亮，输入股道号有效后显示输入的股道号码。

(14)支线：允许输入支线号时，此指示灯亮，支线输入有效后显示所输入的支线号。

(15)入段/出段：有效按压【出入库】键，该位置灯点亮，再次按压【出入库】键，该位置灯熄灭；监控装置处于出入段工作状态下的入段控制时，显示“入段”；监控装置处于出入段工作状态下的出段控制时，显示“出段”。

(16)诊断：当机车故障诊断显示器故障时，在监控屏的状态指示栏位置诊断灯被点亮。

3. 显示器显示屏中间区

显示屏中间窗口正常情况下，横向显示 5 km 长的线路数据，以机车前端位置将窗口分为左右两部分，左侧显示 1 km 长的列车实际运行轨迹，右侧显示 4 km 长的列车运行前方线路数据。窗口显示内容主要为：列车实际运行速度线，限制速度线，信号机位置、编号及信号机的状态，站中心及站名，机车位置，道岔数据信息。

(1)列车实际运行速度线：以绿色线条描绘显示机车运行速度。

(2)限制速度线：以红色线条显示限制速度轨迹和列车运行前方 4 km 以内的线路限速曲线。

(3)信号机位置、编号及信号机的状态：以坐标的方式显示前方 4 km 以内的信号机位置、编号及当前信号机的显示状态。

(4)站中心及站名：以坐标(垂直线)的方式显示前方 4 km 以内所有站的站中心位置，并用汉字标注对应车站的名称。

(5)机车位置：显示界面中黄色垂直分隔线表示当前机车位置，下部以红色(客车)或灰白色(货车)矩形表示列车图标，图标的长度与输入的列车计长成正比。

(6)道岔：以线条表示进站第 1 组和出站最后 1 组道岔坐标位置，线条上部用“＜”表示进站道岔，用“＞”表示出站道岔。

4. 显示器显示屏左边区

显示器显示屏左侧部分为速度标尺区，该区域显示速度标尺。

5. 显示器显示屏下方区

(1)线路纵断面、线路曲线、道桥隧：在显示屏下方 3 个长条窗口显示线路纵断面、线路曲线和道口、桥梁、隧道的情况(道口、桥梁、隧道合用一个长条窗口)。

(2)信号机公里标：在屏幕的最下方显示信号机公里标。

(3)支线提示：监控装置前方分区或本分区存在支线时，显示本分区、下分区的支线信息。

二、键盘说明

1. 键盘布置和组成

LKJ2000 型监控装置屏幕显示器操作按键为带背光薄膜按键，在环境光线变暗时，背光自动点亮。按键共 21 个，其中 0～9 的数字键在不同界面中，还具备其他功能，称为复合键，其他键为单功能键。LKJ2000 型监控装置屏幕显示器按键布局如图 2-2-3 所示。

2. 按键功能

复合键在显示状态下作功能键使用，在参数修改状态下作数字键使用。具体说明如下：

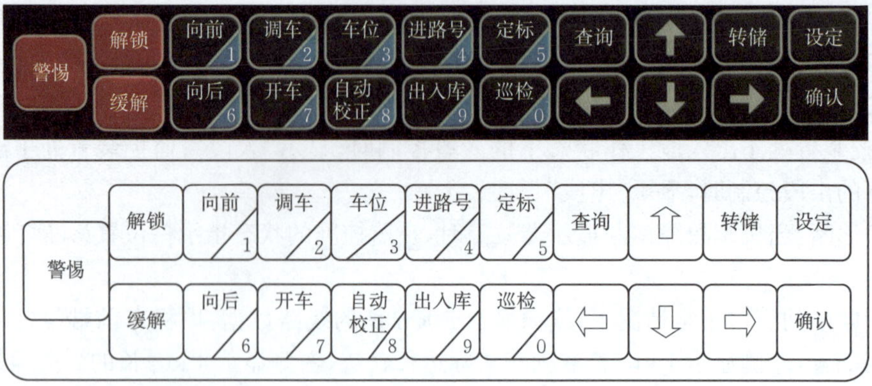

图 2-2-3 LKJ2000 型监控装置屏幕显示器按键及示意

(1)【警惕】键:解除降级状态下的报警;解除防溜报警及防溜动作后缓解;在半自动闭塞区段发生“信号突变”时的解锁操作。

(2)【解锁】键:解除特定情况下的停车控制,或与其他键组合使用解除特定情况下的停车控制。

(3)【缓解】键:撤除常用制动指令。

(4)【向前/1】:在运行中,先按压【车位】键 5 s 内再按压【向前】键,调整滞后误差。

(5)【调车/2】:在符合进入或退出调车工作状态条件下,按压此键,监控装置进入或退出调车工作状态。

(6)【车位/3】:该键为组合键,与【向前】、【向后】键组合使用完成车位调整。调整车位时,先按压【车位】键 5 s 内再按压【向前】或【向后】键进行车位调整。

(7)【进路号/4】:在运行中,当允许选择支线号或侧线号时,按压【进路号】键进入支线号或侧线号输入状态。

(8)【定标/5】:需监控装置记录此操作的时间、位置信息或解除司机警惕控制功能的报警时使用。

(9)【查询】:按压此键进入信息查询操作状态。

(10)【转储】:速度为 0 时,按压此键调出文件转储操作状态;有速度时,且监控装置存在当前起控临时数据时,与数字键【1】~【8】组合使用,提供快捷方式解除相应揭示。

(11)【设定】:按压此键进入或退出参数设定窗口。

(12)【向后/6】:在运行中,先按压【车位】键 5 s 内再按压【向后】键,调整超前误差。

(13)【开车/7】:当允许开车对标时,按压此键执行开车对标操作;在需要进行特定引导时和【解锁】键组合进行特定引导行车的办理。

(14)【自动校正/8】:在运行中,当距离误差较小时,可在地面实际信号机位置按压【自动校正】键,监控主机自动判断滞后或超前误差,进行距离调整。

(15)【出入库/9】:在符合进入或退出出入段工作状态下,按压此键监控装置进入或退出出入段工作状态。

(16)【巡检/0】:在运行中,按压此键执行机车乘务员机械间巡视记录操作。

(17)【↑】【↓】【←】【→】：在非参数编辑状态下，按压【↑】【↓】键可以调整显示器亮度；【←】【→】键可以调整显示器音量。

在操作窗口中，按压这几个键，可以改变光标的位置，输入数字时【←】键为退格键。

按压【↑】键 2 s 弹出“非正常行车确认”窗口。

(18)【确认】：按压此键，确认某个输入项或操作；与其他键组合使用进行特定操作。

任务实施

<table>
<tr><td>任务名称</td><td>LKJ2000 型列车运行监控装置屏幕显示器认知</td><td>任务编号</td><td>2.2</td></tr>
<tr><td>任务说明</td><td colspan="3">认知 LKJ2000 型监控装置显示器，完成开机操作；分组讨论，识读显示界面和功能按键。熟知显示屏显示区域各部分显示内容及含义，掌握各功能按键的用途</td></tr>
<tr><td rowspan="4">任务实施</td><td colspan="3">1. 认知 LKJ2000 型监控装置显示器，完成开机操作</td></tr>
<tr><td colspan="3">(1)完成 LKJ2000 型监控装置的开机操作，写出开机步骤。

(2)LKJ2000 型监控装置显示器由哪几部分构成？</td></tr>
<tr><td colspan="3">2. 讨论分析</td></tr>
<tr><td colspan="3">(1)说明 LKJ2000 型监控装置显示器的显示界面各窗口的显示内容及含义。
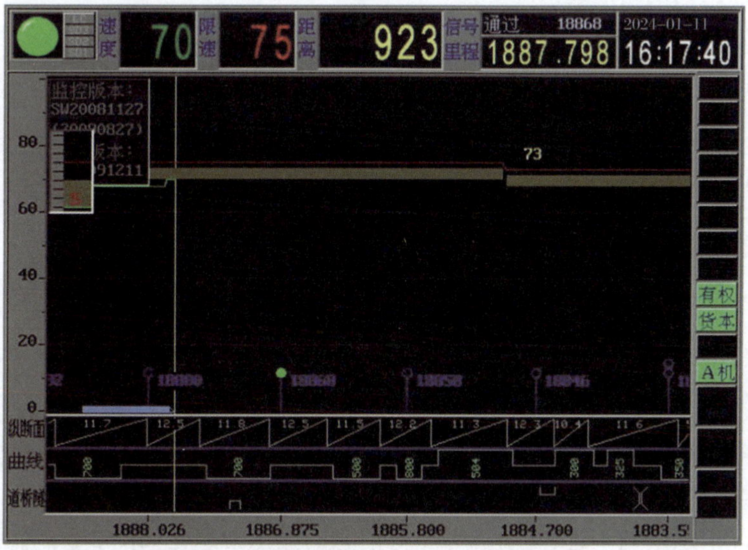

(2)在下图各按键上写出按键名称，并说明用途。
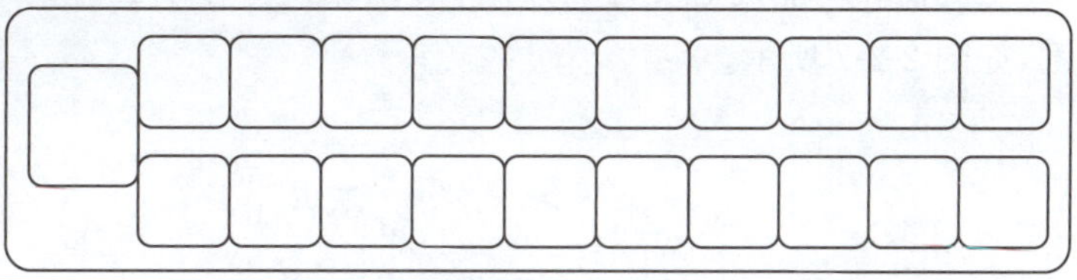</td></tr>
</table>

任务考核

班级　　　　　　　　　　　　姓名　　　　　　　　　　　　学号　　　　　　　　　　　　第　小组

考核项目		考核要点	分值	自评	互评	师评
实践能力	设备认知	LKJ2000 型监控装置屏幕显示器的组成和开机掌握情况	10			
	讨论分析	LKJ2000 型监控装置显示屏显示内容及含义的掌握情况；LKJ2000 型监控装置显示器键盘布置、组成及各按键功能的掌握情况	70			
职业素质		安全意识、遵章守纪、团队合作	20			
小计						
总分(自评 30%＋互评 30%＋师评 40%)						

习题巩固

一、填空题

1. LKJ2000 型监控装置的显示器以红色曲线方式显示当前区段的限制速度和前方________m 以内的线路限速情况。

2. 机车头部在显示屏中的________处。

3. LKJ2000 型监控装置的显示器共有________个按键。

二、简答题

如何调节 LKJ2000 型监控装置屏幕显示器的高度和音量？

拓展知识

LKJ-15S 型列车运行监控装置显示界面识读

LKJ-15S 型监控装置人机界面分为主界面显示区、功能键盘区、主键盘区、A/B 机切换区、I/C 卡槽区、语音提示区(喇叭)，如图 2-2-4 所示。

实际速度和限速差提示采用了更加醒目的气泡提醒显示，并且输出指令及缓解提示显示在列车运行速度曲线的实际速度处，如图 2-2-5 所示。

工况信息及列车管、制动缸等压力信息的显示常态化如图 2-2-6 所示。

当 DMI 主键盘和功能键盘硬件失效时，可以触摸主显示区里的“触摸屏启动键”，调出触摸屏按键，如图 2-2-7 所示。

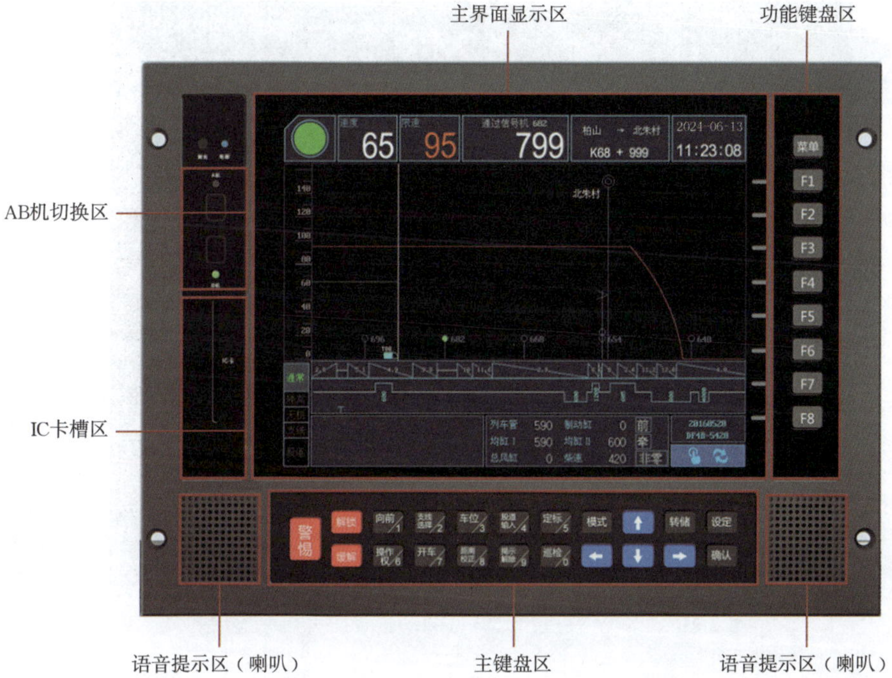

图 2-2-4　LKJ-15S 型监控装置人机界面

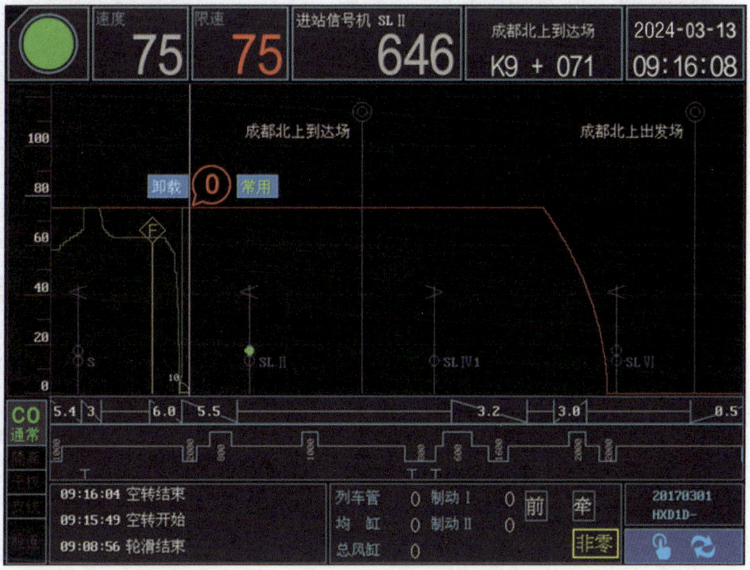

图 2-2-5　实际速度和限速差提示显示

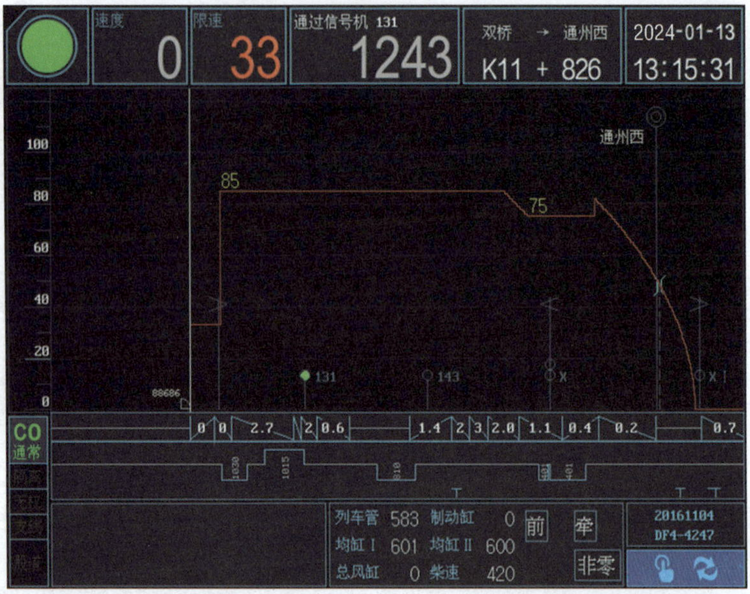

图 2-2-6　工况信息及列车管、制动缸等压力信息显示

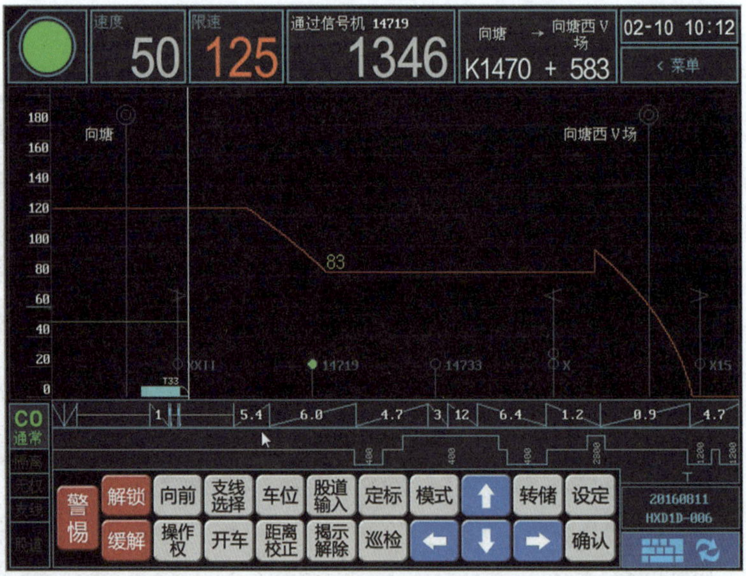

图 2-2-7　触摸屏按键

任务三　LKJ2000 型列车运行监控装置控制模式认知

工作任务

LKJ2000 型监控装置最重要的功能是防止列车超速运行，如果列车实际运行速度超过预定的速度值时，监控装置输出相应指令，提醒司机注意运行或迫使列车减速或停车，确保行车安全。在本任务中，使用 LKJ2000 型监控装置进行模拟操作，认知控制指令的输出时机和输出方式、指令输出后的处理方法。

任务目标

1. 掌握控制模式限速值的概念。
2. 掌握恒速区、减速区的概念。
3. 掌握控制指令输出方式、输出时机及撤除时机。
4. 了解 LKJ2000 型监控装置六种工作状态控制方式。
5. 树立安全第一的意识。
6. 培养遵章守纪、认真严谨的职业精神。

相关知识

一、控制模式的基本概念

1. 固定模式限速值

固定模式限速值是指监控装置用于计算防止列车超速运行的基准值。监控装置按照线路允许速度（包括线路、道岔、曲线、桥梁、隧道、长期慢行地段、临时慢行地段等允许速度）、接触网限制速度、机车构造速度、车辆构造速度、动车组构造速度等各种限制速度的最低者确定固定模式限速值。

2. 计算模式限速值

计算模式限速值是指为防止列车超过控制目标点限制速度，监控装置通过制动计算产生的限速值。计算模式限速值按监控装置输出常用制动指令和紧急制动指令的不同分为常用计算模式限速值和紧急计算模式限速值。

3. 恒速区

恒速区是指监控列车按固定模式限速值运行的区域，如图 2-3-1 所示。

4. 减速区

减速区是指列车在减速地点或减速信号（含停车信号）前，监控装置通过计算制动距离产生的限速值从恒速区开始下降直至控制目标点监控列车运行的区域，如图 2-3-1 所示。

二、控制指令输出方式

LKJ2000 型监控装置控制指令输出方式包括语音提示、解除牵引力（卸载）、常用制动和

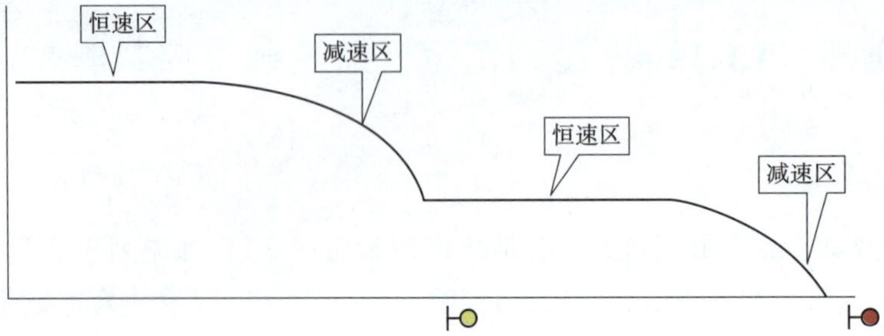

图 2-3-1 恒速区、减速区示意

紧急制动四种。语音提示指令输出到监控装置显示器,解除牵引力、常用制动和紧急制动指令输出到机车相关设备。

三、控制指令输出及撤除时机

1. 列车在恒速区运行控制

列车在恒速区运行时,LKJ2000 型监控装置控制指令输出及撤除时机以固定模式限速值为基准。

相关规章

恒速区控制指令输出及撤除时机如图 2-3-2 所示,具体说明见表 2-3-1。

列车在恒速区运行时,显示器显示常用制动控制模式曲线、限速窗口显示监控装置输出常用制动指令的速度值;当监控装置不具备输出常用制动指令时,显示器显示紧急制动控制模式曲线、限速窗口显示监控装置输出紧急制动指令的速度值。

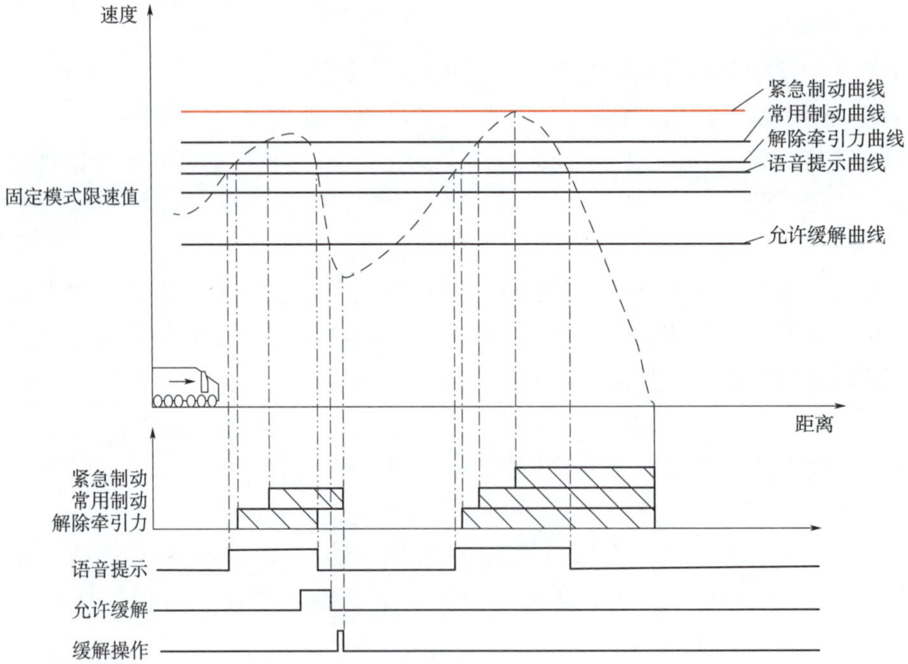

图 2-3-2 恒速区控制指令输出及撤除时机

表 2-3-1　恒速区控制指令输出及撤除时机说明　单位:km/h

输出指令时机	一般情况下限速的控制	调车模式(平面调车除外)、段内走行模式、随时停车模式和特殊行车限速的控制	道岔侧向允许速度、临时限速地段限速的控制
报警	+2	−2	0
卸载	+3	−1	+1
常用	+5	+1	+3
紧急	+8	+4	+5
撤除指令时机	**一般情况下限速的控制(小于以下值)**	**调车模式、段内走行模式、随时停车模式和特殊行车限速的控制(小于以下值)**	**道岔侧向允许速度、临时限速地段限速的控制(小于以下值)**
报警	+2	−2	0
卸载	+2	−2	0
常用	−5	−5	−5
紧急	运行速度=0 时,撤除紧急制动指令		
曲线半径为 400 m 及以下地段,按一般情况下限速的控制,但按线路允许速度下浮 2 km/h 确定固定模式限速值			

2. 列车在减速区运行控制

列车在减速区运行时,监控装置控制指令输出及撤除时机以计算模式限速值为基准。减速区控制指令输出及撤除时机如图 2-3-3、图 2-3-4 所示,具体说明见表 2-3-2。

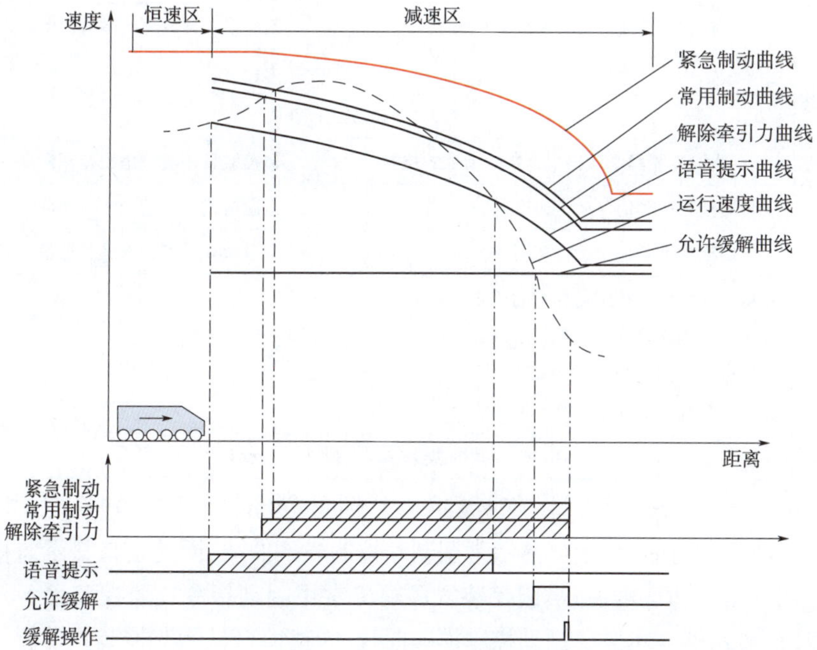

图 2-3-3　减速区常用制动指令输出及撤除时机

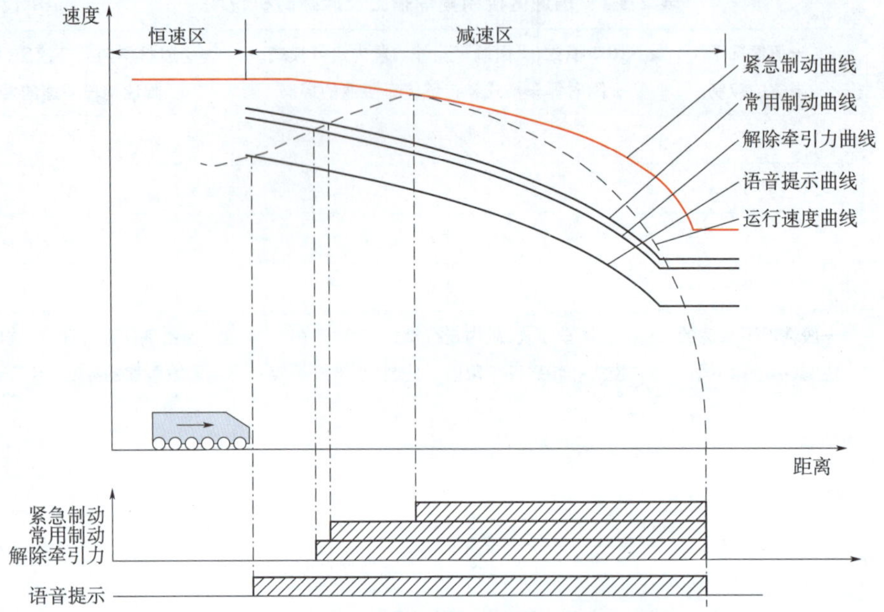

图 2-3-4 减速区紧急制动指令输出及撤除时机

表 2-3-2 减速区控制指令输出及撤除时机说明 单位:km/h

输出指令时机	监控装置具备输出常用制动指令的控制	监控装置不具备输出常用制动指令的控制
报警	常用模式计算值－运行速度≤5	紧急模式计算值－运行速度≤5
卸载	常用模式计算值－运行速度≤1	紧急模式计算值－运行速度≤1
常用	常用模式计算值	无
紧急	紧急模式计算值	
撤除指令时机	**监控装置具备输出常用制动指令的控制**	**监控装置不具备输出常用制动指令的控制**
报警	常用模式计算值－运行速度＞5	紧急模式计算值－运行速度＞5
卸载	常用模式计算值－运行速度＞3	紧急模式计算值－运行速度＞3
常用	运行速度低于控制目标点的固定模式限速值,监控装置提供撤除常用制动指令的允许操作条件;控制目标点的固定模式限速值为“0”时,列车停车后监控装置提供撤除常用制动指令的允许操作条件	无
紧急	运行速度＝0 时,撤除紧急制动指令	

注:监控装置输出紧急制动指令后不允许撤除解除牵引力和常用制动指令,列车停车自动撤除该两项指令。

列车在减速区运行时,显示器显示常用制动控制模式曲线、限速窗口显示监控装置计算的输出常用制动指令的速度值;当监控装置已输出常用制动指令或监控装置不具备输出常用制动指令时,显示器显示紧急制动控制模式曲线、限速窗口显示监控装置计算的输出紧急制动指令的速度值。

四、实施常用制动控制

1. 实施常用制动控制的减压量

(1)列车在恒速区运行,机车牵引的列车实施常用制动的减压量为 80 kPa。

(2)列车在减速区运行,机车牵引的列车实施常用制动的减压量为:单机、货车、快速货物班列为 120 kPa;客车及特快货物班列为 130 kPa。

(3)机车进行调车作业,实施常用制动的减压量为 120 kPa。

(4)机车牵引的列车因监控装置警惕控制实施常用制动的减压量为 80 kPa。

2. 监控装置不输出常用制动指令的条件

(1)列车在站内停车控制时,监控装置不输出常用制动指令。

(2)机车牵引的列车运行在一个减速区内,遇列车管减压量达 50 kPa 及以上时监控装置不输出常用制动指令,列车缓解后,在本减速区不恢复常用制动指令输出控制功能;列车停车后,自动恢复常用制动指令输出控制功能。

(3)在车载数据中已设置为机车不具备电阻制动功能的,在车载数据设置为长大下坡道的区段监控装置不输出常用制动指令。

五、六种工作状态

1. 降级工作状态

监控装置处于降级状态下,无法显示距前方信号机的距离。监控装置报警时,须在 7 s 内按压【警惕】键,否则监控装置实施紧急制动。

(1)监控状态下,符合下列条件之一,监控装置进入降级工作状态:

①监控装置主机断电时间超过 30 s 后再开机。

②修改区段号、车站号、车次种类、车次编号、列车种类、本/补任一参数时。

③数据终止时。

④退出 20 km/h 限速工作状态时。

⑤监控装置连续不校的信号机架数超过设置的“连续不校过机数”后。

(2)降级工作状态的控制模式

①固定模式限速值

监控装置进入原始降级工作状态(断电时间超过 30 s 开机进入的降级工作状态称为原始降级工作状态)或由通常工作状态转为降级工作状态时,固定模式限速值按机车最高运行速度、车辆最高运行速度的最低值或降级前的固定模式限速值确定。

②机车信号显示开放信号时的降级控制

机车信号显示绿灯、绿黄灯、黄灯、黄 2 灯、双黄灯、双黄闪灯或由绿灯、绿黄灯变为白灯,运行速度高于 60 km/h 时,监控装置报警,运行 2 000 m,限速降为 60 km/h,如图 2-3-5 所示。

③机车信号显示关闭信号时的降级控制

机车信号显示停车信号(红黄灯、红灯、白灯、黄转白、双黄转白、灭灯等),运行速度高于 5 km/h 时,监控装置报警,运行 800 m,限速降为 20 km/h,如图 2-3-6 所示。

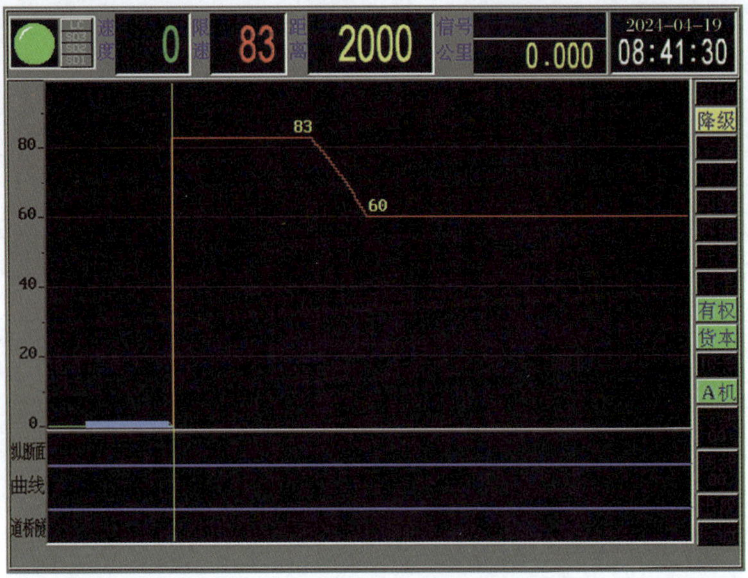

图 2-3-5　降级状态非停车信号限速曲线

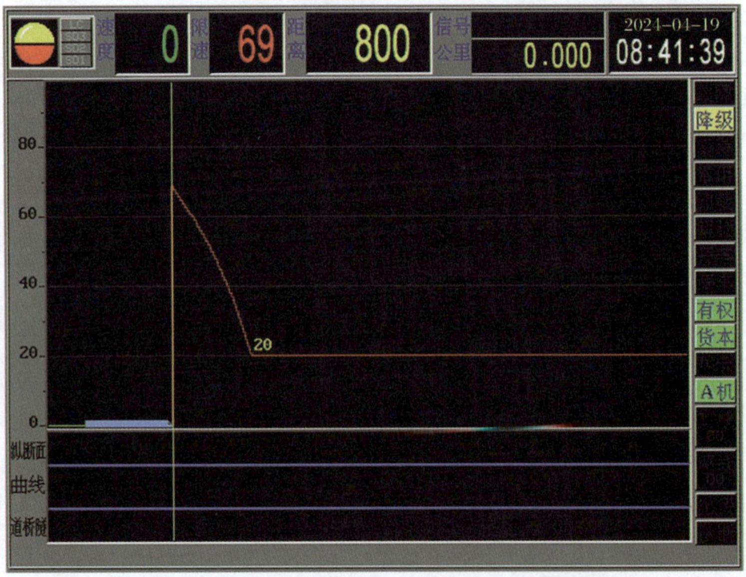

图 2-3-6　降级状态停车信号限速曲线

④允许运行的信号变为停车信号时的降级控制

降级模式下，机车信号由允许运行的信号变为停车信号时，运行 800 m，限速降为 20 km/h。

(3)降级工作状态下的速度控制

①降级状态下，运行速度低于限速 3 km/h 时报警，低于限速 2 km/h 时卸载，等于限速时常用制动，超过限速 3 km/h 时紧急制动。

②降级状态下，机车信号为停车信号，运行速度超过 5 km/h 时，LKJ2000 型监控装置输出语音提示指令进行周期报警，须在 7 s 内按压【警惕】键应答，否则监控装置实施紧急制动控制；报警过程中按压【警惕】键后暂停报警，4 s 后再次报警。控制方式如图 2-3-7 所示。

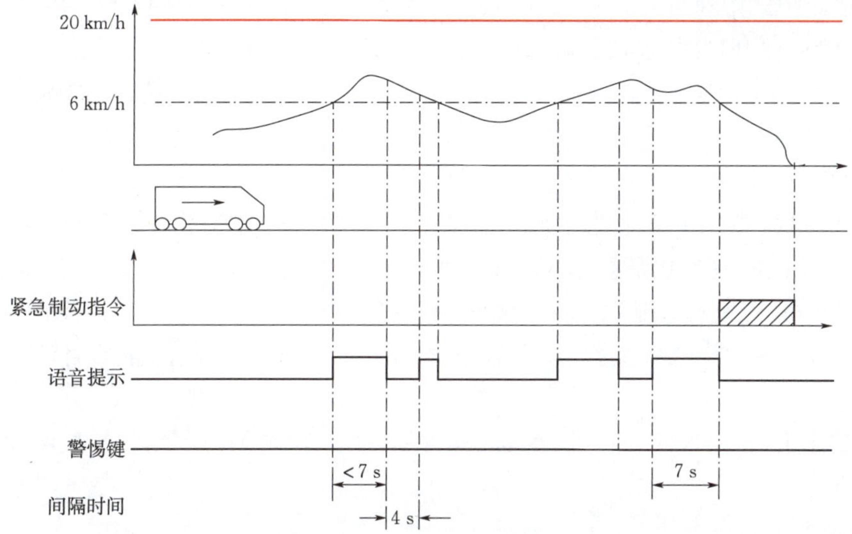

图 2-3-7　降级状态下的周期报警控制方式

③原始降级工作状态下，机车信号为白灯，或机车信号由黄灯、双黄灯、双黄闪变为白灯，LKJ2000 型监控装置均按停车信号处理。

(4)运行中 LKJ2000 型监控装置非正常降级时的操作

列车在运行中，LKJ2000 型监控装置非正常降级时，机车乘务员输入就近站车站号，运行至规定的对标点，重新对标。

2. 出入段工作状态

(1)进入和退出条件

①停车状态下，按压一次【出入库】键，进入出入段工作状态。

②在出入段工作状态，按压【出入库】键，退出出入段工作状态。

(2)模式限速值的确定和指令输出及撤除时机

LKJ2000 型监控装置在出入段工作状态下，模式限速值按以下要求确定：

①车载控制文件中预先设置固定模式限速值。各铁路局集团公司设置限速值有所不同。机车乘务员可连续按压【出入库】键选择合适的限速值。

②按固定模式限速值+1 km/h 确定常用固定模式限速值，按固定模式限速值+4 km/h 确定紧急固定模式限速值。

3. 调车工作状态

(1)普通调车工作状态

①进入、退出

机车停车状态下，按压【调车】键一次进入调车状态，显示屏“调车”灯亮。

在调车工作状态下，按压【调车】键一次退出调车状态，显示屏“调车”灯灭。

②普通调车状态的控制模式

a. 一般车站按 40 km/h 确定固定模式限速值。（有调车作业特殊限制速度值的车站按该值确定固定模式限速值）

b. LKJ2000 型监控装置在普通调车工作状态下，监控装置显示限速为 41 km/h，实际运行速度等于 38 km/h 时报警、≥39 km/h 时实施卸载、≥41 km/h 时实施常用制动、≥44 km/h 时实施紧急制动。

(2)动车确认控制

进入调车状态或在调车状态下停车后动车，LKJ2000 型监控装置启动动车确认控制功能。在动车前未按压【警惕】键，起车后速度达到 3 km/h 时，语音报警“请注意调车信号”且走行距离≥3 m，实施紧急制动。停车状态下按压【警惕】键，超过 3 min 后再动车，重新启动动车确认控制功能；按压【警惕】键动车后停车，超过 1 min 后再动车，重新启动动车确认控制功能。

调车状态下(含出入库)确认具备动车条件后，在动车前须按压【警惕】键，解除动车控制后再加载动车。

(3)平面调车工作状态

①进入平面调车：应将平面调车接线盒开关置于“调车”位，如图 2-3-8 所示，收到灯显信号即进入平面调车控制模式。

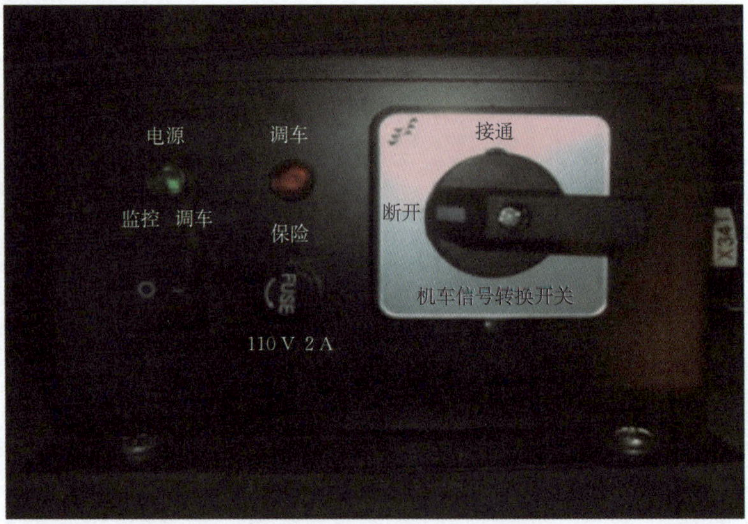

图 2-3-8 平面调车接线盒开关

②退出平面调车：应将平面调车接线盒开关置于“监控”位(或“自动”位、“0”位)，LKJ2000 型监控装置进入监控模式，注意：在进入监控模式前，确认机车及监控装置正常接收地面信号。

③平面调车信号的限速

监控装置根据灯显装置发出的平面调车信号进行控制。平面调车信号限速见表 2-3-3。

表 2-3-3 平面调车信号限速

调车信号	推进	起动	连接	溜放	十车	五车	三车
限速值	33 km/h	43 km/h	6 km/h	31 km/h	15 km/h	10 km/h	6 km/h

④平面调车信号的具体控制方式

a. 空线牵引运行时，实际运行速度≥40 km/h 时语音提示，实际运行速度≥41 km/h 时解除机车牵引力，实际运行速度≥43 km/h 时实施常用制动控制，实际运行速度≥45 km/h 时实施紧急制动控制。

b. 空线推进运行时，实际运行速度≥30 km/h 时语音提示，实际运行速度≥31 km/h 时解除机车牵引力，实际运行速度≥33 km/h 时实施常用制动控制，实际运行速度≥35 km/h 时实施紧急制动控制。

c. 十、五、三车距离信号的速度控制

十车信号控制：接收到十车信号，机车走行 50 m 后，限速突降为 15 km/h(速度≥13 km/h 时语音提示，速度≥14 km/h 时解除机车牵引力，速度≥15 km/h 时实施常用制动控制，速度≥18 km/h 时实施紧急制动控制)。

五车信号控制：接收到五车信号，机车走行 20 m 后，限速突降为 10 km/h(速度≥8 km/h 时语音提示，速度≥9 km/h 时解除机车牵引力，速度≥10 km/h 时实施常用制动控制，速度≥13 km/h 时实施紧急制动控制)。

三车信号控制：接收到三车信号，机车走行 20 m 后，限速突降为 6 km/h(速度≥4 km/h 时语音提示，速度≥5 km/h 时解除机车牵引力，速度≥6 km/h 时实施常用制动控制，速度≥9 km/h 时实施紧急制动控制)。

连接信号控制：在推进，起动，十、五、三车信号下运行中接收到连接信号后，限速突降为 6 km/h。

推进、起动或连接信号后，再接收到停车信号时，延时 30 s 后限速突降为 0。

溜放信号后，再接收到停车信号时，延时 40 s 后限速突降为 0。

减速信号后，再接收到停车信号时，延时 10 s 后限速突降为 0。

接收到收/放权信号后，再接收到停车信号时，延时 20 s 后限速突降为 0。

接收到十车、五车或三车信号后，再接收到停车信号时，走行 10 m 限速突降为 0。

运行中接收到故障停车信号，灯显装置语音提示“注意、注意”5～7 s 后，提示“故障停车、故障停车”，延时 30 s，限速突降为 0。

运行中接收到紧急停车信号，限速立即突降为 0，实施紧急制动，只有接收到解锁信号后才能动车。

运行中连续接收两个停车信号、两个故障停车信号、故障停车信号后再接停车信号均按紧急停车信号控制。

4. 通常工作状态

(1)进入条件

设定正确的交路号(区段号)、车站号、车次、客/货状态,并在“本务”状态下,按【开车】键后,装置进入通常工作状态。

(2)控制模式值的确定

控制模式值的确定见表 2-3-1 和表 2-3-2。

(3)减速信号控制

对于绿黄灯、黄灯、黄 2 灯、黄 2 闪灯等减速信号,运行速度大于 140 km/h 的列车在自动闭塞和提速半自动闭塞区段采用速度连续控制方式,其他列车采用速度分级控制方式,控制示意如图 2-3-9 所示。

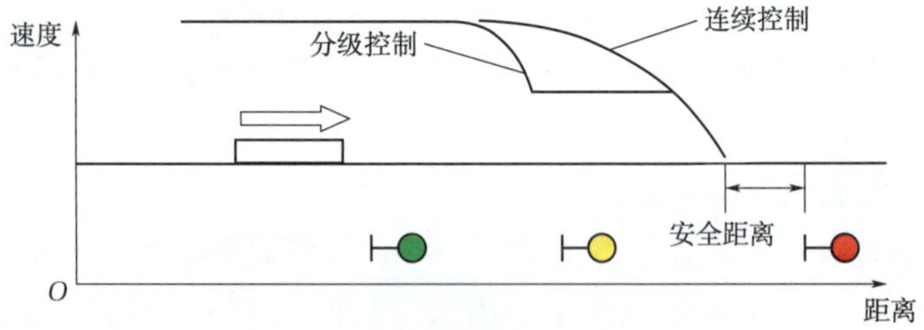

图 2-3-9　分级控制/连续控制示意

不同铁路局集团公司,LKJ2000 型监控装置分级控制时,机车客、货列车模式设定各色灯最高限速值不同。

(4)曲线、桥梁、道岔等减速地点限速控制

列车运行前方为曲线、桥梁等限速地段,距限速地点(客车 3 000 m、货车 2 000 m)时,装置语音提示“注意前方限速”,并以减速模式和固定限速模式控制,防止列车通过限速地段超速。

列车运行前方侧向过岔,装置接收到双黄灯、双黄闪灯后,调用车载基础数据文件中存储的对应道岔限速值,装置语音提示“注意道岔限速”,并以减速模式和固定限速模式控制,防止列车侧线过岔超速。侧线出站道岔限速控制,装置以出站信号机作为控制起始点,至列车尾部越过出站道岔为止。

(5)机车信号掉码变白灯时的控制

①机车信号由绿灯、绿黄灯、黄 2 灯、黄 2 闪灯、双黄闪灯掉码转白灯时的控制

机车信号由绿灯、绿黄灯、黄 2 灯、黄 2 闪灯、双黄闪灯掉码转白灯,允许列车按规定速度越过变灯时前方第一架信号机,列车通过该信号机后,机车信号仍显示白灯,监控装置按前方信号机关闭监控列车运行。

②机车信号由黄灯、双黄灯掉码转白灯时的控制

机车信号由黄灯、双黄灯掉码转白灯时,监控装置按变灯时前方信号机关闭监控列车运行。

(6)防止冒进信号控制

当机车信号为停车信号(红黄灯,黄灯、双黄灯转白灯,灭灯,红黄灯转单红灯等)时,监控装置以前方信号机前附加安全距离处为停车目标,以停车模式控制防止列车冒进信号。

站内紧急制动控制安全距离值为 20 m,常用制动控制安全距离值为 50 m;区间紧急制动控制安全距离值为 70 m,常用制动控制安全距离值为 100 m。

(7)临时慢行限速的控制

列车运行到已通过 IC 卡载入监控装置的临时限速区段,在限速时段内,列车接近限速地点 4 000 m 时,显示屏右上方弹出“揭示信息”窗口,距限速地点(客车 3 000 m、货车 2 000 m)时,语音提示“注意临时限速”,并在限速始点前降到限制限速,列车尾部越过限速终点后,恢复正常限速。

(8)防动轮弛缓提示功能

通常监控工作状态下,运行中列车管减压量<40 kPa 且制动缸压力>50 kPa 时,2 min 后监控装置语音提示“注意弛缓”, 提醒机车乘务员采取措施,机车乘务员应立即检查制动缸压力,当制动缸压力下降到 10 kPa 以下,装置停止报警;经检查制动缸压力正常,按压【警惕】键可停止报警。

(9)列车管欠压提示功能

通常监控工作状态下,运行中列车管压力小于定压超过 100 kPa 且速度≥5 km/h 时,4 min 后,监控装置语音提示“欠压运行”, 提醒机车乘务员采取措施,机车乘务员应立即检查总风缸压力、列车管压力和均衡风缸压力,经检查各风压正常,按压【警惕】键可停止报警,当列车管压力恢复定压时,装置自动停止报警。

(10)过节不校的控制

自动闭塞区段连续运行 36 架通过信号机过节不校,半自动闭塞区段连续运行 6 架预告信号机过节不校,监控装置自动降级。

(11)乘降所控制

列车在已载入临时数据控制的乘降所停车对应地点前,监控装置监控列车停车;如列车在该地点前 300 m 内停车,监控装置自动解除停车控制。

5. 非本务工作状态

非本务工作状态也称为“补机模式”。除另有规定外,机车担当非本务牵引或在列车尾部担当补机任务时,应将监控装置转为非本务工作状态。

(1)进入

①未安装本/补机切换装置的机车,在停车时(未在调车工作状态),按压【设定】键进入参数设定窗口,“本/补”栏选择“补机”,确定后进入非本务工作状态,如图 2-3-10 所示。

担当本务前,必须停车重新设定参数,“本/补”栏选择“本务”确定后退出非本务工作状态。

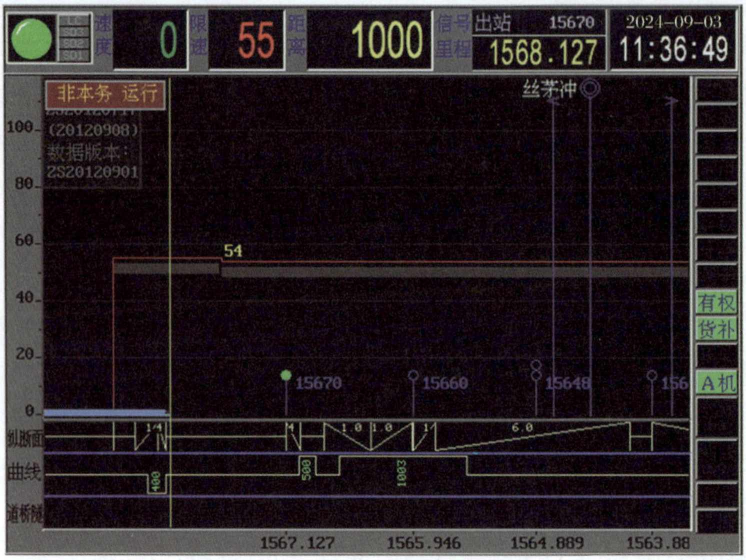

图 2-3-10 非本务工作状态显示界面

②安装本/补机切换装置的机车，直接将本/补机切换装置转换开关置于“补机”位，如图 2-3-11 所示，监控装置进入“非本务工作状态”。

(2)退出

①未安装本/补机切换装置的机车，在停车时(未在调车工作状态)，按压【设定】键进入参数设定窗口，“本/补”栏选择“本务”，确定后进入本务工作状态。

②安装本/补机切换装置的机车，直接将本/补机切换装置转换开关置于“本务”位，监控装置进入“本务工作状态”。

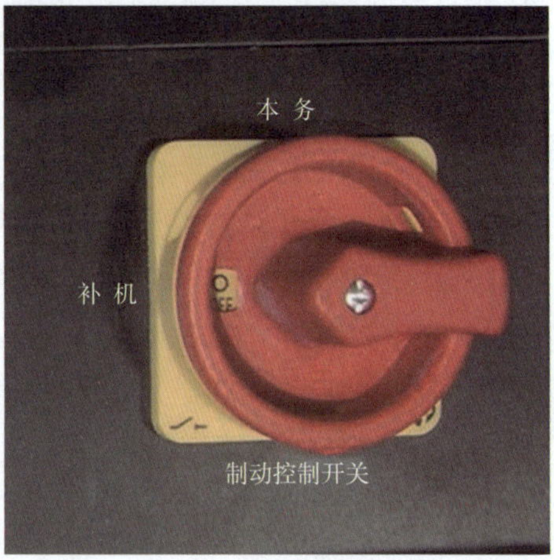

图 2-3-11 本/补机切换装置在补机位

(3)注意事项

①担当本务前，必须停车重新设定参数，“本/补”栏选择“本务”确定后退出非本务工作状态。

②在非本务工作状态下 LKJ 不具备常用、紧急制动控制、防止超速等监控功能，但具备运行记录功能。

③使用非本务工作状态时，车次、区段号、车站号等参数与本务状态一致，在规定地点按压【开车】键对标，途中注意支线号的输入，监控装置不能自动校正距离时，机车乘务员应及时进行车位调整。

当侧线号选择灯点亮时，装置不自动弹出侧线号或支线号窗口，需要输入侧线号或支线号时，按压【进路号】键弹出侧线号或支线号窗口，输入侧线号或支线号后，按压【确认】键，右侧显示输入的侧线号或支线号。

④进入"调车工作状态"时，监控自动退出"非本务工作状态"。在"调车工作状态"，进入"非本务工作状态"无效。

⑤担当本务的机车，不得进入"非本务工作状态"（如担当特殊列车任务时按相关规定执行）。

⑥监控装置在非本务工作状态下，列车运行时，若列车管压力比定压下降 50 kPa 及以上且处于牵引工况时，立即实施卸载控制。列车管压恢复定压后解除卸载指令。

⑦柴油机启机的内燃机车或升弓取电的电力机车附挂，应开启监控装置电源并设置为非本务工作状态(补机模式)。

6. 20 km/h 限速工作状态

(1)进入和退出条件

同时满足以下条件时，进入 20 km/h 限速工作状态：

①列车在自动闭塞区间，且处于停车状态。

②司机按规定进行了进入 20 km/h 限速工作状态的操作。

同时满足以下条件时，退出 20 km/h 限速工作状态：

①列车处于站内停车状态。

②司机按规定进行了退出 20 km/h 限速工作状态的操作。

(2)限速控制

①进入 20 km/h 限速工作状态后，装置限速值立即为 0，2 min 后，限速变为 21 km/h。

②当速度达到 18 km/h 时报警，当速度达到 19 km/h 时实施卸载，当速度达到 21 km/h 时实施常用制动，当速度达到 24 km/h 时实施紧急制动。

任务实施

任务名称	LKJ2000 型列车运行监控装置控制模式认知	任务编号	2.3
任务说明	认知 LKJ2000 型监控装置控制模式相关的基本概念，使用 LKJ2000 型监控装置进行模拟操作，判断运行速度达到何值时，装置输出何种控制指令，并在输出相应指令后进行处理		
任务实施	1. 解释概念		
	(1)固定模式限速值 (2)常用固定模式限速值 (3)紧急固定模式限速值		

续上表

<table>
<tr><td rowspan="2">任务实施</td><td>2. 模拟练习及讨论分析</td></tr>
<tr><td>(1)控制指令输出时机及处理。
①LKJ2000 型监控装置有哪几种控制指令输出方式?

②恒速区控制指令输出时机和撤除时机分别是什么?

③减速区控制指令输出时机和撤除时机分别是什么?

(2)说出 LKJ2000 型监控装置的六种工作状态。</td></tr>
</table>

任务考核

班级　　　　　　　　　　姓名　　　　　　　　　　学号　　　　　　　　　　第　小组

<table>
<tr><th colspan="2">考核项目</th><th>考核要点</th><th>分值</th><th>自评</th><th>互评</th><th>师评</th></tr>
<tr><td rowspan="2">实践能力</td><td>解释概念</td><td>三种限速值概念的掌握情况</td><td>20</td><td></td><td></td><td></td></tr>
<tr><td>模拟练习及讨论分析</td><td>准确说出 LKJ2000 型监控装置控制指令的输出时机和撤除时机,以及 LKJ2000 型监控装置的六种工作状态状态</td><td>60</td><td></td><td></td><td></td></tr>
<tr><td colspan="2">职业素质</td><td>安全意识、遵章守纪、团队合作</td><td>20</td><td></td><td></td><td></td></tr>
<tr><td colspan="4">小计</td><td></td><td></td><td></td></tr>
<tr><td colspan="4">总分(自评 30%+互评 30%+师评 40%)</td><td colspan="3"></td></tr>
</table>

习题巩固

一、填空题

LKJ2000 监控装置实施紧急制动控制后,必须________后才可缓解。

二、选择题

1. 当机车工况处于电阻制动时,禁止 LKJ2000 型监控装置输出(　　)指令(紧急制动时除外)。

A. 解除牵引力　　B. 语音提示　　C. 常用制动　　D. 紧急制动

2. LKJ2000 型监控装置对于线路曲线半径为 400 m 及以下的地段,按线路允许限速值下浮(　　)确定固定模式限速值。

A. 8 km/h　　B. 5 km/h　　C. 3 km/h　　D. 2 km/h

3. 列车在恒速区运行时，LKJ2000 型监控装置限制速度窗口显示的限速值称为(　　)。
A. 常用固定模式限速值　　B. 紧急固定模式限速值　　C. 固定模式限速值

拓展知识

机车防撞土挡装置

一、防撞土挡装置的功能

防撞土挡装置是卡控调车在站场调车作业安全，防止冲出土挡、侵入其他线路的重要设备，适用于牵出线、专用线及其他可能引起挤岔或侵入邻线的地点，是调车安全装备的重要组成部分。防撞土挡装置接收的地面点式信号接入 LKJ2000 型监控装置，通过预先设置的控制模式实现限速、语音提示、停车控制、记录功能，从而起到安全防护作用。

二、防撞土挡装置的原理及组成

防撞土挡装置由地面点式装置(磁钢)、车载点式装置(接收线图)、信息转换装置组成，如图 2-3-12 所示。

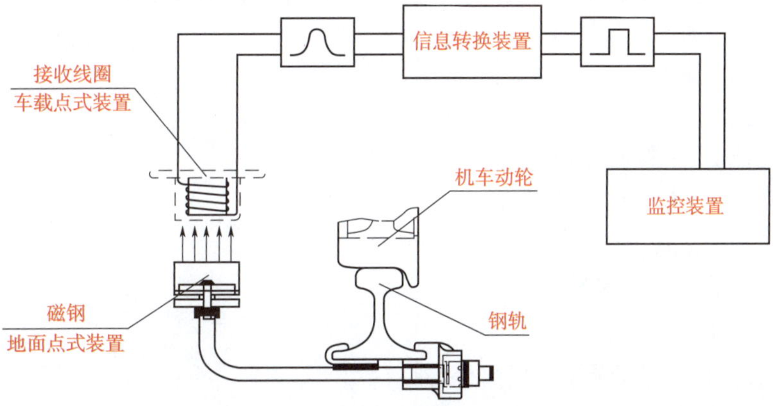

图 2-3-12　防撞土挡装置的原理与组成

三、防撞土挡功能的控制方式及注意事项

防撞土挡功能仅在监控装置调车状态(含平调、出入库)有效。

1. 控制方式

机车向土挡方向运行，收到预警点信号时，LKJ2000 型监控装置限速突降至 15 km/h，机车速度≥12 km/h 语音提示(收到预警点信号 7 s 后，机车速度 12 km/h 语音报警、13 km/h 卸载、15 km/h 常用制动、18 km/h 紧急制动)；越过预警点运行距离 100 m 时，监控装置限速突降至 8 km/h(机车速度 5 km/h 语音报警、6 km/h 卸载、8 km/h 常用制动、11 km/h 紧急制动)，运行至绝对停车点(相隔 2～3 m 的连续 2 个磁钢信息)，监控装置立即实施紧急制动。

如尽头线未安装预警点信号，仅安装绝对停车点(相隔 2～3 m 的连续 2 个磁钢信息)，机车越过绝对停车点时，监控装置立即实施紧急制动。

2. 注意事项

(1)当机车向土挡方向运行，收到土挡预警点信号时，应在 7 s 内将机车速度降至

12 km/h 以下，在越过预警点距离 100 m 内，将机车速度降至 5 km/h 以下。

(2)因停车位置等原因，机车必须越过绝对停车点时，应在机车通过地面磁钢点前按住切除按钮(速度应控在 5 km/h 以下并随时准备停车)。

(3)调车状态下因外界干扰发生误接收预警点或绝对停车点信号等，引起装置停车误控制，机车停车后，ZS 模式通过按压【调车】键退出并重新进入调车状态恢复监控装置限速，SW 模式按压【解锁】键即可恢复监控装置限速。

任务四　LKJ2000 型列车运行监控装置出勤、接车、挂车相关操作

工作任务

根据机车乘务员一次乘务作业过程及《机车乘务员一次乘务作业标准》，完成运行前 LKJ2000 型监控装置相关操作：出勤作业中 IC 卡的核对操作、库内接车作业中 LKJ2000 型监控装置的交接、IC 卡参数输入及查询操作、挂车作业中出入库和调车操作及挂车后人工输入参数操作。

任务目标

1. 能够完成 IC 卡核对操作。
2. 能够完成 IC 卡参数设定操作。
3. 能够完成出入库和调车工作状态操作。
4. 能够手动修改设定参数。
5. 树立安全第一的意识。
6. 培养遵章守纪、认真严谨的职业精神。
7. 培养发现问题、分析问题和解决问题的能力。

相关知识

一、出勤

1. 出勤写卡

机车乘务员出勤时，将 IC 卡交给出勤调度员，由出勤调度员将机车乘务员信息、值乘交路的临时数据(如临时限速、停基改电、使用绿色许可证、特定引导等运行揭示信息)写入 IC 卡。出勤调度员将写有临时数据的 IC 卡交给机车乘务员后，由机车乘务员在模拟运行测试设备上进行核对。

2. IC 卡核对操作

机车乘务员将 IC 卡插入模拟运行测试设备 IC 卡插槽，IC 卡指示灯亮后，连续按压两次【设定】键，出现参数设定对话框，可重新修改参数，确认参数正确后，将光标键移至确定选项，按压【确认】键，此时将机车乘务员信息和运行揭示信息传输给模拟监控装置，然后弹出信息窗口说明发送揭示是否成功，按压【确认】键返回。

输入完成后要进行查询、核对，确认 IC 卡内信息与运行揭示是否一致，如果确认 IC 卡故障，换卡后重复上述操作。

二、接车

1. 开机

打开主机电源开关，主机进行自检、显示器启动。自检完毕后进入原始降级工作状态，显示器显示界面如图 2-4-1 所示。

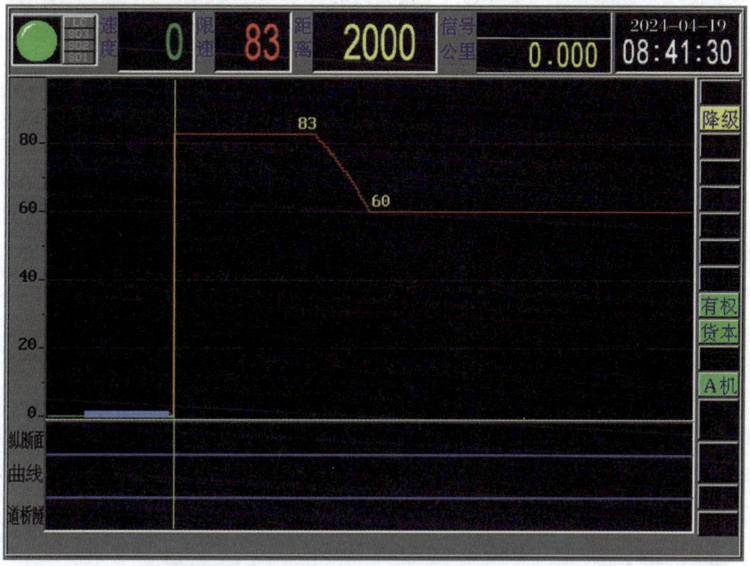

图 2-4-1　开机后显示器显示界面

在降级状态下，两端操作均有效，两端显示器均有操作权。显示屏右侧状态栏“有权”指示灯点亮。在有权端可进行正常按键操作，在无权端只能进行部分查询功能的操作。

(1)信号灯状态窗口：显示机车当前的信号。

(2)运行速度窗口：显示机车当前的运行速度值。

(3)限制速度窗口：显示机车当前的限速值。

(4)日期和时间窗口：显示当前的系统日期及时间。

(5)系统状态：“降级”或“调车”灯亮，“A 机”或“B 机”灯亮。

(6)显示屏左上角显示监控版本和数据版本(灰底白字)。

发现屏幕显示器中央以红底黄字提示“数据版本不匹配!”或“软件版本不匹配!”时，应及时向电务部门提报，不准出库。

监控版本号：显示当前装置内部固化的监控程序的版本号和编译日期。软件有 ZS 和 SW 两种版本。

数据版本号：显示当前装置内部固化的监控装置车载基础数据的编译版本号。

2. 库内检测确认

机车乘务员与电务检测人员共同确认车载设备良好后，在“车载设备检测合格证”上签字并领取合格证。

3. IC 卡输入

（1）将写有司机号、副司机号、区段号、车站号、车次号码以及监控装置临时数据等信息的 IC 卡正确插入屏幕显示器 IC 卡槽内，显示屏右边状态窗口的“IC 卡”指示灯点亮。

（2）机车速度为“0”时，按压【设定】键，监控装置将卡内的各项信息读出，显示屏弹出参数设定对话框，其显示的参数为 IC 卡信息内容，如图 2-4-2 所示。

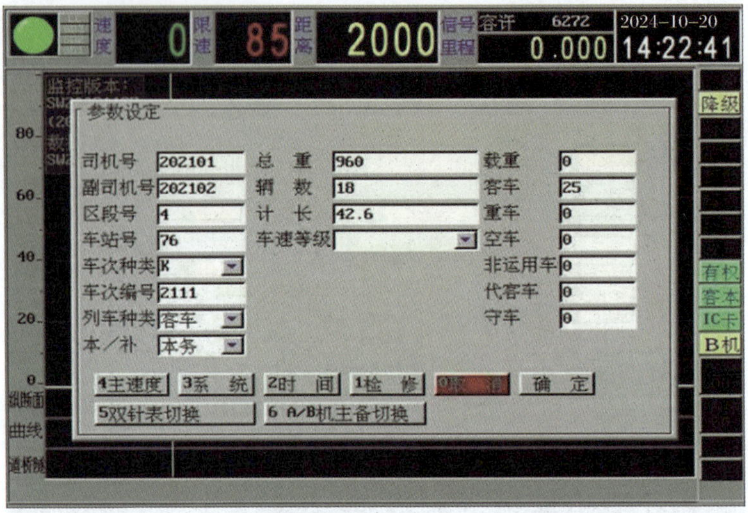

图 2-4-2　IC 卡参数设定界面

（3）确认司机号、副司机号、交路号、车站号和车次等相关信息无误后，再次按压【设定】键，退出参数设定窗口，显示屏显示“发送揭示成功”，按压【确认】键退出。显示屏显示输入的揭示条数窗口，如图 2-4-3 所示。按压【确认】键，显示屏显示查询揭示界面，按压【确认】键进入全部揭示信息查询界面，如图 2-4-4、图 2-4-5 所示。

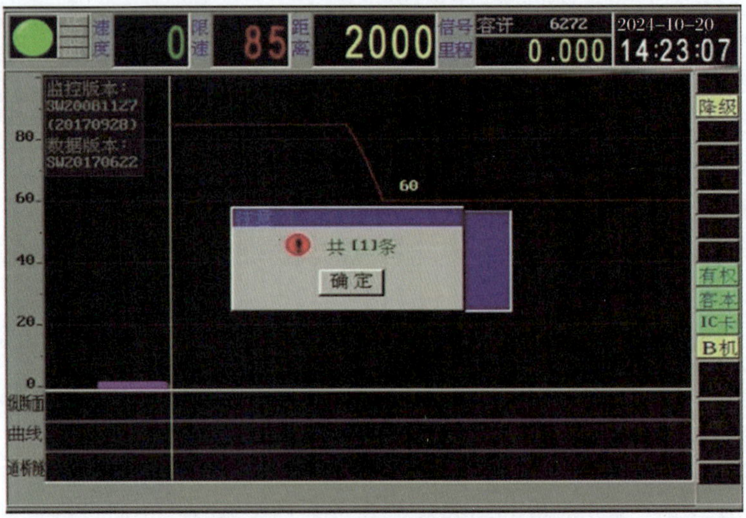

图 2-4-3　输入的揭示条数窗口

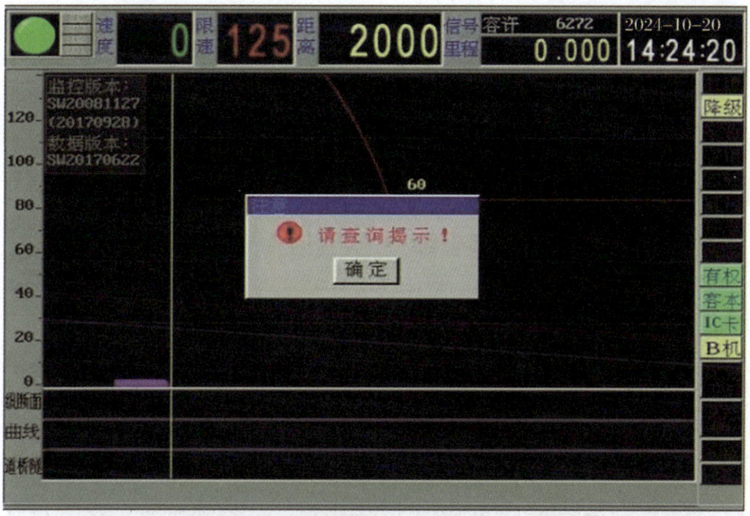

图 2-4-4　请查询揭示窗口

图 2-4-5　全部揭示信息查询窗口

(4)必须按要求对运行揭示进行逐条核对，确认无误后，将光标移到“0 返回”位置，按压【确认】键返回。

注意：使用 IC 卡输入后，装置将刷新存储的揭示信息，因此，必须确认所使用的 IC 卡存储的揭示内容是最新和有效的，不得使用空白 IC 卡进行输入操作。

4. 查询操作

读卡完毕后，拔出 IC 卡，查询监控装置临时参数和临时数据是否正确，如不正确重复操作，若 3 次重复操作仍不正确，应重新写卡和读卡。

按压显示器【查询】键，显示器屏幕中央弹出“查询选择”窗口，如图 2-4-6 所示。将光标移到相应查询项目上按压【确认】键，或直接按压查询项序号对应的数字键，显示相关信息数据。查询完毕，按压【确认】键可关闭查询窗口。各查询项具体操作方法及显示如下所述。

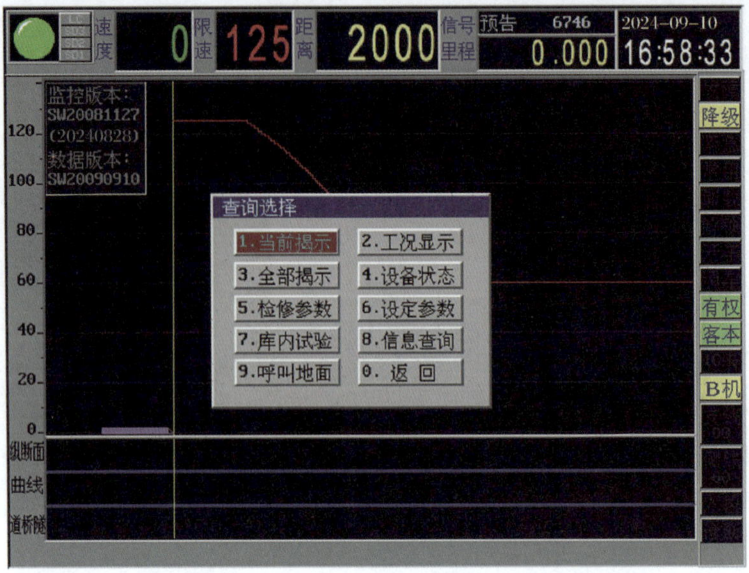

图 2-4-6 查询选择窗口

(1)查询当前揭示

操作目的:列车运行时查询前方 2 000 m 以内的揭示。

操作方法:在“查询选择”窗口,将光标移至“1. 当前揭示”位置,然后按压【确认】键,或直接按压数字键【1】,进入揭示查询界面,如图 2-4-7 所示。当没有揭示信息时,提示“禁止查询!”。屏幕上的揭示显示,底色为白色的是正常的揭示,绿色的是已经越过的揭示,红色是已经解除的揭示。

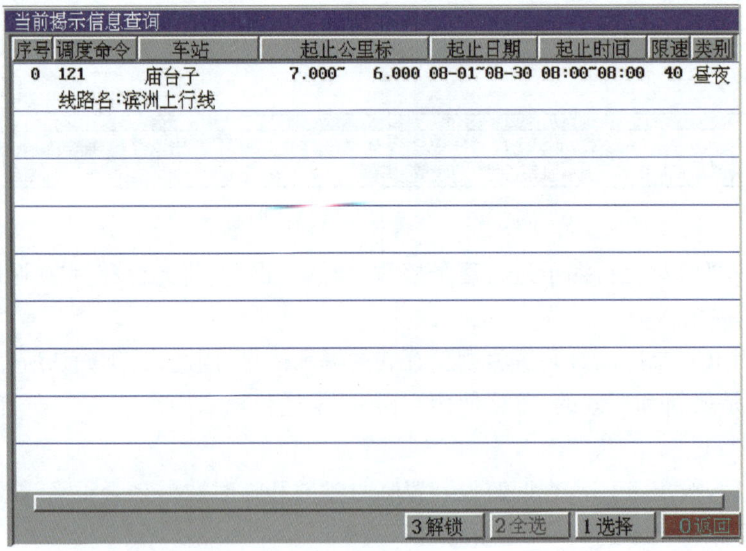

图 2-4-7 当前揭示查询窗口

(2)查询工况信息

操作目的:查询手柄位置、柴油机转速、列车管压力、制动缸压力、均衡风缸压力、速度传感器各通道速度等数据。

操作方法：在“查询选择”窗口，将光标移至“2. 工况显示”位置，然后按压【确认】键，或直接按压数字键【2】。此时在屏幕右上角弹出“工况信息”窗口，如图 2-4-8 所示。这个显示窗口将一直存在，直到再次按压【确认】键才消失。

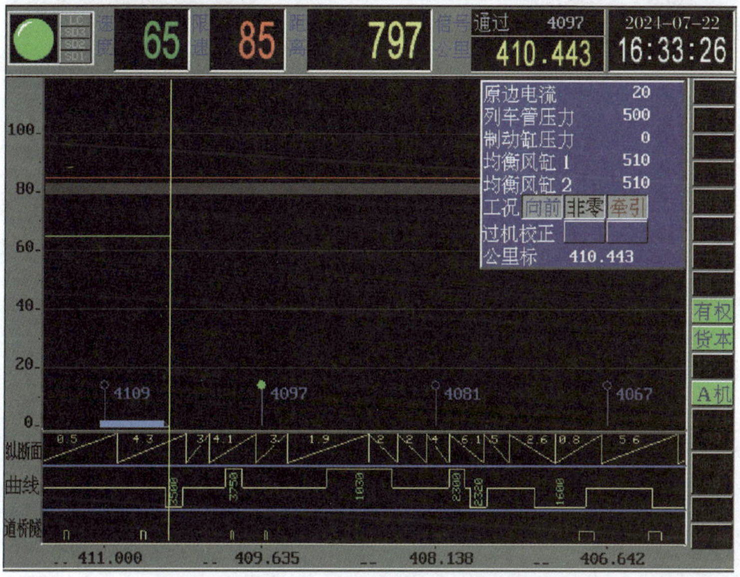

图 2-4-8　工况信息查询窗口

（3）查询全部揭示

①全部揭示的查询

操作目的：查询装置内的所有揭示信息。

操作方法：机车速度为“0”时，按压【查询】键进入“查询选择”窗口，将光标移至“3. 全部揭示”位置，然后按压【确认】键，或直接按压数字键【3】，显示屏显示装置存储的全部运行揭示信息，如图 2-4-9 所示。当装置无运行揭示信息时，提示“禁止查询！”，如图 2-4-10 所示。

图 2-4-9　全部揭示信息查询窗口

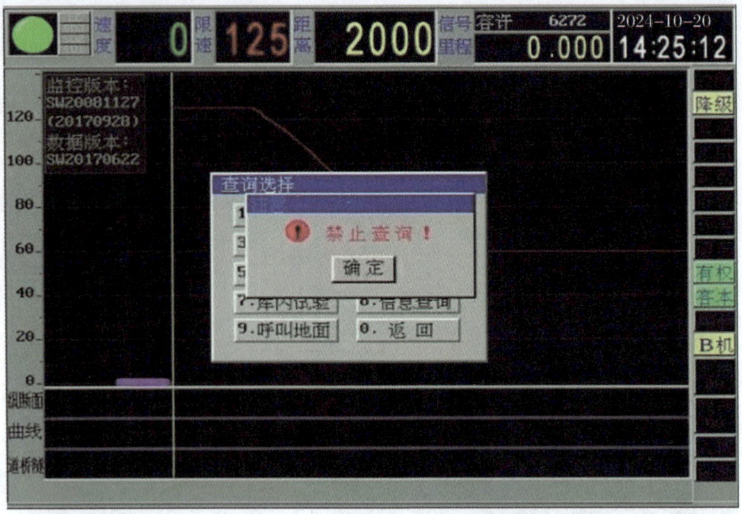

图 2-4-10　禁止查询窗口

屏幕上的揭示显示，底色为白色的是正常的揭示，绿色的是已经通过的揭示，红色是已经解除的揭示。如果揭示较多，可以用上下方向键翻页显示。

②揭示的筛选

操作目的：查询输入的全部揭示中与某条工务线路相关的揭示，输入的全部揭示中有京广线和郑州北环线的揭示，但此时只想查询郑州北环线的揭示时，可使用揭示的筛选功能。

操作方法：在揭示查询窗口，将光标移至“4 筛选”位置按压【确认】键，或按压数字键【4】，调出揭示筛选界面，如图 2-4-11 所示。

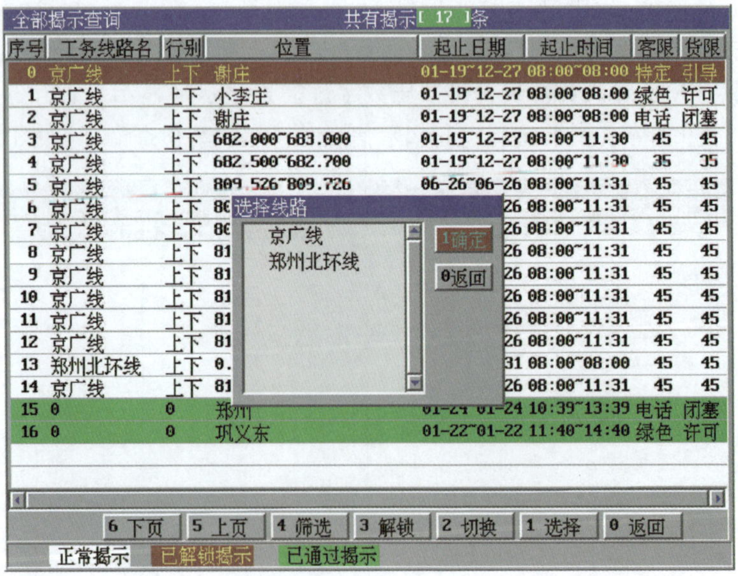

图 2-4-11　揭示筛选界面

在“选择线路”小窗口中，列出了全部揭示信息所包含的所有线路。按压【←】键进入线路选择，按【↑】、【↓】键将光标移到要选择/取消的线路，按【确认】键选择/取消，如图 2-4-12 所示(筛选有关郑州北环线的揭示)。

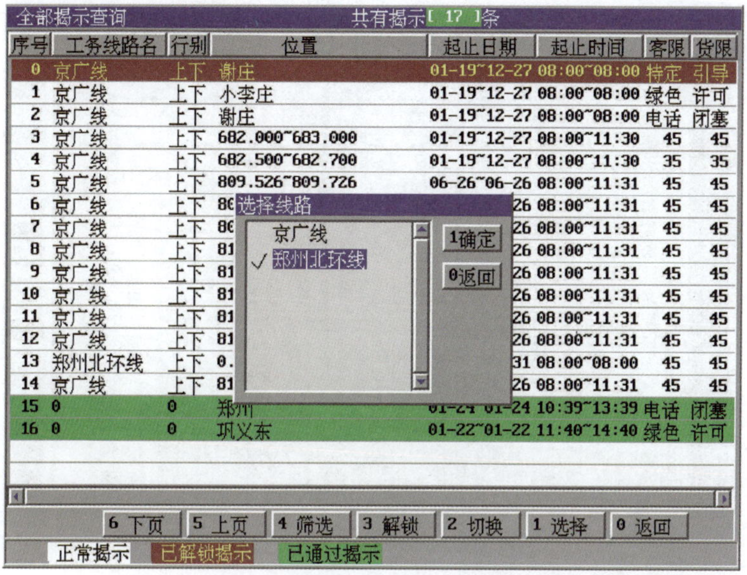

图 2-4-12　选中查询工务线路界面

将光标移至“1 确定”位置，按压【确认】键，即可查询选中的工务线路的有关揭示，如图 2-4-13 所示。

图 2-4-13　筛选后的揭示查询界面

(4)查询设备状态

操作目的：查看设备的工作状况。

操作方法:在“查询选择”窗口,将光标移至“4. 设备状态”位置,然后按压【确认】键,或直接按压数字键【4】,显示 LKJ2000 型监控装置各插件的工作状态,监控程序、地面数据及屏幕显示器程序版本号;外接设备参数或状态,如图 2-4-14 所示。

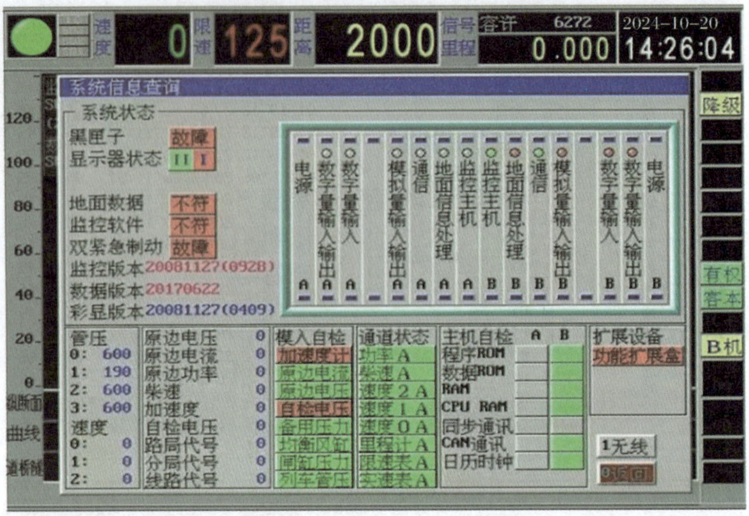

图 2-4-14　设备状态查询窗口

(5)查询检修参数

操作目的:查看机车型号、机车号、轮径等检修参数。

操作方法:在“查询选择”窗口,将光标移至“5. 检修参数”位置,然后按压【确认】键,或直接按压数字键【5】,屏幕弹出检修参数查询窗口,如图 2-4-15 所示。

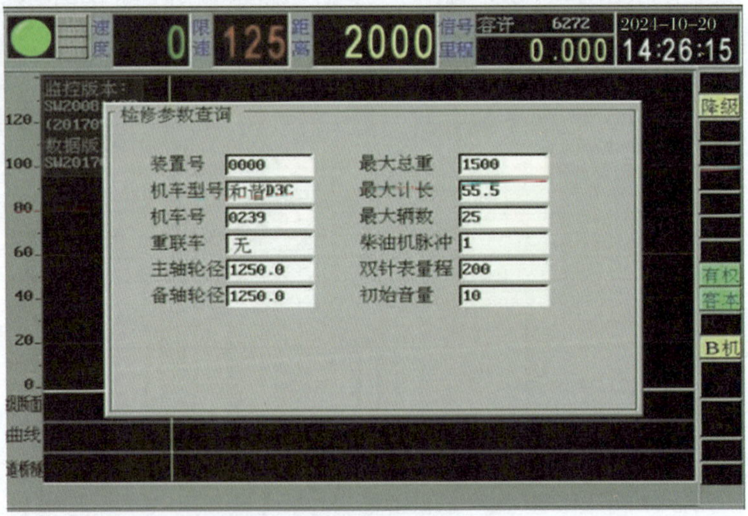

图 2-4-15　检修参数查询窗口

(6)查询设定参数

操作目的:查看设定参数。

操作方法：在“查询选择”窗口，将光标移至“6. 设定参数”位置，然后按压【确认】键，或直接按压数字键【6】，屏幕弹出系统当前设定参数，内容包括司机号、副司机号、区段(交路)号、车站号、车次种类、车次、列车种类、本/补、总重、计长、辆数、车速等级以及编组信息等。

注意：禁止使用【设定】键进行查询。如误使用【设定】键查询参数，必须重新设定“车速等级”并检查无误后方可退出，如图 2-4-16 所示。

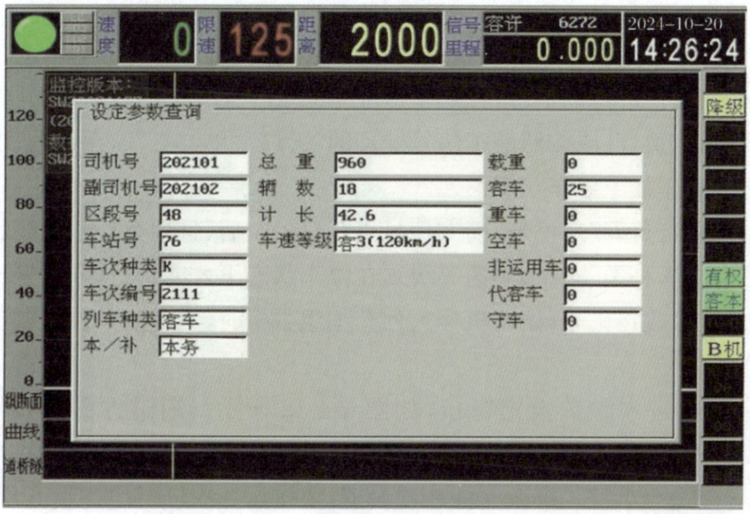

图 2-4-16　设定参数查询窗口

(7)库内试验操作

操作目的：进行 LKJ 库内试验相关操作。

操作方法：当机车速度为 0 时，在“查询选择”窗口，将光标移至“7. 库内试验”位置，然后按压【确认】键，或直接按压数字键【7】，屏幕弹出库内试验窗口，如图 2-4-17 所示。直接按压相应的数字键进行制动试验，试验结束后，按压【0】键退出。

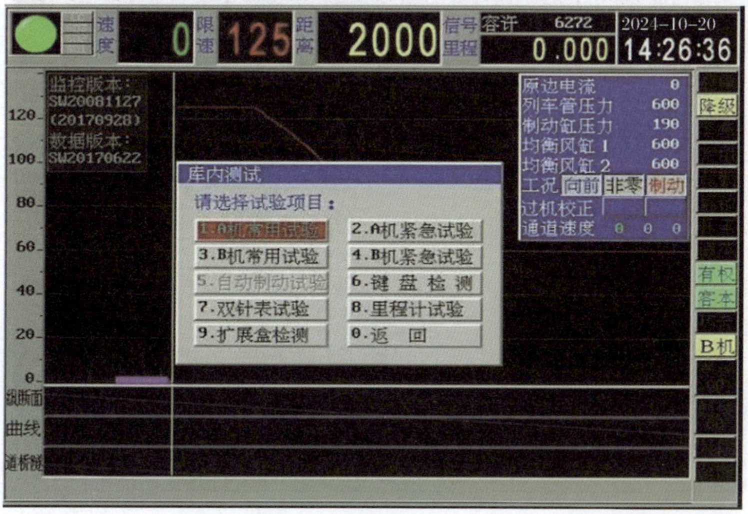

图 2-4-17　库内试验窗口

5. 参数手动修改

当通过设定参数查询窗口确认设定参数有误时,可手动修改参数。

(1)参数输入时机

当 LKJ2000 型监控装置无控制指令输出且不处于防溜报警状态,满足下列条件之一时允许进行监控装置的参数输入:

①机车信号为停车信号或按停车信号控制,且列车处于停车状态。

②机车信号为 UU(双黄)、UUS(双黄闪)码,且列车速度<45 km/h。

③机车信号为其他进行的信号,且列车速度<60 km/h。

④机车信号为红黄灯(或按照停车信号处理的"灭灯""单红灯"),手信号引导、特定引导等解锁开口后,且列车处于停车状态。

⑤机车信号为"红黄闪"灯信号,前方信号机开口控制后,且列车处于停车状态。

⑥车次种类、列车种类、本补、车速等级须在停车状态下才能进行修改。

⑦若输入参数修改司机号(副司机号)、列车编组数据时,无速度条件限制。

(2)操作方法

按压【设定】键,进入参数设定窗口,如图 2-4-18 所示。通过方向键(【→】【←】【↑】【↓】),移动光标到相应输入框,然后通过按数字【0】~【9】输入数据。如果输入错误,可用【←】键取消光标前一个字符。修改完任一项设置,要按压一次【确认】键使光标移到下一项,也可用方向键移动光标。在输入列车类型、车次种类、车速等级等有下拉菜单的项目时,按压【↓】键展开该项目的选项,然后用【↑】【↓】键移动光标到所要选择的项目。所有参数修改完毕,将光标移至"确定"位置,按压【确认】键或直接按压【设定】键,确认修改有效并退出参数设置状态。否则,将光标移至"取消"位置,按压【确认】键放弃修改并退出参数设置状态。

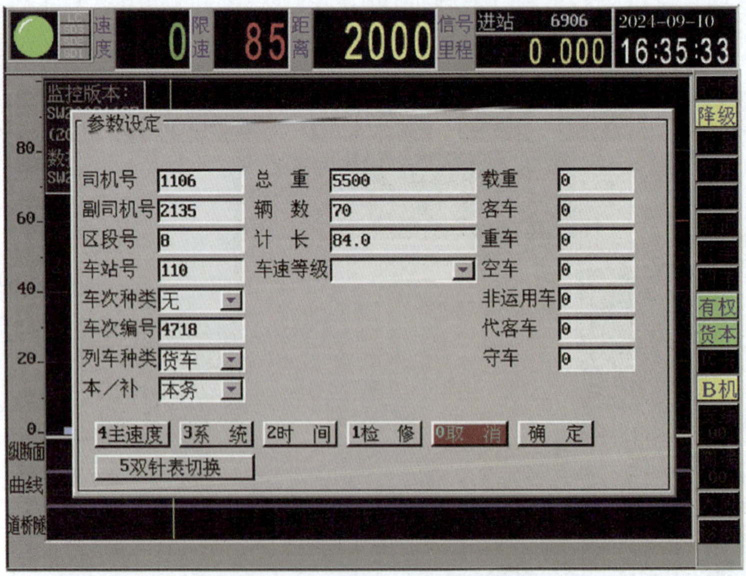

图 2-4-18 参数设定窗口

(3)车速等级的选择

停车状态下,按压【设定】键进入参数设定界面,输入其他参数后,依据列车限速在“车速等级”窗口选择相应的车速等级。

如“车速等级”窗口中显示为空白时,按压【设定】键或将光标移至“确定”位置后按压【确认】键,弹出“请选择车速等级!”提示窗口,且不退出参数设定界面,必须选择“车速等级”。

①货车车速等级选择

货车车速等级分为“货车(80 km/h)”和“其他”。

输入列车种类为“货车”时,当光标移至“车速等级”窗口中后,自动默认“货车(80 km/h)”按压【确认】键即可;如需选择其他限速,按压【↓】键选择“其他”选项,按压【确认】键,在该窗口中输入需要的货车限速值后按压【确认】键即可,车速等级“其他”限速值输入范围为 1~120 km/h,超出范围装置提示无效,须重新进行输入确认。货车车速等级选择窗口、限速输入窗口、限速超范围提示窗口分别如图 2-4-19、图 2-4-20、图 2-4-21 所示。

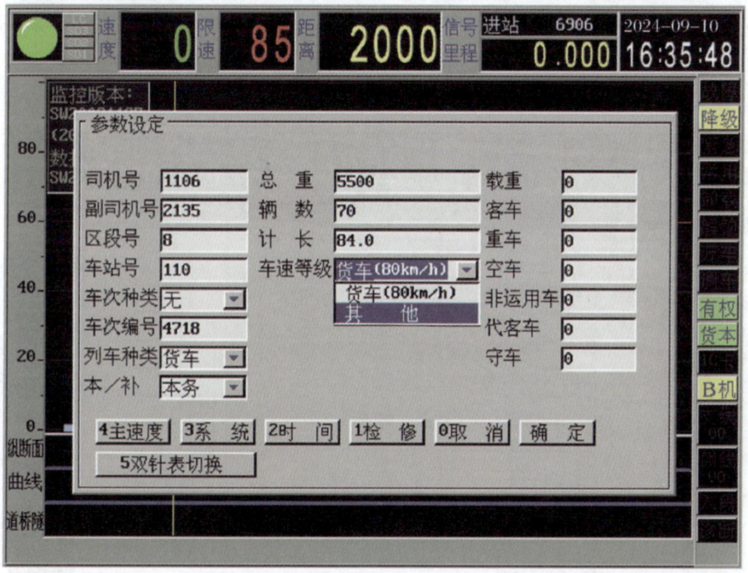

图 2-4-19　货车车速等级选择窗口

②客车车速等级选择

客车车速等级分为“客 1(160 km/h)”“客 2(140 km/h)”“客 3(120 km/h)”“客 4(100 km/h)”“客 5(80 km/h)”。

输入列车种类为“客车”时,当光标移至“车速等级”窗口中后,按压【↓】键弹出车速等级选择窗口,利用【↑】或【↓】键选择相应的车速等级后按压【确认】键。客车可供选择的五种车速等级如图 2-4-22 所示。

(4)手动输入参数的注意事项

①在输入“计长”时,只需连续输入数字即可,装置自动将最后一位数定为小数位,如输入“435”装置默认为“43.5”。

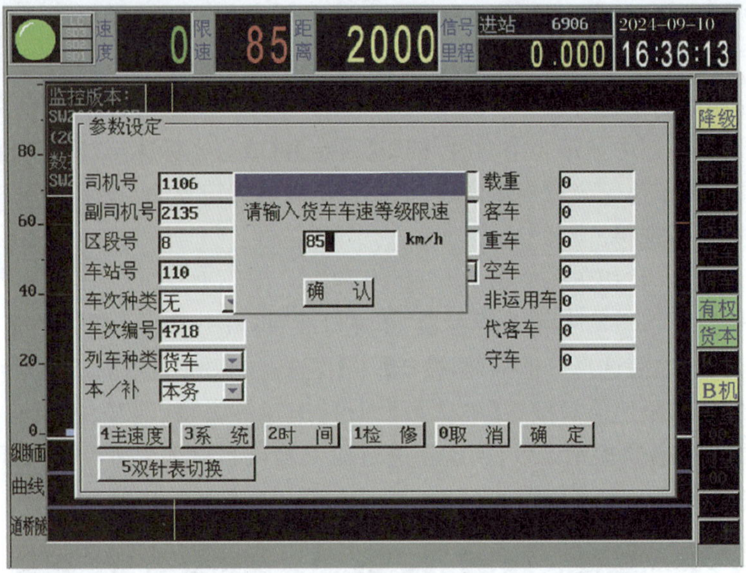

图 2-4-20 货车其他车速等级限速输入窗口

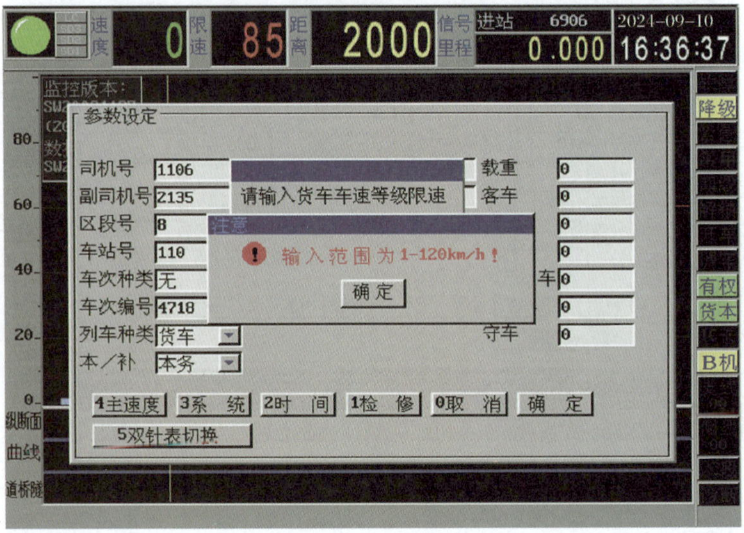

图 2-4-21 货车车速等级限速输入超范围提示窗口

②若修改了区段号、列车种类、车次、车站号,“开车”指示灯亮,显示屏显示车站名和输入信息,装置进入降级工作状态。

③使用 IC 卡输入数据后,装置将刷新存储的监控装置临时数据。因此,必须确认所使用的监控装置临时数据是最新的、有效的。

三、出段挂车

机车的出段挂车过程包括三个阶段:段内走行、站场走行、车站挂车。每个阶段机车的限速不同。

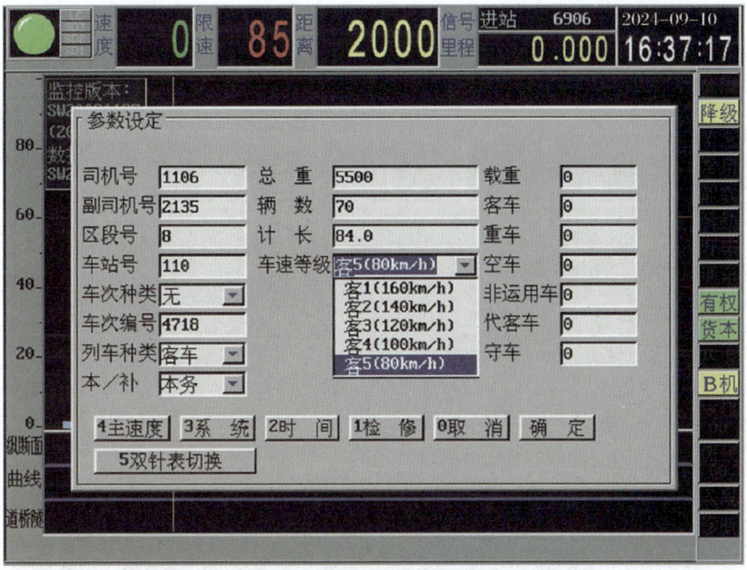

图 2-4-22　客车可供选择的五种车速等级

1. 段内走行

速度为 0 时，按压【出入库】键，监控装置进入出入段工作状态，显示屏右侧状态栏“调车”“出段”指示灯点亮，如图 2-4-23 所示。机车以不超过规定的段内走行限速运行至站段分界点处停车。

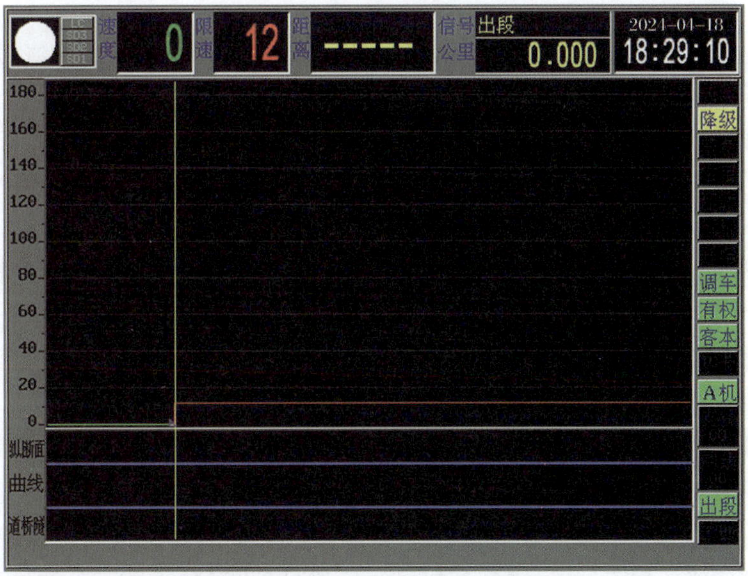

图 2-4-23　出入段工作状态

注意：有些铁路局集团公司规定，先按压【调车】键，进入调车工作状态，再按压【出入库】键，进入出入段工作状态。

2. 站场走行

速度为 0 时，按压【出入库】键，退出出入库状态，此时显示屏右侧状态栏“出段”指示灯灭，“调车”指示灯点亮，监控装置记录出段时分，如图 2-4-24 所示。

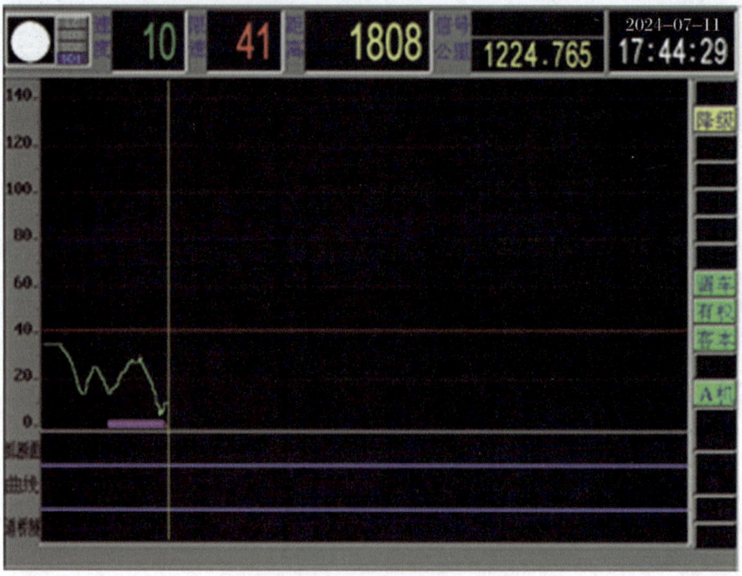

图 2-4-24　调车工作状态

机车在规定的限速下进入站场走行阶段。

3. 车站挂车

(1)在车站挂车前，速度为 0 时，连续按压【出入库】键，选择挂车限速值(具体由机务段规定)。

(2)挂完车后，在操纵端按压【调车】键，显示屏右侧状态栏“调车”指示灯灭，此时监控进入降级状态。先退出调车状态的一端有操作权。

4. 注意事项

(1)使用调车、出入库工作状态，要注意确认地面信号显示状态，确认具备动车条件后，在动车前须按压【警惕】键，解除动车确认控制后再加载动车，严格控制速度和停车位置。

(2)若装置在非本务工作状态(“补机模式”)下，进入调车工作状态时，自动退出非本务工作状态。

(3)只有在停车状态下才能进入调车状态，可以在有速度的情况下退出调车状态。

四、发车准备

退出调车工作状态后，监控装置处于降级工作状态，此时司机按照列车编组通知单，按压【设定】键，移动光标输入司机号(副司机号)、区段号(监控交路号)、车站号、车次(车次种类、车次编号)、列车种类(客车/货车)、本/补状态(本务/补机)、车速等级等参数，以及总重、辆数、换长等列车编组数据，确认正确后，将光标移至“确定”位置，按压【确认】键退出，同时确认“开车”指示灯是否点亮。参数设定成功后，在屏幕上方以蓝底白字显示站名、车次、区段号、司机号、列车编组、车型、车速等级信息（本次修改的参数为红底黄字）供核对，如图 2-4-25 所示。

注意：列车起动前应再次核对监控装置设定参数和临时数据。

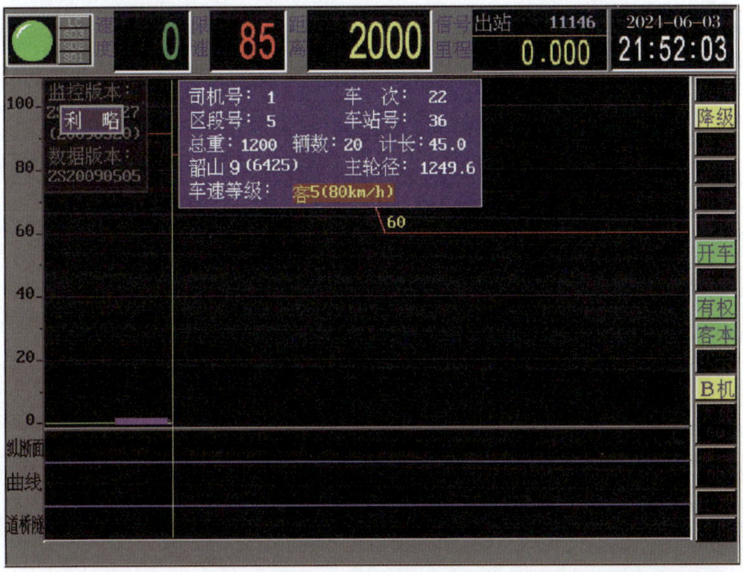

图 2-4-25　运行前显示界面

任务实施

任务名称	LKJ2000 型列车运行监控装置出勤、接车、挂车相关操作	任务编号	2.4
任务说明	结合机车乘务员一次乘务作业中的出勤、接车、挂车环节，完成监控装置的相关操作		
任务实施	1. 出勤作业相关操作		
	完成出勤作业中在监控模拟机上核对 IC 卡内信息的操作，并写出操作步骤。		
	2. 接车作业相关操作		
	(1)完成开机操作，并回答以下问题。 ①开机过程中出现哪种情况应向电务部门提报？ ②开机后监控处于哪种工作状态？ (2)完成 IC 卡输入操作，并回答以下问题。 ①IC 卡输入操作的目的是什么？		

续上表

任务实施	②简要描述 IC 卡输入的操作步骤。 ③IC 卡揭示发送不成功应该怎么处理? (3)完成查询操作,并回答以下问题。 ①IC 卡输入操作后,应查询哪些内容,说明查询步骤。 ②查询中发现揭示条数不对或内容有误应该怎么处理? (4)完成手动修改参数操作,并回答以下问题。 ①满足哪些条件监控装置才允许修改设定参数? ②简要描述手动修改参数的操作步骤。
	3. 出段挂车作业相关操作
	(1)出段挂车过程包括哪几个阶段? (2)简要描述出段挂车过程中监控装置的三种工作状态的转换情况,并说明每种工作状态的进入及退出条件。 (3)出库挂车后,监控装置应处于哪种工作状态?机车乘务员应进行哪项操作? (4)在哪些情况下,监控装置应进入非本务工作状态?非本务状态时,参数输入应注意什么?

续上表

任务实施	4. 发车准备相关操作
	完成参数输入及核对操作，并回答以下问题。 (1)发车前必须核对哪些参数？ (2)参数输入错误将导致什么后果？

任务考核

班级　　　　　　　　　姓名　　　　　　　　　学号　　　　　　　　　第　小组

考核项目		考核要点	分值	自评	互评	师评
实践能力	出勤作业相关操作	正确规范进行 IC 卡核对操作	10			
	接车作业相关操作	正确规范进行 IC 卡输入操作；正确规范进行设定参数和全部揭示查询操作；正确规范进行手动修改参数操作；正确处理操作中出现的问题	40			
	出段挂车作业相关操作	正确规范进行三种工作状态的转换	20			
	发车准备相关操作	正确规范进行发车准备工作	10			
职业素质		安全意识、遵章守纪、团队合作	20			
小计						
权重(自评 30%+互评 30%+师评 40%)总分						

习题巩固

一、填空题

1. LKJ2000 型监控装置处于 ZTL 工作状态时，点亮屏幕右边状态窗口的________指示灯。

2. LKJ2000 型监控装置参数设定或修改有效，保存退出按压________键。

3. LKJ2000 型监控装置在速度为 0 时，按压________键进入或退出调车工作。

4. LKJ2000 型监控装置在正常监控状态下，可按压【↑】键增加________。

5. LKJ2000 型监控装置采用手动输入参数时，按压________键。

6. LKJ2000 型监控装置设定操作分为手动输入和________输入两种。

7. LKJ2000 型监控装置屏幕上的揭示显示，底色为绿色的是已经通过的，红色的是________的揭示。

二、判断题

1. 双端均安装 LKJ2000 型监控装置显示器的机车，在降级、调车工作状态下，两个显示器都有权，均可进行参数设定等操作。（　　）

2. LKJ2000 型监控装置处于降级状态时，无法显示距前方信号机的距离。（　　）

3. LKJ2000 型监控装置退出调车状态时，必须在停车状态下按压【调车】键退出调车状态。（　　）

三、选择题

1. LKJ2000 型监控装置上电自检后，自动进入（　　）工作状态，显示屏右方“降级”指示灯点亮，在此状态下，两端操作均有效（双套主机设备各带一个显示屏，有独立操作权）。

A. 降级　　B. 调车　　C. 通常　　D. 出入库

2. LKJ2000 型监控装置降级 ZTL 状态报警时，按压（　　）键可暂停报警作用。

A.【缓解】　　B.【警惕】　　C.【解锁】　　D.【确认】

3. LKJ2000 型监控装置在调车状态下，动车前，二人确认好信号后，按压（　　）键有效，语音提示“解锁成功”，方可动车。

A.【缓解】　　B.【警惕】　　C.【解锁】　　D.【确认】

4. LKJ2000 型监控装置查询当前揭示信息，显示机车前方（　　）以内的揭示。

A. 1 000 m　　B. 2 000 m　　C. 3 000 m

四、简答题

简述降级工作状态下降级报警的控制过程。

任务五　LKJ2000 型列车运行监控装置运行中的常规操作

工作任务

根据机车乘务员一次乘务作业过程的发车作业、途中运行环节，完成 LKJ2000 型监控装置的相关操作：开车对标操作、防溜操作、司机警惕功能相关操作、定标操作、巡检操作、车位调整操作、支线号/侧线号输入操作、显示器调整操作。

任务目标

1. 能够准确完成开车对标操作。
2. 能够运用防溜报警功能的原理进行监控装置防溜报警的解除操作。
3. 能够运用司机警惕功能的原理进行警惕功能启动后的报警解除操作。
4. 能够正确判断过机误差的大小和类型。

5. 能够熟练、准确进行车位调整操作。
6. 能够正确进行支线号/侧线号的输入操作。
7. 能够完成定标操作。
8. 能够完成巡检操作。
9. 能够正确进行显示器调整操作。
10. 树立安全第一的意识。
11. 培养遵章守纪、认真严谨的职业精神。
12. 培养主动学习的态度和团队协作精神。
13. 培养发现问题、分析问题和解决问题的能力。

相关知识

一、发车、开车对标

1. 对标操作

参数设定成功后，确认【开车】灯点亮，在屏幕上方以蓝底白字显示站名、车次、区段号、司机号、列车编组、车型、车速等级信息（本次修改的参数为红底黄字），此时监控装置处于降级工作状态。

列车起动后，机车经过规定的对标点[通常为正线出站（发车进路）信号机平齐处]时，按压【开车】键，LKJ 进入通常工作状态（监控状态），调出预存在 LKJ2000 型监控装置主机内的线路数据，根据当前机车信号的显示和监控装置显示列车所在的位置监控列车的运行，如图 2-5-1 所示。

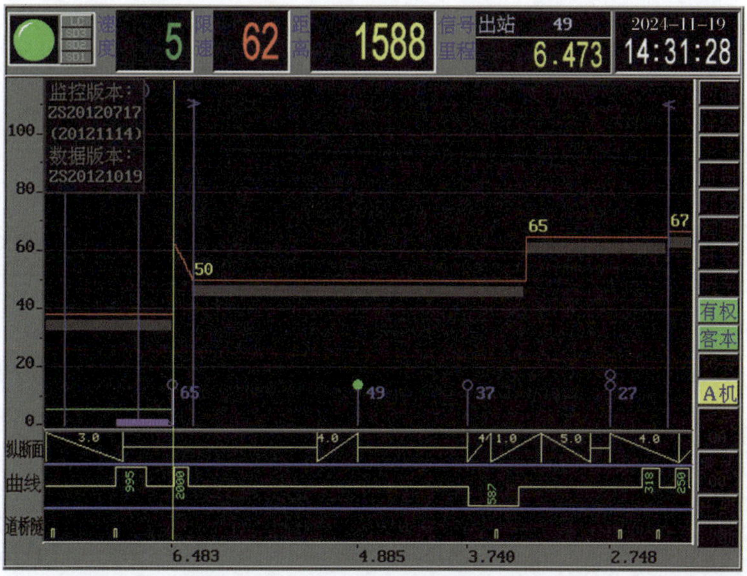

图 2-5-1　通常工作状态的显示界面

2. 对标操作注意事项

（1）调车状态下按压【开车】键无效。

（2）若设定完毕后，装置关机超过 30 s 再开机，则“开车”指示灯灭，须重新设定。

（3）使用 IC 卡输入数据后，装置将刷新存储的 LKJ 临时数据。因此，列车起动前必须确认所使用的 LKJ 临时数据是最新的、有效的。

（4）列车起动后，在按压【开车】键进入通常工作状态之前，装置在降级工作状态，当机车信号为停车信号（含白灯、单红灯）时，速度超过 5 km/h，装置将报警，注意按压【警惕】键。

（5）在降级工作状态下，速度超过 10 km/h 时装置语音提示“注意按开车键”。

3. 操作权的选择

装有双端显示器的机车，在哪端显示器先按压【开车】键进入通常工作状态，则该端有操作权（显示屏右侧状态栏“有权”指示灯亮），另一端显示器无操作权（显示屏右侧状态栏“无权”指示灯亮）。

若要转换显示器的操作权，需进行“换室”操作。操作方法为：机车速度为“0”时，在“有权”显示器按压【调车】键进入调车工作状态，在另外一端的显示器按压【调车】键退出调车工作状态，完成操作权的转换，另外一端显示器有操作权。

在通常工作状态下，在有权端显示器可进行正常按键操作，具有正常语音提示；而在无权端显示器只能进行一些“查询”功能的操作，不能修改参数、侧线股道号输入等其他操作功能，并且【警惕】【调车】【开车】【解锁】等按键均无效，无语音提示。

4. 通常工作状态下监控装置输出指令后的操作

（1）卸载后的操作

LKJ 实施卸载，语音提示“卸载动作”，此时应将主手柄置零位，列车运行速度下降至允许加载值后撤销卸载指令。

（2）常用制动后的操作

LKJ 实施常用制动后，当语音提示“允许缓解”时，可按压【缓解】键撤除常用制动指令。

（3）紧急制动后的操作

紧急制动后，将自阀手柄置制动区，速度降为 0 后，紧急制动指令自动撤除；停车 45～60 s，方能进行缓解充风。如紧急和常用制动同时发生，停车后紧急和常用制动自动撤除。

二、防溜控制功能

为了防止列车停车后发生溜逸，LKJ2000 型监控装置在通常、降级、调车、出入库、20 km/h 限速工作状态下，启用防溜控制功能。

1. 管压防溜

（1）管压防溜控制的启动

①除单机车次外的列车停车后列车管减压量＜80 kPa，5 s 后连续语音提示“注意管压防溜”。当按压【警惕】键应答或追加减压≥80 kPa 以上，撤除语音提示和管压防溜控制。否则，语音提示 10 s 后，LKJ2000 型监控装置实施紧急制动控制。管压防溜报警窗口如图 2-5-2 所示。

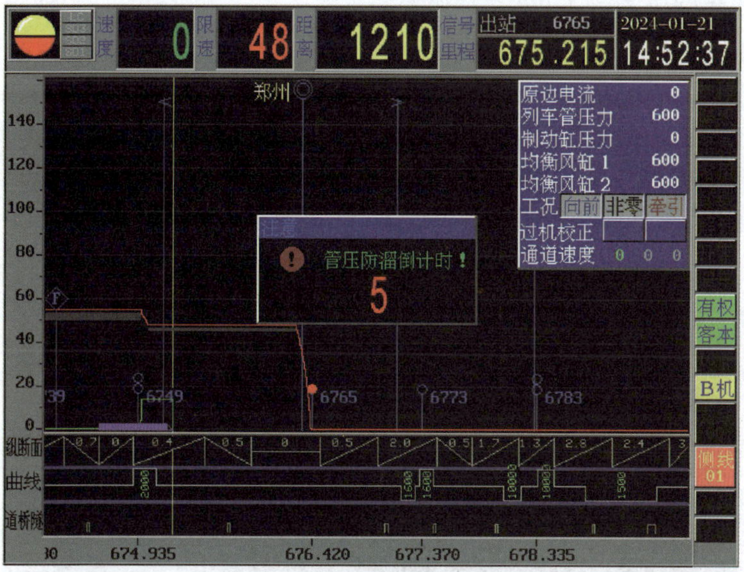

图 2-5-2　管压防溜报警窗口

②“管压防溜”中的制动缸压力判断(“单机”或“调车”)

当机车乘务员输入的“车次号”符合单机车次范围或在“调车”工作状态下：

a. 停车后制动缸压力和列车管减压量均<80 kPa 时，5 s 后 LKJ2000 型监控装置输出语音提示指令。

b. 当制动缸压力≥80 kPa 或列车管减压≥80 kPa 及以上，或机车乘务员按压【警惕】键应答时，撤除语音提示和管压防溜控制；输出语音提示指令 10 s，未满足以上条件之一时，LKJ2000 型监控装置输出紧急制动指令。

c. 列车缓解后，30 min 内未动车，LKJ2000 型监控装置输出语音提示指令；输出语音提示指令 10 s，未按压【警惕】键应答或追加减压≥80kPa 以上时 LKJ2000 型监控装置实施紧急制动控制。

(2)解除管压防溜报警的方法

①装置防溜报警后，应立即追加列车管减压量，使列车管累计减压量达到 80 kPa 以上(对于调车工作状态下或单机车次，也可使制动缸压力大于 80 kPa)，装置解除防溜控制。

②在防溜报警过程中，机车乘务员确认需按键解除时，通过按压【警惕】键解除防溜控制。

(3)防溜报警实施紧急制动后的解除

连续防溜报警 10 s 后，装置实施紧急制动。机车乘务员确认可以解除后，按压【警惕】键解除紧急制动指令。

2. 手柄防溜

(1)手柄防溜控制的启动

当机车未加载由停车状态移动，速度≥3 km/h 或者移动距离≥10 m 时，连续语音提示“注意手柄防溜”，确认是正常动车，按压【警惕】键或加载，解除防溜控制。语音提示 10 s 内未按压【警惕】键或未加载，LKJ2000 型监控装置实施紧急制动控制。手柄防溜报警窗口如图 2-5-3 所示。

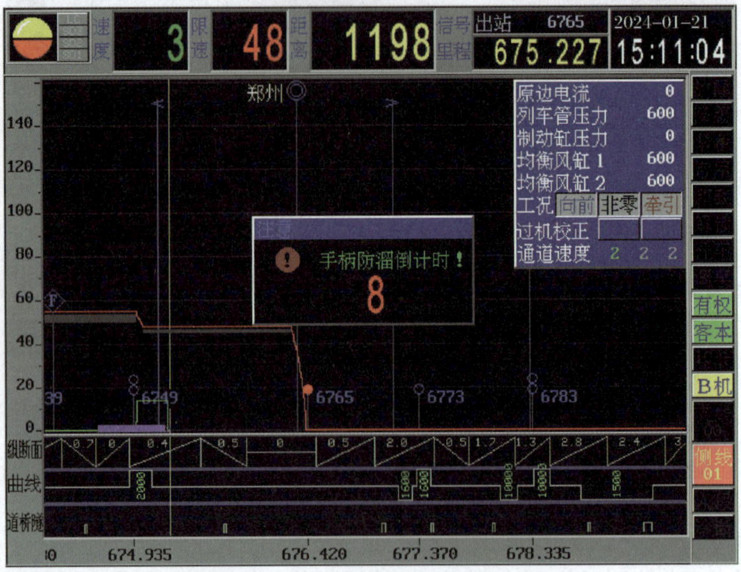

图 2-5-3 手柄防溜报警窗口

(2)解除手柄防溜报警的方法

①装置防溜报警后，应立即确认机车状态，若机车发生溜逸应立即停车。

②在防溜报警过程中，机车乘务员确认需按键解除时，通过按压【警惕】键解除防溜控制；或通过转换主手柄位置(零位→非零位或非零位→零位)解除防溜控制。

(3)防溜报警实施紧急制动后的解除

连续防溜报警 10 s 后，装置实施紧急制动。停车后，机车乘务员确认可以解除，按压【警惕】键解除紧急制动指令。

3. 相位防溜

(1)相位防溜控制启动

当机车由停车状态移动，LKJ2000 型监控装置通过速度传感器相位判断方向与机车运行方向(换向手柄状态)相反，机车运行速度≥3 km/h 或者移动距离≥10 m 时，连续语音提示“注意相位防溜”，确认是正常动车，按压【警惕】键暂时解除报警，4 s 后继续语音提示“注意相位防溜”；当机车走行速度≥10 km/h 时，继续语音提示“注意相位防溜”，确认是正常动车，按压【警惕】键解除防溜控制。语音提示 10 s 内未按压【警惕】键，LKJ2000 型监控装置实施紧急制动控制。相位防溜报警窗口如图 2-5-4 所示。

(2)解除相位防溜报警的方法

①装置防溜报警后，应立即确认机车运行方向，若机车发生溜逸应立即停车。

②在防溜报警过程中，机车乘务员确认需按键解除时，通过按压【警惕】键可以暂停报警 4 s，直至速度大于 10 km/h 后，再次按压【警惕】键解除防溜控制。

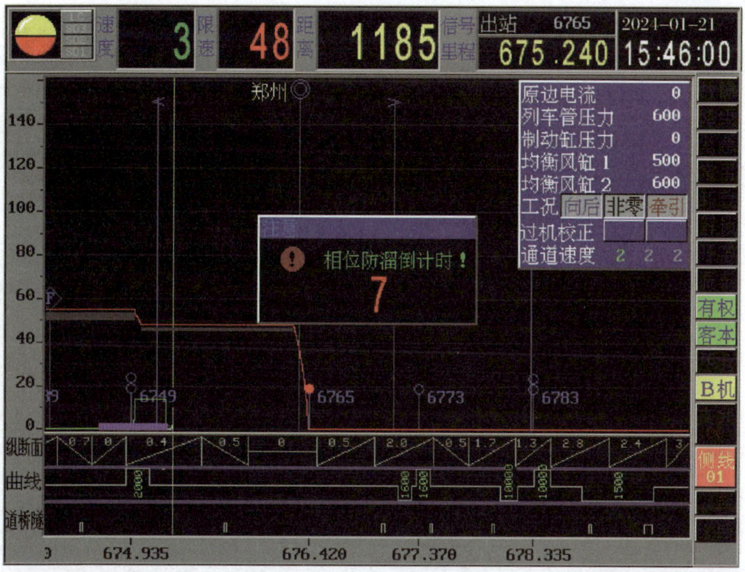

图 2-5-4　相位防溜报警窗口

(3)防溜报警实施紧急制动后的解除

连续防溜报警 10 s 后，装置实施紧急制动。停车后，机车乘务员确认可以解除，按压【警惕】键解除紧急制动指令。

注意：对于“手柄防溜”“相位防溜”“管压防溜”分别显示独立的倒计时提示窗口，如果多种防溜报警同时发生，则当前窗口显示倒计时最短的提示窗口。

4. 防溜控制功能确认

当防溜控制功能启动后，连续语音提示“注意(管压、手柄、相位)防溜”，确认是正常动车后，可按压【警惕】键解除防溜控制；若机车发生溜逸立即采取措施停车；确认是停车未保压或减压量不足 80 kPa，10 s 内可追加减压量至规定值，解除防溜控制。

三、司机警惕功能

LKJ2000 型监控装置在通常工作状态下，通过周期警惕和进站信号确认两种警惕功能，实现对值乘机车乘务员警醒状态的监测。

1. 周期警惕功能

(1)列车速度＞5 km/h 时，LKJ2000 型监控装置启动周期警惕功能；列车速度＜3 km/h，终止周期警惕功能。

(2)启动周期警惕功能后，开始计时；当检测到下列信息之一时重新开始计时：

①列车管减压 50 kPa 及以上。

②制动缸压力≥50 kPa。

③机车工况(零位/非零位)状态变化。

(3)若计时达到 120 s，显示屏弹出提示窗口，如图 2-5-5 所示，并从 20 s 开始倒计时，倒计时到 10 s 时伴以“呜呜”报警声，倒计时到 0 时实施制动控制(报警声持续至制动指令被解除)。

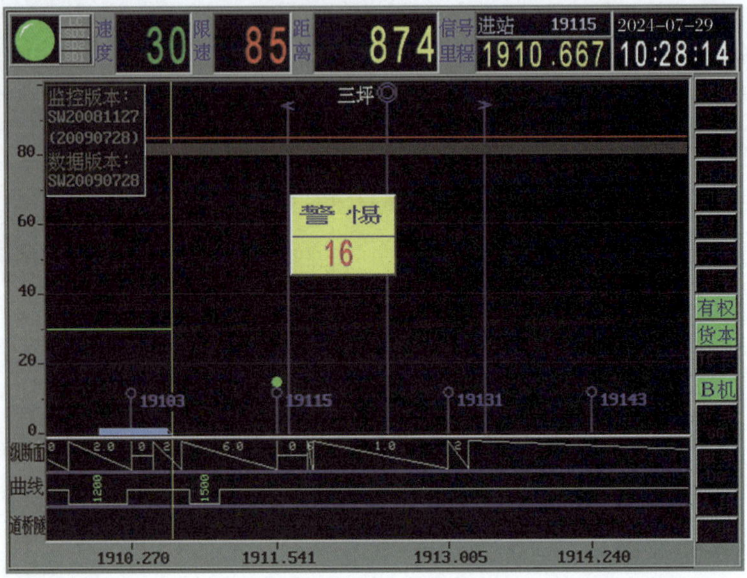

图 2-5-5　警惕控制报警界面

(4)在倒计时过程中，检测到下列信息之一时停止报警，清除提示窗口，启动新的警惕周期：

①按压司机操纵端警惕按钮开关。

②列车管减压 50 kPa 及以上。

③制动缸压力≥50 kPa。

④机车工况(零位/非零位)状态变化。

2. 进站信号确认功能

(1)列车运行前方信号机为 LKJ 基础数据中设置的进站信号机、进出站信号机，且次一信号机为出站或进出站信号机时，LKJ 语音提示“请确认信号”两遍；在列车越过信号机前，司机应按压操纵端“警惕”按钮进行应答，如图 2-5-6 所示。

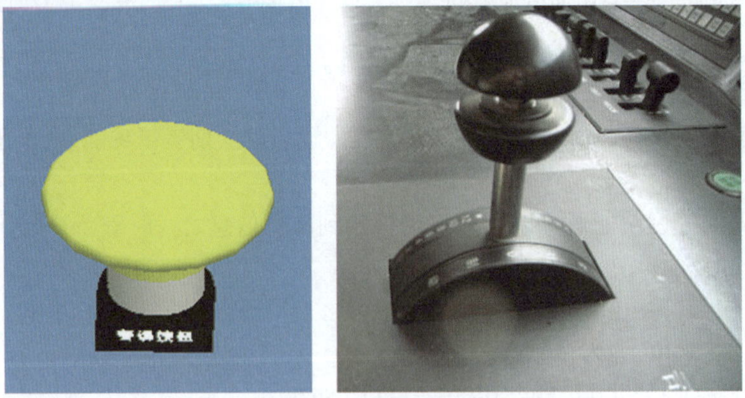

图 2-5-6　警惕按钮

(2)列车越过信号机前，LKJ 未检测到按压司机操纵端警惕按钮(按下并松开)，则列车越过信号机后，显示屏弹出提示窗口，如图 2-5-7 所示，并从 20 s 开始倒计时，倒计时到 10 s 时伴以“呜呜”报警声，倒计时到 0 时实施制动控制(报警声持续至制动指令被解除)。

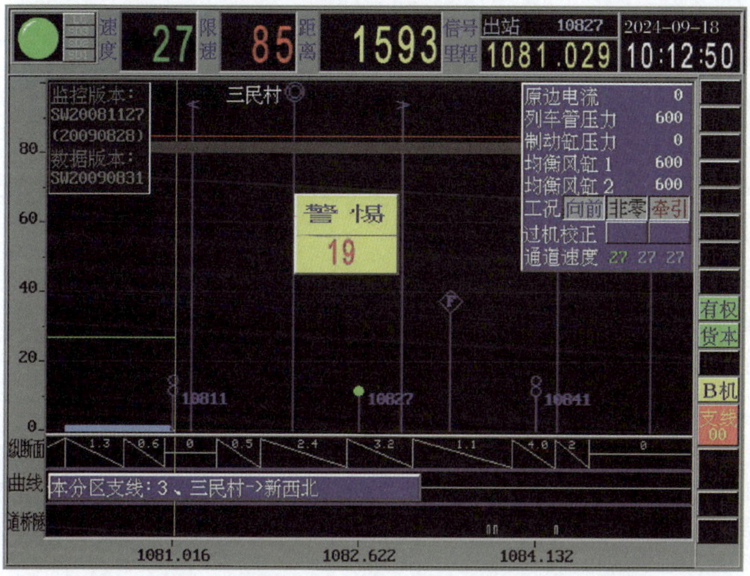

图 2-5-7 进站信号确认启动警惕控制的报警界面

(3)在倒计时过程中，检测到下列信息之一时终止本次控制过程：

①按压司机操纵端警惕按钮开关。

②列车管减压 50 kPa 及以上(以进入通常监控工作状态时的管压为基准，下同)。

③制动缸压力≥50 kPa。

④机车工况(零位/非零位)状态变化。

⑤列车运行速度为 0。

3. 实施制动控制方式

两种司机警惕功能，实施制动的控制方式及解除方法相同。

(1)具备常用制动功能时，发出解除牵引力和常用制动指令(减压量 80 kPa)；不具备常用制动功能时，发出解除牵引力和紧急制动指令。

(2)LKJ 发出制动控制指令后，须停车后解除(当 LKJ 发出常用制动指令，停车后还须按压【缓解】键才能解除制动指令)。

4. 注意事项

(1)LKJ 屏幕显示器【定标】键可替代警惕按钮。

(2)LKJ 屏幕显示器在设备查询窗口对警惕按钮状态进行表示。

(3)当 LKJ 语音提示“请确认信号”时，机车乘务员须按压一次警惕按钮开关(按下并松开)。

(4)当 LKJ 显示屏弹出提示窗口进入 20 s 倒计时时，机车乘务员须按压一次警惕按钮开关(按下并松开)。

四、车位调整

列车运行中，显示屏距离显示区以不断递减的数据显示距下一架信号机的距离，机车越过信号机瞬间，LKJ2000 型监控装置显示的位置与机车实际位置的误差称为过机误差(或车位误差)。

1. 过机误差的分类

(1)滞后误差：机车已运行到地面信号机位置处，LKJ2000 型监控装置还未调入下一分区信号机的距离，此种距离误差称为滞后误差。

(2)超前误差：机车还未运行到地面信号机位置时，LKJ2000 型监控装置已经调入下一分区信号机的距离，此种距离误差称为超前误差。

2. 引起过机误差的原因

未在规定的位置按压【开车】键、机车轮径误差、轮对空转、轮对滑行等都可能导致距离误差累积，应注意在机车越过信号机时修正过机误差。

3. 过机误差的调整

一般情况下过机误差应小于 20 m。

(1)当过机误差小于 100 m 时，LKJ2000 型监控装置可以自动调整(自动调整的标志：过信号机后，信号机种类窗口变为绿色点亮并持续 3 s，如图 2-5-8 所示，否则该架信号机没有进行自动校正)。

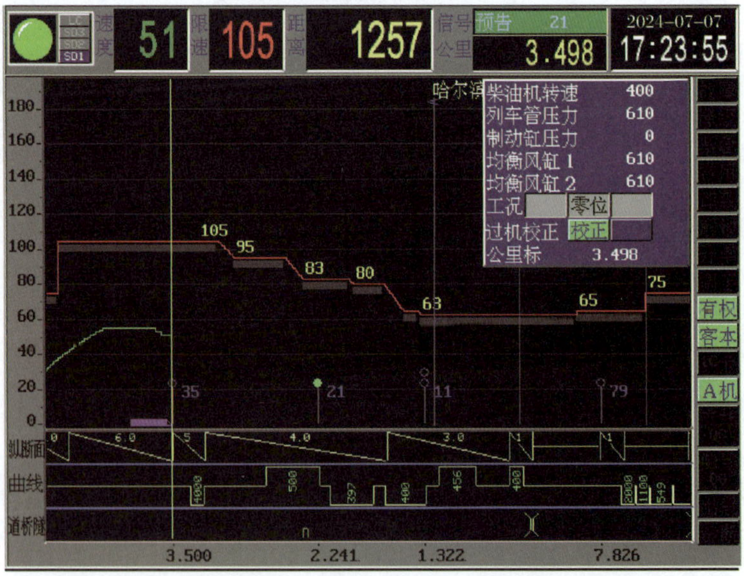

图 2-5-8 自动过机校正显示界面

(2)过机误差大于 100 m 时，必须人工调整。人工进行车位调整的方法如下：

①滞后误差

调整方法一：先按压【车位】键，在机车头部与信号机平齐的瞬间按压【向前】键，显示距离余值清零，调出距下一架信号机的距离。

调整方法二：在机车头部与信号机平齐瞬间，按压【自动校正】键，显示距离余值清零，调出距下一架信号机的距离。

②超前误差

调整方法一：先按压【车位】键，在机车头部与信号机平齐的瞬间按压【向后】键，显示距离余值清零，重新调出距下一架信号机的距离。

调整方法二：在机车头部与信号机平齐瞬间，按压【自动校正】键，显示距离余值清零，重新调出距下一架信号机的距离。

③注意事项

a. 人工进行车位调整时，【车位】+【向前】或【向后】两次按键间隔时间不得超过 5 s。

b. 装置启动停车控制模式后，人工校正距离误差操作无效，当存在滞后误差时，按照地面信号机实际位置停车。

c. 超前误差最大调整距离为 300 m。

五、支线号输入

1. 输入条件

支线号输入功能只对货物列车（指设定参数时列车种类为“货车”）有效；当列车种类为客车时 LKJ 不提示支线信息、不提示“输入支线号”语音、不允许机车乘务员手动输入支线号。

2. 输入操作方法

列车接近支线分支地点，显示屏工作状态栏“支线 00”指示灯亮，显示屏下方显示支线号和支线方向，语音提示“输入支线号”。按压【进路号】键，弹出“输入支线号”窗口，如图 2-5-9 所示。

需转入支线运行时，必须在指定地点输入相应的支线号码。利用数字键输入支线号，确认无误后按压【确认】键。此时，显示屏状态栏“支线”亮并显示输入的支线号，若输入的是过渡支线号，显示屏左侧以红底黄字提示“过渡支线”。

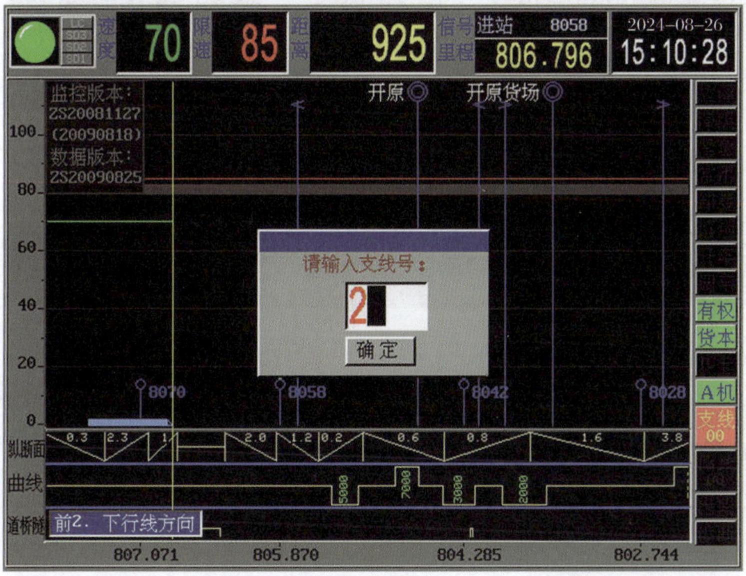

图 2-5-9　支线号输入窗口

3. 注意事项

(1)“输入支线号”窗口不会自动弹出。

(2)双黄自动转支线正常情况下不需要人工操作,当 LKJ2000 型监控装置接收到双黄灯或双黄闪灯时自动跳转到支线数据。

六、侧线号股道号输入

1. 输入时机

在较大的车站,侧线股道数目多,尤其对于比较大的编组站或一些特殊站场,不同侧线股道的长度相差很大,为保证列车能在侧线规定的位置停车,机车乘务员必须在列车进入该车站侧线时输入侧线股道号。

根据列车运行径路,需人工输入侧线股道号时,机车乘务员在侧线前一分区输入相应的侧线股道号码,即在 LKJ2000 型监控装置第一次语音提示“输入侧线股道号”、显示屏自动弹出侧线输入窗口时,通过数字键进行侧线股道号码输入。如不输入,距离进站信号机前 500 m 再次提示,仍不输入,按该站最短的侧线(127 股)距离及最低道岔限速控制。

2. 输入操作方法

当 LKJ2000 型监控装置自动弹出侧线股道号输入窗口或显示屏状态栏“侧线 127”指示灯点亮时,按压【进路号】键弹出侧线股道号输入窗口,如图 2-5-10 所示,通过数字键输入侧线股道号后,按压【确认】键,右侧显示输入的侧线股道号。

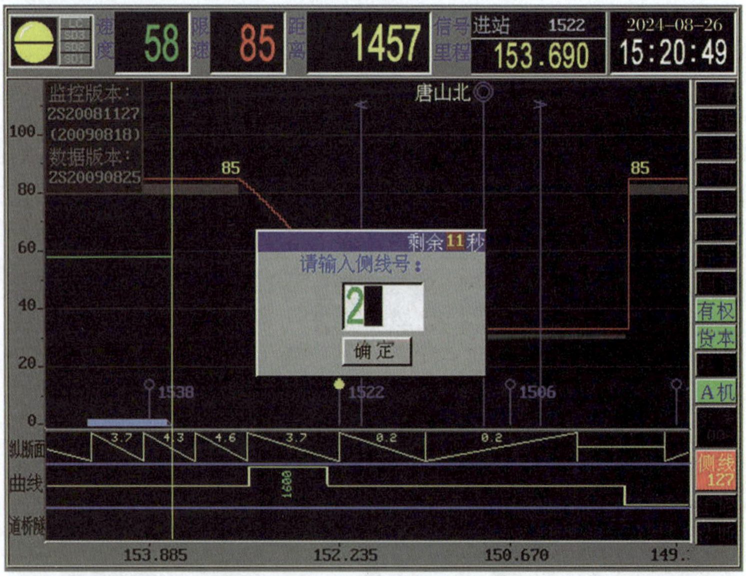

图 2-5-10 侧线股道号输入窗口

3. 注意事项

(1)连续两个分区同时存在多侧线股道数据时的操作

①在本分区内,当监控装置显示距前方信号机距离≥200 m,只能修改本分区侧线股道号。

②在本分区内，当监控装置显示距前方信号机距离＜200 m时：输入下一车场的侧线股道号。注意：必须在进路信号机开放且监控装置显示速度不为零的情况下进行输入操作。

(2)未输入侧线股道号时的操作

因车机联控等特殊原因造成在侧线前一分区不能确定列车进入的股道时，机车乘务员须首先按照最低道岔限速、最外方道岔距离控制速度，确认列车实际进入的股道后，再按压【进路号】键正确输入侧线号码，按实际限速进行控制。

(3)侧线号、支线号同时输入

在同一个分区，同时存在多侧线和支线数据时，显示屏工作状态栏"支线00""侧线127"指示灯同时点亮。按压【进路号】键后，装置弹出"输入侧线号"/"输入支线号"窗口。二者可一次性输入，也可分别输入。如只需输入其中一项时，用【↑】或【↓】键选择该项，按上述方法输入即可，如图2-5-11所示。

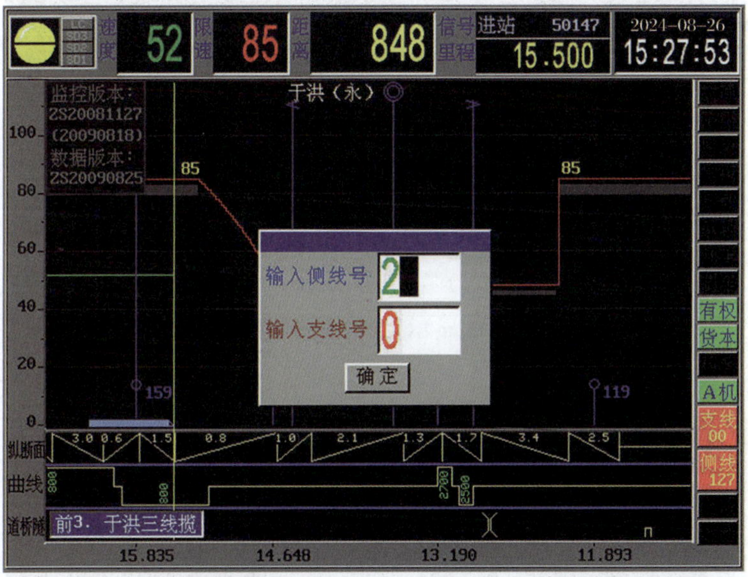

图2-5-11　侧线号、支线号输入窗口

(4)侧线股道号输入后，若发现输入错误，在进站前、进站后通过按压【进路号】键可调出"输入侧线号"窗口进行股道号修改操作。

(5)列车在接车兼发车进路信号机("进出站"类型)前发车，当前方车场有多侧线数据时，在按压【开车】键进入通常监控状态之前可输入侧线股道号。

(6)除机车信号为双黄灯时自动弹出"输入侧线号"窗口外，其他信号均需通过按压【进路号】键调出。

(7)机车信号为双黄闪时，不需输入侧线股道号(高速铁路区段除外)。

七、定标操作

在运行中按压【定标】键，LKJ记录下此刻的里程及时间，作为运行数据处理时的查找标记，如图2-5-12所示。

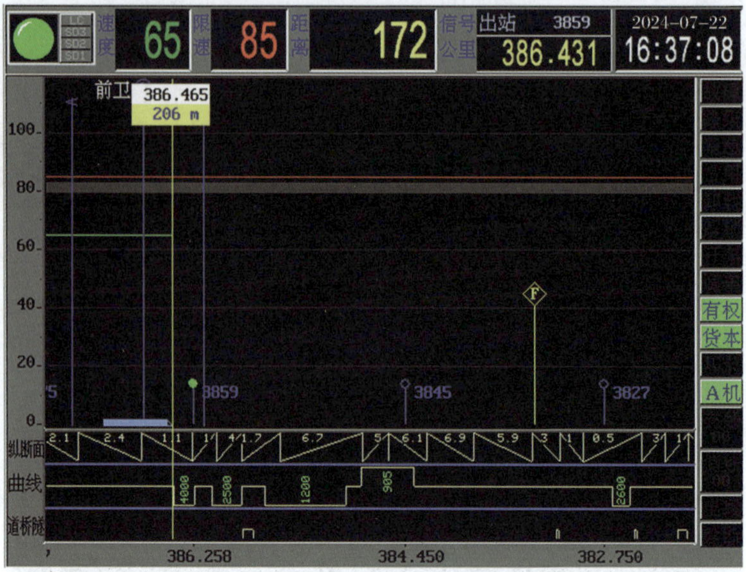

图 2-5-12 定标显示界面

八、巡检操作

在操作端→非操作端→操作端分别按压一次【巡检】键。巡检完成，LKJ 语音提示“巡检完成”。

当按压【巡检】键有效时，监控装置显示器状态栏“巡检”指示灯点亮，4 s 后自动熄灭，如图 2-5-13 所示。

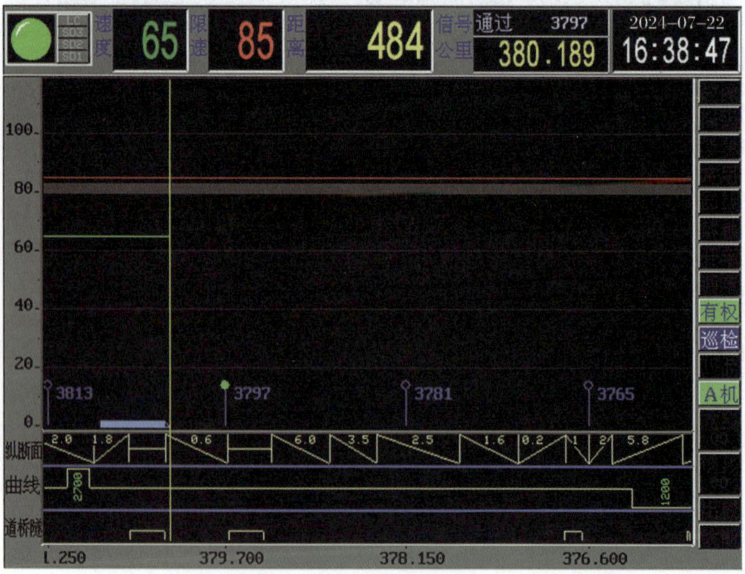

图 2-5-13 巡检显示界面

任务实施

<table>
<tr><td>任务名称</td><td>LKJ2000 型列车运行监控装置运行中的常规操作</td><td>任务编号</td><td>2.5</td></tr>
<tr><td>任务说明</td><td colspan="3">在机车乘务员一次乘务作业过程的发车作业、途中运行环节中，完成 LKJ2000 型监控装置的相关操作：开车对标操作、防溜操作、司机警惕功能相关操作、定标操作、巡检操作、车位调整操作、支线号/侧线号输入操作、显示器调整操作</td></tr>
<tr><td rowspan="4">任务实施</td><td colspan="3">1. 开车对标操作</td></tr>
<tr><td colspan="3">(1)完成开车对标操作，并简要描述操作过程。

(2)如果按压【开车】键无效，请分析原因。

(3)列车起动后，在按压【开车】键之前，监控装置处于哪种工作状态，需要注意什么？</td></tr>
<tr><td colspan="3">2. 防溜控制功能相关操作</td></tr>
<tr><td colspan="3">(1)在模拟机上进行管压防溜功能相关操作，并回答以下问题。
①满足哪些条件，LKJ2000 型监控装置启动管压防溜功能？

②管压防溜报警时，机车乘务员应如何处理？

(2)在模拟机上进行手柄防溜功能相关操作，并回答以下问题。
①满足哪些条件，LKJ2000 型监控装置启动手柄防溜功能？

②手柄防溜报警时，机车乘务员应如何处理？

(3)在模拟机上进行相位防溜功能相关操作，并回答以下问题。
①满足哪些条件，LKJ2000 型监控装置启动相位防溜功能？</td></tr>
</table>

续上表

任务实施	②相位防溜报警时，机车乘务员应如何处理？ (4)防溜报警实施紧急制动后，机车乘务员应如何处理？
	3. 司机警惕功能相关操作
	在模拟机上进行司机警惕功能相关操作，并回答以下问题。 (1)周期警惕功能的启动和终止条件是什么？ (2)周期警惕功能启动报警过程中，监控装置检测到哪些信息时停止报警，清除提示窗口，启动新的警惕周期？ (3)进站信号确认功能启动报警过程中，监控装置检测到哪些信息时终止本次控制过程？
	4. 车位调整操作
	(1)什么是过机误差？过机误差有哪些类型？ (2)产生过机误差的原因是什么？ (3)过机误差的危害是什么？

续上表

任务实施	(4)在模拟机上进行车位调整操作,并回答以下问题。 ①描述车位调整操作步骤。 ②机车乘务员如何判断 LKJ2000 型监控装置是否进行了车位误差的自动校正? ③机车信号为停车信号时,能否进行车位调整? ④进站前发现超前误差超过 300 m 时,机车乘务员应如何处理?
	5. 支线号输入操作
	在模拟机上进行支线号输入操作,并回答以下问题。 ①简要描述支线号输入操作的步骤。 ②如需转入支线运行时,监控装置显示屏右侧状态栏的"支线 00"指示灯不亮,按压【进路号】键没有弹出支线号输入窗口,是什么原因?
	6. 侧线股道号输入操作
	在模拟机上进行侧线股道号输入操作,并简要描述侧线股道号输入操作的步骤。
	7. 定标操作
	如何进行定标操作?定标操作的目的是什么?
	8. 巡检操作
	进行巡检操作,并描述操作步骤。

任务考核

班级　　　　　　　　　　　　姓名　　　　　　　　　　　　学号　　　　　　　　　　　　第　小组

考核项目		考核要点	分值	自评	互评	师评
实践能力	开车对标操作	理解开车对标的意义;正确规范进行开车对标操作	10			
	防溜控制功能相关操作	正确进行防溜控制功能的确认;正确规范解除防溜报警	15			
	司机警惕功能相关操作	理解司机警惕功能;正确规范解除司机警惕控制报警	10			
	车位调整操作	理解过机误差的概念;准确判断过机误差的类型和大小;正确规范进行车位调整操作	20			
	支线号输入操作	正确规范进行支线号输入操作	10			
	侧线股道号输入操作	正确规范进行侧线股道号输入操作	10			
	定标操作、巡检操作	正确规范进行定标操作;正确规范进行巡检操作	5			
职业素质		安全意识、遵章守纪、团队合作	20			
小计						
权重(自评 30%+互评 30%+师评 40%)总分						

习题巩固

一、填空题

1. LKJ2000 型监控装置采用________存储,运用时顺序调用的工作方式,因此,运行前应将本次乘务的车次,车站等参数输入装置。

2. LKJ2000 型监控装置屏幕右边状态窗口的“开车”指示灯在按压【开车】键响应后________。

3. LKJ2000 型监控装置当车次、交路号、站号有效设置后,在屏幕的左上角以汉字的形式显示________站的站名。

4. LKJ2000 型监控装置在操纵端可进行正常按键操作,而在非操纵端只能进行一些________操作。

5. LKJ2000 型监控装置有控制权端交出控制权称为交权操作,无控制权端要回控制权称为________操作。

6. LKJ2000 型监控装置开车操作完成出发对标,开车对标必须在________显示器上才能进行操作。

7. 司机警惕包括________和________两种警惕功能。

8. LKJ2000 型监控装置启动周期警惕功能后,每计时________s,产生一次警惕控制过程。

9. 警惕控制报警倒计时________ s。

10. 如果警惕按钮故障，LKJ2000 型监控装置屏幕显示器________键可替代警惕按钮。

11. 过机误差分为________和________。

12. LKJ2000 型监控装置按压________键，进入支线号或侧线号输入操作状态。

13. 当按压【巡检】键有效时，“巡检”指示灯点亮，________s 后自动熄灭。

14. LKJ2000 型监控装置在机车运行中按压________键，装置记录下此刻的公里标及时间，作为运行数据查找标记。

二、判断题

1. 警惕控制功能只有在通常工作状态时才能启动。(　　)

2. 在周期警惕功能启动后 120 s 的计时时间内，按压警惕按钮可重新开始计时。(　　)

3. LKJ2000 型监控装置在非本务工作状态时，机车乘务员应在规定地点按压【开车】键对标，途中注意支线号的输入，监控装置不能自动校正距离时，机车乘务员应及时进行车位调整。(　　)

4. 机车信号显示关闭信号、模式报警、进侧线、临时限速区段可以调整车位。(　　)

5. 进侧线未输入侧线股道号，LKJ2000 型监控装置将按本站最低道岔限速和最短侧线有效长度控制。(　　)

三、选择题

1. LKJ2000 型监控装置防溜控制功能(管压、手柄、相位)启动后，连续语音提示“注意(管压、手柄、相位)防溜”，确认是正常动车后，可按压(　　)键解除防溜控制。

A.【缓解】　　B.【警惕】　　C.【解锁】　　D.【确认】

2. 使用【车位】+【向后】能调整的超前误差最大为(　　)。

A. 300 m　　B. 100 m　　C. 200 m　　D. 50 m

3. 连续两个及以上车场，进入下一车场需要走侧线时，在前一个车场，距前方信号机距离小于(　　)时，才能输入下一个车场的侧线股道号，否则只能修改本车场侧线股道号。

A. 100 m　　B. 200 m　　C. 300 m　　D. 400

4. LKJ2000 型监控装置机车距信号机还有一段距离，但距离显示值提前进入零显示，这种零显示出现在信号机之前的过机误差称为(　　)。

A. 滞后误差　　B. 超前误差　　C. 正常误差

5. 运行中当过机误差(　　)300 m 时，LKJ2000 型监控装置可以自动校正。

A. 小于　　B. 等于　　C. 大于

四、简答题

1. 在通常工作状态，LKJ2000 型监控装置输出指令后机车乘务员如何操作？

2. 如何进行人工降级操作？

3. 导致 LKJ2000 型监控装置自动降级的原因有哪些?

4. 如果侧线号输入与实际不符会有什么后果?

任务六 LKJ2000 型列车运行监控装置终到、退勤相关操作

工作任务

根据机车乘务员一次乘务作业过程的终到、退勤环节,完成 LKJ2000 型监控装置的相关操作:入段相关操作、IC 卡转储操作。

任务目标

1. 能够完成入段相关操作。
2. 能够完成 IC 卡转储操作。
3. 了解 LKJ2000 型监控装置记录数据的分析项点。
4. 了解 LKJ2000 型监控装置语音提示。
5. 树立安全第一的意识。
6. 培养遵章守纪、认真严谨的职业精神。

相关知识

一、终到

1. 入段

列车到达终到站停妥摘挂脱钩后,进行下列操作:

(1)需要时输入出入段车次,按压【调车】键,监控装置显示屏右侧状态栏“调车”指示灯亮。

(2)机车运行至站段分界点停车,按压【出入库】键,监控装置显示屏右侧状态栏“入段”指示灯亮,监控装置记录入段时分。

2. IC 卡转储操作

机车入段停车后,机车乘务员应及时转储装置记录的列车运行数据文件。如果机车乘务员在车站进行交班时,到着机车乘务员应使用 IC 卡对监控装置文件进行转储。

在速度为 0 时插入 IC 卡,按压【转储】键后屏幕进入“文件转储”界面,如图 2-6-1 所示。

屏幕下侧是功能选项,将光标移至相应选项上按压【确认】键,执行相应功能。屏幕上侧为文件目录栏,绿色是已经转储过的文件,蓝色是选中的文件。目录栏下方有一滚动条,指示目前显示的位置。

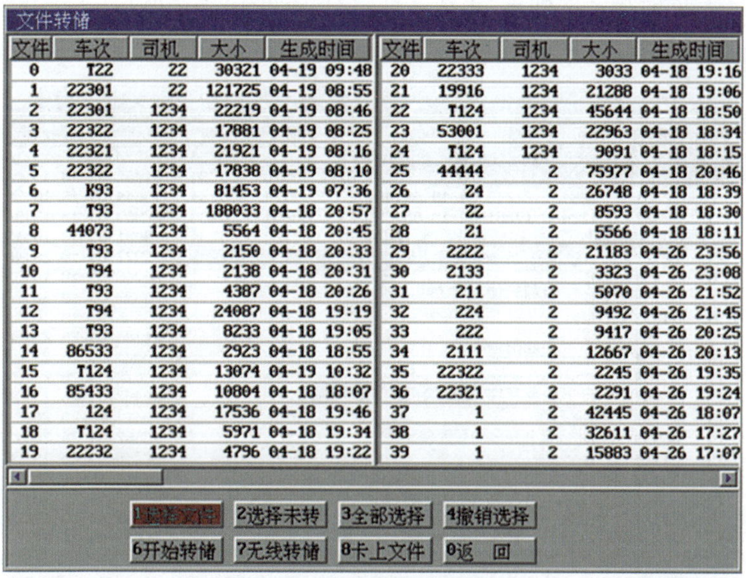

文件转储

文件	车次	司机	大小	生成时间	文件	车次	司机	大小	生成时间
0	T22	22	30321	04-19 09:48	20	22333	1234	3033	04-18 19:16
1	22301	22	121725	04-19 08:55	21	19916	1234	21288	04-18 19:06
2	22301	1234	22219	04-19 08:46	22	T124	1234	45644	04-18 18:50
3	22322	1234	17881	04-19 08:25	23	53001	1234	22963	04-18 18:34
4	22321	1234	21921	04-19 08:16	24	T124	1234	9091	04-18 18:15
5	22322	1234	17838	04-19 08:10	25	44444	2	75977	04-18 20:46
6	K93	1234	81453	04-19 07:36	26	24	2	26748	04-18 18:39
7	T93	1234	188033	04-18 20:57	27	22	2	8593	04-18 18:30
8	44073	1234	5564	04-18 20:45	28	21	2	5566	04-18 18:11
9	T93	1234	2150	04-18 20:33	29	2222	2	21183	04-26 23:56
10	T94	1234	2138	04-18 20:31	30	2133	2	3323	04-26 23:08
11	T93	1234	4387	04-18 20:26	31	211	2	5070	04-26 21:52
12	T94	1234	24087	04-18 19:19	32	224	2	9492	04-26 21:45
13	T93	1234	8233	04-18 19:05	33	222	2	9417	04-26 20:25
14	86533	1234	2923	04-18 18:55	34	2111	2	12667	04-26 20:13
15	T124	1234	13074	04-19 10:32	35	22322	2	2245	04-26 19:35
16	85433	1234	10804	04-18 18:07	36	22321	2	2291	04-26 19:24
17	124	1234	17536	04-18 19:46	37	1	2	42445	04-26 18:07
18	T124	1234	5971	04-18 19:34	38	1	2	32611	04-26 17:27
19	22232	1234	4796	04-18 19:22	39	1	2	15883	04-26 17:07

图 2-6-1　文件转储界面

（1）选择转储指定的文件

①在“文件转储”界面，将光标移至“1 选择文件”位置，按压【确认】键后，装置进入选择转储状态，如图 2-6-2 所示。

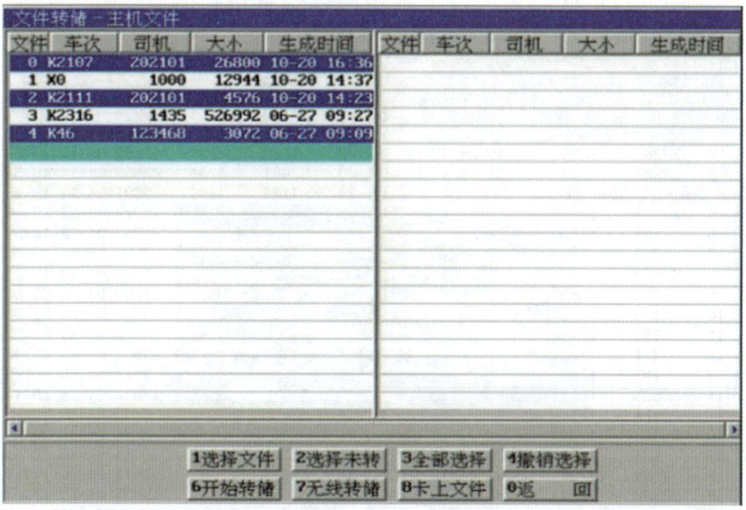

文件转储－主机文件

文件	车次	司机	大小	生成时间	文件	车次	司机	大小	生成时间
0	K2107	202101	26800	10-20 16:36					
1	X0	1000	12944	10-20 14:37					
2	K2111	202101	4576	10-20 14:23					
3	K2316	1435	526992	06-27 09:27					
4	K46	123468	3072	06-27 09:09					

图 2-6-2　文件选中界面

②用【↑】【↓】键移动光标至需要转储的文件，按压【确认】键选中此文件，该文件名背景变为蓝色，重复上述操作，可选择多个文件。若取消已经选中的文件，只需将光标移至该文件名，按压【确认】键，使文件名背景变为白色，即取消对该文件的选择。

③文件选择完毕，将光标移至“6 开始转储”按钮，按压【确认】键，即开始将所选文件从

装置转储到 IC 卡，同时显示屏弹出“正在转储”窗口，如图 2-6-3 所示。“正在转储”窗口显示当前转储文件名、转储进度、IC 卡空间。

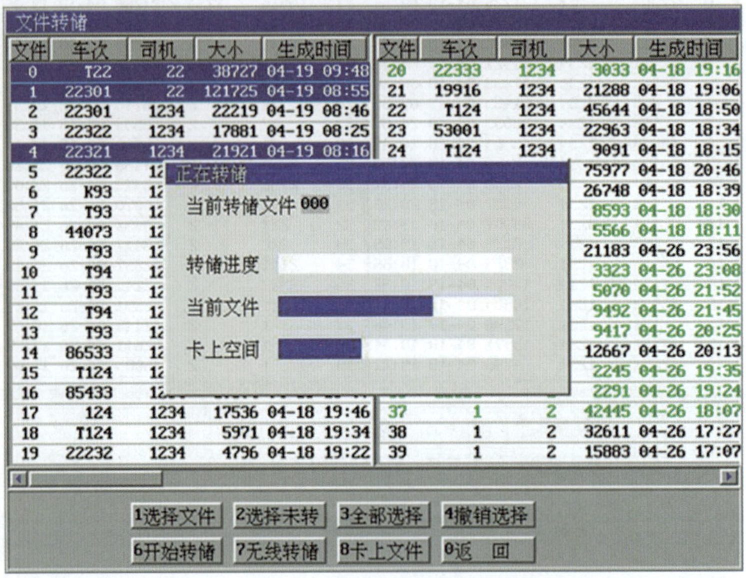

图 2-6-3 正在转储窗口

④转储完毕后显示屏会出现“转储成功”或“转储失败”提示，如图 2-6-4 所示，按压【确认】键返回“文件转储”窗口，此时可以选择退出或继续进行转储。

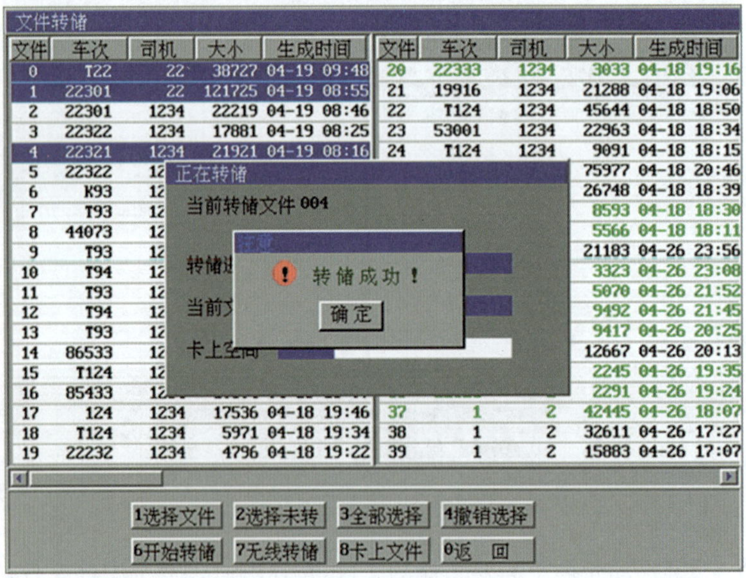

图 2-6-4 转储成功

(2)转储未转储过的文件

方法一：按压【转储】键，打开“文件转储”窗口后，再次按压【转储】键，将直接转储没有被转储过的文件。

方法二：①在“文件转储”界面，将光标移至“2 选择未转”位置，按压【确认】键，所有未转储文件被选中，背景变为蓝色。

②选择文件后，光标自动移至“6 开始转储”位置，按压【确认】键，开始转储。转储成功后，按压【确认】键返回“文件转储”窗口，此时可以选择退出或继续进行转储。

(3)转储全部文件

①在“文件转储”界面，将光标移至“3 全部选择”位置，按压【确认】键，所有文件名背景均变成蓝色。

②选择文件后，光标自动移至“6 开始转储”位置，按压【确认】键，开始转储。转储成功后，按压【确认】键返回“文件转储”窗口，此时可以选择退出或继续进行转储。

(4)查询卡上文件

转储完毕后显示屏显示“转储成功”信息，按压【确认】键，光标自动移至“8 卡上文件”，按压【确认】键，显示 IC 卡上已转储文件的列表信息。内容包括“文件序号、车次、司机、文件大小、生成日期”，光标移至“返回”位置，按压【确认】键，退出“文件转储”窗口。

二、退勤

机车乘务员将 IC 卡转储的监控文件交给退勤调度员，在退勤调度员检索分析后方可办理退勤手续。

三、地面数据处理

LKJ2000 型监控装置在机车运行的过程中实时动态记录了机车运行的时间、公里标、速度、柴油机转速、信号灯、手柄位和管压等重要运行参数，使用地面数据分析系统对运行记录数据进行转储、格式化处理，形成共享数据库，生成司机报单、运行曲线、全程记录和各种统计报表格式，供管理人员查询分析，是日常分析机车运行状态的重要数据，并且可以规范和改进机车乘务员的操作，是行车安全分析的重要依据。

机务部门对 LKJ2000 型监控装置运行记录数据退勤分析的主要项点如下：

相关规章

(1)贯通试验违标。

(2)停车超 20 min 未简略试验。

(3)抱闸运行。

(4)管压为零。

(5)解锁操作是否符合规定。

(6)途中关机。

(7)手柄非零位过分相。

(8)监控装置动作。

(9)参数输入是否正确。

(10)支线号输入操作。

(11)反方向行车操作。

反方向行车操作包括触发卸载、触发常用、超模式限速紧急制动、防溜紧急制动、警惕功能紧急制动、平调紧急制动、防撞土挡紧急制动、降级状态下紧急制动和其他紧急制动。

(12)特殊前行。

(13)降级。

(14)20 km/h 限速。

(15)解除运行揭示。

(16)出站绿/黄灯误确认。

(17)区间非正常停车。

(18)单机未前移。

(19)文件丢失、记录混乱(不完整)。

四、语音提示

1. 电分相语音提示

对于电力机车,监控装置在通常工作状态下,客车距“电分相”点 1 500 m、500 m 时,货车距“电分相”点 1 000 m、500 m 时,各语音提示“禁止双弓”两遍。

2. 调车动车语音提示

LKJ 在调车工作状态下,机车动车时语音提示“请注意调车信号”。

3. 速度故障提示

LKJ 判断速度通道故障时,语音提示“速度信号故障”。

4. 空转、轮滑提示

根据设定的最大加速度、最大减速度,LKJ 判断轮对发生空转时提示“空转、空转”,发生轮滑时提示“轮滑、轮滑”。监控装置同时对检测到的速度进行抑制(即不采用轮对旋转速度作为控制的实时速度)。若轮对持续空转时间达到 30 s,监控装置停止进行空转速度抑制,立即采用轮对旋转速度进行超速防护。

5. 车机联控提示

监控装置在通常工作状态下,自动闭塞区段列车前方为一接近信号机,半自闭区段客车距预告信号机 2 000 m、货车距预告信号机 1 200 m 时,语音提示“车机联控”。若车载基础数据中设置了“车机联控”特殊语音数据,则按该设置提示。

6. 限速提示

(1)道岔限速提示。列车接近道岔限速地点时,装置语音提示“注意道岔限速”。

(2)区段限速提示。列车接近桥梁、曲线等限速地点时,装置语音提示“注意前方限速”。

(3)临时限速提示。列车接近临时施工限速地点时,装置语音提示“注意临时限速”。

(4)停车提示。当限速曲线闭口(出口限速为 0)时,装置语音提示“注意停车”。

注意:对于限速地段,装置语音提示时不提示具体的限速值。

7. 道口语音提示

车载基础数据中设置有道口数据的地点,机车接近道口地点 800 m 处,语音提示“前方道口,注意鸣笛”两遍。

8. 道机联控语音提示

车载基础数据中设置有道机联控语音提示数据的地点，机车到达道机联控数据预设距离处，语音提示“道机联控”两遍。

9. 防洪地点提示

车载基础数据中设置防洪地点数据后，机车接近防洪危险地点 1 000 m 处，屏幕显示防洪地点标志(防洪地点起点处显示“汛”字牌)，语音提示“注意运行”两遍。

IC 卡数据载入防洪危险地点数据后，机车接近防洪危险地点(客车提前 3 000 m，货车提前 2 000 m)及起点处语音提示“注意运行”两遍。防洪地点前 500 m 屏幕显示“防汛地段”。

10. 机车信号色灯语音提示

机车信号色灯语音提示见表 2-6-1。

表 2-6-1 机车信号色灯语音提示

序号	语音内容	语音含义及发声时机
1	绿灯通过	当 LKJ 接收的机车信号信息由其他信号变为绿灯时
		当 LKJ 接收的机车信号信息由其他信号变为绿 2 灯时
		当 LKJ 接收的机车信号信息由其他信号变为绿 3 灯时
		当 LKJ 接收的机车信号信息由其他信号变为绿 4 灯时
		当 LKJ 接收的机车信号信息由其他信号变为绿 5 灯时
		当 LKJ 接收的机车信号信息由其他信号变为绿 6 灯时
2	绿黄灯，注意运行	当 LKJ 接收的机车信号信息由其他信号变为绿黄灯时
3	黄灯减速	当 LKJ 接收的机车信号信息由其他信号黄灯时
4	黄 2 灯，注意运行	当 LKJ 接收的机车信号信息由其他信号变为黄 2 灯时
5	红黄灯，停车	当 LKJ 接收的机车信号信息由其他信号变为红黄灯时
6	红灯，停车	当 LKJ 接收的机车信号信息由其他信号变为红灯时
7	黄 2 闪，注意运行	当 LKJ 接收的机车信号信息由其他信号变为黄 2 闪时
8	双黄闪，注意道岔	当 LKJ 接收的机车信号信息由其他信号变为双黄闪时
9	双黄灯，侧向运行	当 LKJ 接收的机车信号信息由其他信号变为双黄灯且前方信号机为进站信号机时
10	红黄闪，注意运行	当 LKJ 接收的机车信号信息由其他信号变为红黄闪时
11	白灯无码	当 LKJ 接收的机车信号信息由其他信号变为白灯时
12	信号异常	当 LKJ 接收的机车信号信息由其他信号变为多灯或灭灯时
13	信号突变	当 LKJ 接收的机车信号信息变化符合 LKJ 控制模式设定规范中信号突变规定的条件时

11. 系统报警语音提示

系统报警语音提示见表 2-6-2。

表 2-6-2 系统报警语音提示

序号	语音内容	语音含义及发声时机
1	呜.....	当降级工作状态下 LKJ 接收的机车信号为停车信号且运行速度 5 km/h 时
2	空转空转	当 LKJ 判断速度信号加速度超过控制参数设置值时
3	轮滑轮滑	当 LKJ 判断速度信号减速度超过控制参数设置值时
4	卸载动作	当 LKJ 发出撤除机车牵引力指令时
5	常用制动	当 LKJ 发出常用制动指令时
6	紧急制动	当 LKJ 发出紧急制动指令时
7	减速减速	当 LKJ 防冒或防超控制时实速接近限速达到控制模式设定参数设置值时
8	注意限速	当 LKJ 限速曲线开始下降或下降达到一定间隔时
9	注意防溜	当 LKJ 判断机车发生溜逸时
10	防溜动作	当 LKJ 启动防溜控制发出紧急制动指令时

12. 操作语音提示

操作语音提示见表 2-6-3。

表 2-6-3 操作语音提示

序号	语音内容	语音含义及发声时机
1	请输入支线号	当 LKJ 运行数据的前方分区有或本分区存在支线数据且满足输入条件时
2	请输入侧线股道号	当 LKJ 运行数据的前方分区有多条侧线数据且满足输入条件时
3	注意按开车键	当列车始发站发车后，机车乘务员未及时按压【开车】键时(可选语音项目)
4	禁止双弓	当 LKJ 运行数据到达规定的降弓地点时
5	车机联控	当 LKJ 运行数据到达规定的车机联控地点时
6	允许缓解	当 LKJ 实施常用制动或解除机车牵引力后，速度下降达到允许人工缓解条件时
7	缓解成功	当 LKJ 实施常用制动或解除机车牵引力后，达到允许人工缓解条件，人工按压【缓解】键缓解成功时
8	解锁成功	当符合 LKJ 控制模式解锁条件，人工按键解锁成功时

13. 工作状态语音提示

工作状态语音提示见表 2-6-4。

表 2-6-4 工作状态语音提示

序号	语音内容	语音含义及发声时机
1	监控运行	当 LKJ 由其他工作状态进入监控工作状态时
2	降级运行	当 LKJ 由其他工作状态进入降级工作状态时
3	进入调车	当 LKJ 进入调车工作状态时
4	退出调车	当 LKJ 由调车工作状态退出时
5	请注意调车信号	当调车工作状态下未确认前方调车信号动车时

任务实施

任务名称	LKJ2000 型列车运行监控装置终到、退勤相关操作	任务编号	2.6
任务说明	在机车乘务员一次乘务作业过程的终到、退勤环节中，完成 LKJ2000 型监控装置的相关操作：入段相关操作、IC 卡转储操作		
任务实施	1. 入段相关操作 完成入段相关操作，并简要描述操作过程。 2. IC 卡转储操作 在模拟机上完成 IC 卡的转储操作，并简要描述操作步骤。 3. 地面数据处理 (1)LKJ2000 型监控装置可以记录哪些数据？ (2)机务部门对监控装置数据分析的项点有哪些？		

任务考核

班级　　　　　　　　姓名　　　　　　　　学号　　　　　　　　第　小组

考核项目		考核要点	分值	自评	互评	师评
实践能力	入段相关操作	正确规范进行入段操作	15			
	IC 卡转储操作	正确规范进行 IC 卡转储操作	30			
	地面数据处理	熟悉机务部门数据分析的项点，熟悉数据记录文件	35			
职业素质		安全意识、遵章守纪、团队合作	20			
小计						
权重(自评 30%＋互评 30%＋师评 40%)总分						

习题巩固

一、判断题

1. LKJ2000 型监控装置，在屏幕显示器上只能利用 IC 卡进行文件转储操作。（　　）

2. LKJ2000 型监控装置产生的列车运行记录数据是行车安全分析的重要依据，任何单位和人员不得更改。（　　）。

二、简答题

LKJ2000 型监控装置能记录哪些运行参数？

拓展知识

一、ATP 与 LKJ 的关系

装备了 ATP 车载设备和 LKJ2000 型监控装置的 CRH 系列动车组通过设置在 CTCS-2 及以上区段与 CTCS-0/1 级区段分界处的转换应答器，实现 ATP 与 LKJ2000 型监控装置两种控车设备的自动转换。

正常情况下，动车组在 CTCS-2 级及以上区段由 ATP 车载设备控车，在 CTCS-0/1 级区段由 LKJ2000 型监控装置车载设备控车。

在 ATP 车载设备故障情况下的 CTCS-2 级及以上区段，遇 ATP 车载设备故障，机车信号显示正常时，列车停车后可由司机手动转换为 LKJ2000 型监控装置控车。

由 LKJ2000 型监控装置车载设备控车时，列车最高运行速度 165 km/h（167 km/h 报警，170 km/h 启动常用制动，175 km/h 启动紧急制动）。

由 ATP 车载设备控车时，LKJ2000 型监控装置具有列控数据、车辆状态和司机操纵等记录功能。

二、隔离开关

CRH 系列动车组上的 LKJ2000 型监控装置除装有电源开关，还安装有隔离开关。隔离开关在隔离位时，将 LKJ 的输出信号物理隔离。

LKJ2000 型监控装置隔离开关拨到“隔离”位时显示器右下角点亮红色“隔离”字样（原“诊断”位置）；隔离开关拨到“正常”位时“隔离”灯灭。

三、LKJ2000 型监控装置与 ATP 结合工作

1. 动车组上 LKJ2000 型监控装置的速度、机车信号等信息由 ATP 提供。

2. 列车由 ATP 控制时，LKJ2000 型监控装置显示器窗口显示“其他 ATP 控制区…”，同时显示器限速窗口、实速窗口显示“---”，主显示界面不显示限速曲线和实速曲线，只根据列车运行情况显示列车所处位置、信号机位置以及线路纵断面等信息，显示器显示界面如图 2-6-5 所示。LKJ2000 型监控装置只记录列车运行情况，不进行任何控制，由 ATP 监控列车运行。

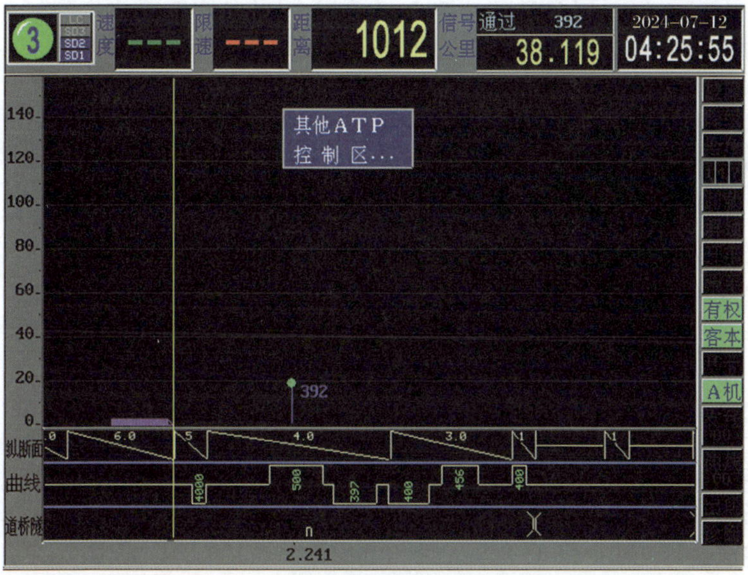

图 2-6-5　LKJ2000 型监控装置与 ATP 结合工作状态

四、级间控制切换

1. 正常切换

在级间切换上载点，收到应答器上载信号后，由 LKJ 控车方式自动切换至 ATP 控车方式；在级间切换下载点，收到应答器下载信号后，由 ATP 控车方式自动切换至 LKJ 控车方式，并有语音提示。

2. 制动状态下的切换

级间切换时若在制动状况下，不能进行切换，缓解后自动转换。

3. 注意事项

（1）级间切换点前注意控制速度，防止切换后制动。

（2）注意观察过机校正情况，如切换为 LKJ 控车，发现距离误差过大时，及时进行人工距离校正。

（3）线路上下行转换时须手动操作 ATP 装置，确保机车信号接收正常。

五、常用制动

动车组上安装的 LKJ2000 型监控装置增加了 1、4、7 级常用制动功能，显示器右侧状态栏指示等“常用”改为“1 4 7”，当装置输出 1、4、7 级常用制动时，显示器点亮相应的数字。

任务七　LKJ2000 型列车运行监控装置非正常行车相关操作

工作任务

作为一名机车乘务员，在驾驶列车运行过程中，会遇到各种非正常情况，例如信号机、基本闭塞设备临时故障，行车设备有计划施工，双线区间反方向或改按单线行车，行车安全装备故障等，机车乘务员应能对非正常情况正确判断、及时处理，并能完成非正常情况下LKJ2000型监控装置的相关操作。

任务目标

1. 能够完成自动闭塞区间通过信号机显示停车信号时监控装置的相关操作。
2. 能够完成停基改电时监控装置的相关操作。
3. 能够完成使用绿色许可证发车时监控装置的相关操作。
4. 能够完成引导进站时监控装置的相关操作。
5. 能够完成特殊情况下站内停车时监控装置的相关操作。
6. 能够完成反方向行车时监控装置的相关操作。
7. 能够完成机车信号突变时监控装置的相关操作。
8. 能够完成解除运行揭示操作。
9. 能够完成信号无码区段监控装置的相关操作。
10. 能够正确判断机车信号故障并能正确处理。
11. 能够正确判断LKJ2000型监控装置故障并能正确处理。
12. 树立安全第一的意识。
13. 培养遵章守纪、认真严谨的职业精神。
14. 培养发现问题、分析问题和解决问题的能力。

相关知识

一、自动闭塞区间通过信号机显示停车信号的操作

列车运行在自动闭塞区间，前方通过信号机显示停车信号时，必须严格执行《技规(普速)》第316条的规定。机车乘务员应按照以下走停走控制过程进行相关操作。

1. 通过信号信号机显示停车信号

(1)在自动闭塞区间，列车运行前方为通过信号机，机车信号为停车信号时，监控装置按防止列车冒进信号控制。列车在该信号机前停车，2 min后，监控装置自动解除停车控制功能，限速窗口显示21 km/h，如图2-7-1所示。列车起动后，装置监控列车以不超过20 km/h的速度越过前方显示停车信号的通过信号机。

(2)机车越过该信号机后，继续监控列车以不超过20 km/h的速度运行，并根据信号不同按(3)或(4)控制。

(3)当信号为停车信号时：

①若前方信号机为通过信号机则按(1)控制。

②若前方信号机为装有容许信号的通过信号机，按下文中第2条“装有容许信号的通过信号机显示停车信号”控制。

③若前方信号机为进站信号机，则按防止冒进信号控制。

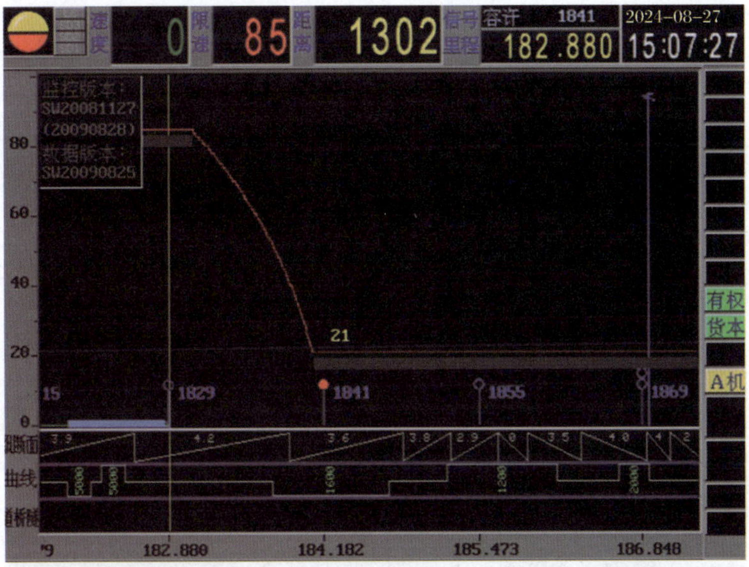

图 2-7-1　停车 2 min 后的显示界面

(4)当信号不是停车信号时，监控列车以不超过 20 km/h 的速度越过信号机，然后按接收的信号控制。

2. 装有容许信号的通过信号机显示停车信号

(1)列车运行至装有容许信号的通过信号机前，机车信号为一个半黄半红色闪光灯光或停车信号时，对货运列车监控装置自动解除停车控制功能，并监控列车以不超过 20 km/h 的速度越过该信号机。

(2)机车越过信号机后，控制方式与上述第 1 条中(2)相同。

3. 注意事项

(1)当通过信号机显示停车信号(包括显示不明或灯光熄灭)时，司机在停车等候同时，应与车站值班员、列车调度员联系，如确认前方闭塞分区内有列车时，不得进入。

(2)装有连续式机车信号的列车，遇通过信号灯光熄灭。而机车信号显示允许运行的信号时，应按机车信号的显示运行，并将故障的信号机号码通知前方站。

(3)地面信号显示故障时，严禁将 LKJ2000 型监控装置转入 20 km/h 限速工作状态。

二、停止基本闭塞法改按电话闭塞法行车的操作

当基本闭塞法不能使用时，应根据列车调度员的命令采用电话闭塞法行车(以下简称“停基改电”)，此时列车占用区间的行车凭证为路票。

在改用电话闭塞法行车区间的起始站出站信号机(或发车进路信号机)前，机车乘务员应按照改用电话闭塞法行车对 LKJ2000 型监控装置进行相关操作。

1. 调度命令写入 IC 卡的停基改电(有计划停基改电)

出勤时，出勤调度员将停基改电的调度命令正确写入 IC 卡，接车时由机车乘务员将 IC 卡中的调度命令输入监控装置，称为有计划停基改电。

(1)监控装置在通常工作状态

①列车运行至停基改电起始车站的一接近的信号机后，显示屏右上方显示揭示窗口，如图 2-7-2 所示。

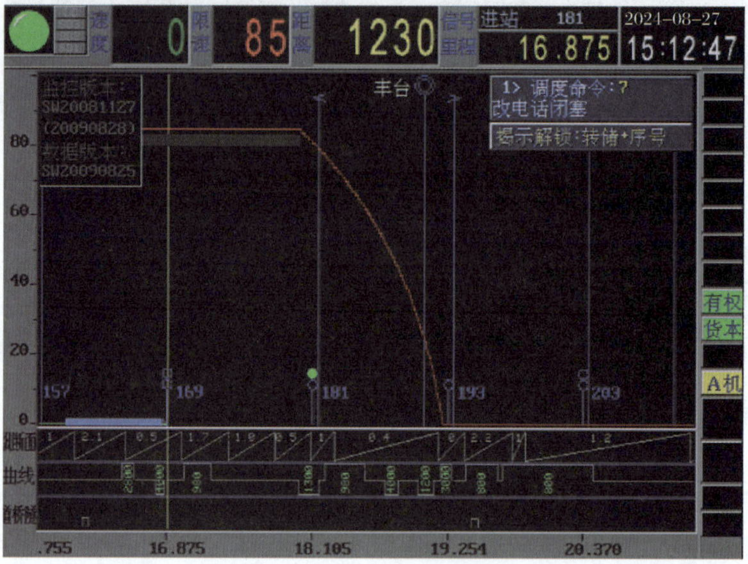

图 2-7-2　通常工作状态下有计划路票揭示提示窗口

②列车运行至停基改电起始车站的出站信号机或发车进路信号机前且运行速度低于 60 km/h 时，显示屏自动弹出“路票输入”窗口，如图 2-7-3 所示。

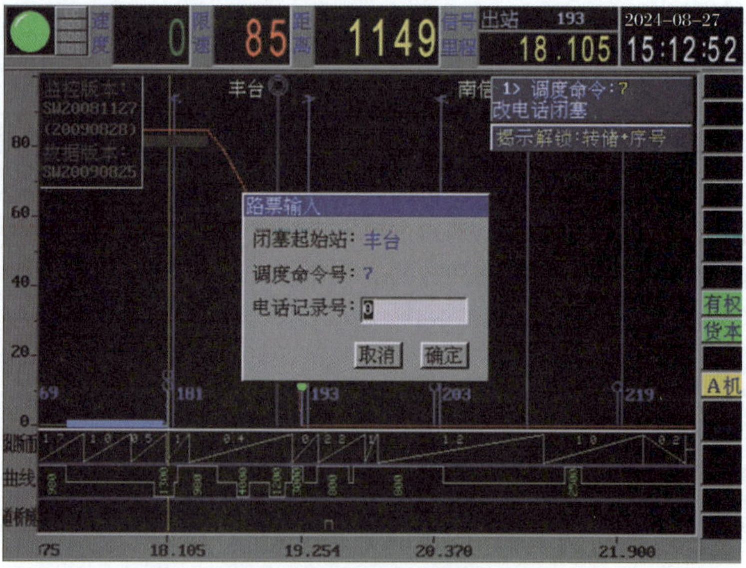

图 2-7-3　有计划路票输入界面

③正确输入路票电话记录号，按压【确认】键。显示界面如图 2-7-4 所示。

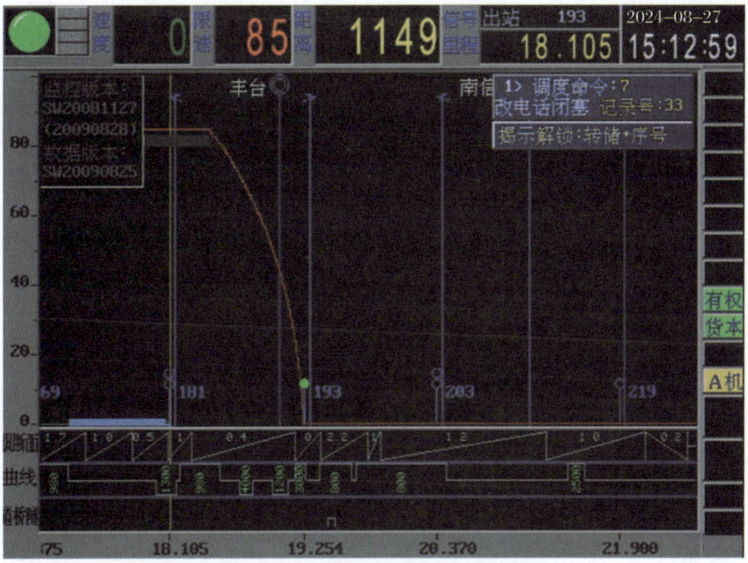

图 2-7-4　有计划路票输入后的界面

注意:显示屏自动弹出“路票输入”窗口保持 15 s,若 15 s 内未做任何操作,“路票输入”窗口消失,消失后,持续按压【↑】键 2 s,LKJ 显示“非正常行车确认”窗口,如图 2-7-5 所示,选择“3. 路票”选项,调出“路票输入”窗口按上述方法进行操作。

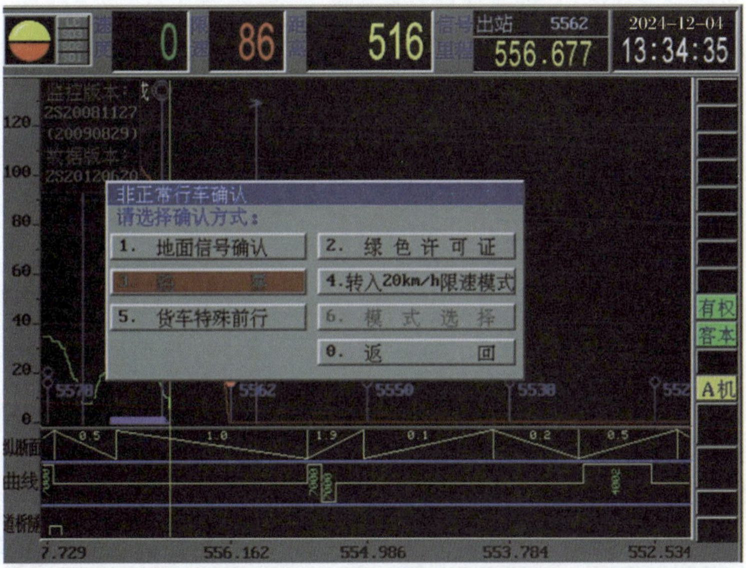

图 2-7-5　非正常行车确认窗口

④确认开车条件具备,按压【解锁】键,5 s 内按压【确认】键,屏幕左上方显示红底黄字“路票行车”,如图 2-7-6 所示。

监控装置解除对列车所在车站的出站信号机(或发车进路信号机)以及至下一站间所有

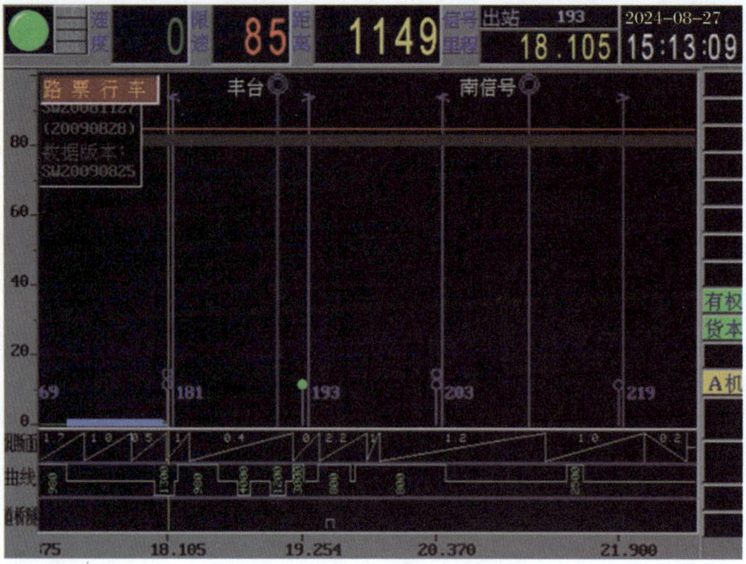

图 2-7-6　路票行车状态

分区通过信号机的停车控制。列车运行至下一接车站进站信号机前，监控装置按其信号显示要求监控列车运行。

(2)监控装置在降级工作状态

①进行参数设定后，监控装置显示屏右侧状态栏“降级”“开车”指示灯亮时，若设定的车站即为有计划的停基改电起始站，显示屏右上方显示揭示窗口，同时弹出路票输入窗口，如图 2-7-7 所示。

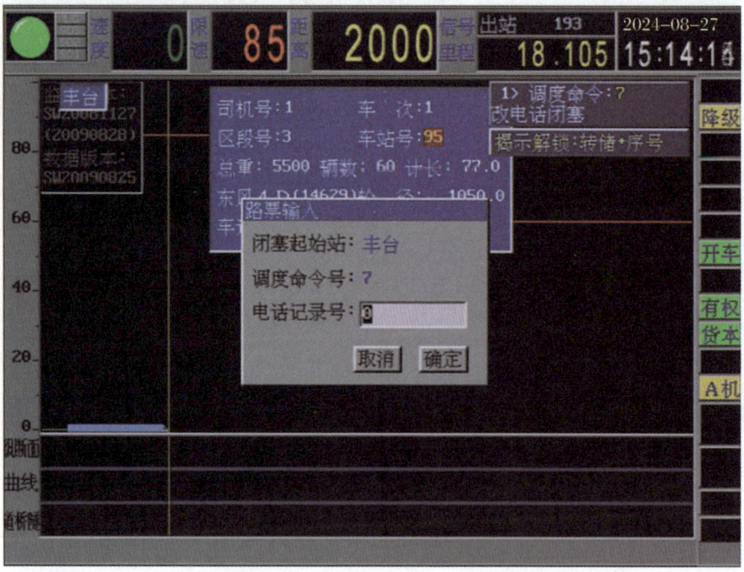

图 2-7-7　始发站降级状态下有计划路票输入窗口

②确认开车条件具备后，正确输入电话记录号，按压【确认】键，在显示器的中间出现“行车凭证确认方式”提示，如图 2-7-8 所示。

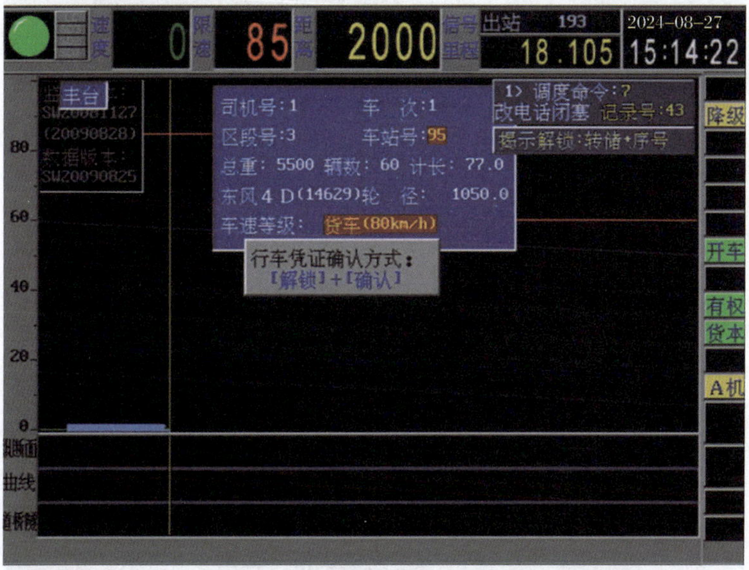

图 2-7-8　始发站降级状态有计划路票输入后的提示

③按压【解锁】+【确认】键，左上角出现红底黄字“路票行车”。

④列车运行至规定地点按压【开车】键，监控装置进入通常工作状态。控制方式与通常工作状态下的路票行车状态时相同。

2. 调度命令未写入 IC 卡的停基改电(临时停基改电)

列车运行中接到停基改电的调度命令，称为临时停基改电。

(1)监控装置在通常工作状态

①在停基改电起始车站的出站信号机或发车进路信号机前停车。

②开车条件具备后，持续按压【↑】键 2 s，监控装置显示 “非正常行车确认”窗口(图 2-7-5)，选择 “3. 路票”选项，弹出 “路票输入”窗口，如图 2-7-9 所示。

③正确输入调度命令号码和路票电话记录号码，按压【确认】键，显示屏右上方显示揭示窗口，如图 2-7-10 所示。

④按压【解锁】键，5 s 内按压【确认】键，屏幕左上方显示红底黄字“路票行车”。

监控装置解除对列车所在车站的出站信号机(或发车进路信号机)以及至下一站间所有分区通过信号机的停车控制。列车运行至下一接车站进站信号机前，监控装置按其信号显示要求监控列车运行。

(2)监控装置在降级工作状态

①进行参数设定后，监控装置显示屏右侧状态栏“降级”“开车”指示灯亮时。

②开车条件具备后，持续按压【↑】键 2 s，监控装置显示 “非正常行车确认”窗口(图 2-7-5)，选择“3. 路票”选项，进入“路票输入”窗口，正确输入调度命令号码和路票电话记录

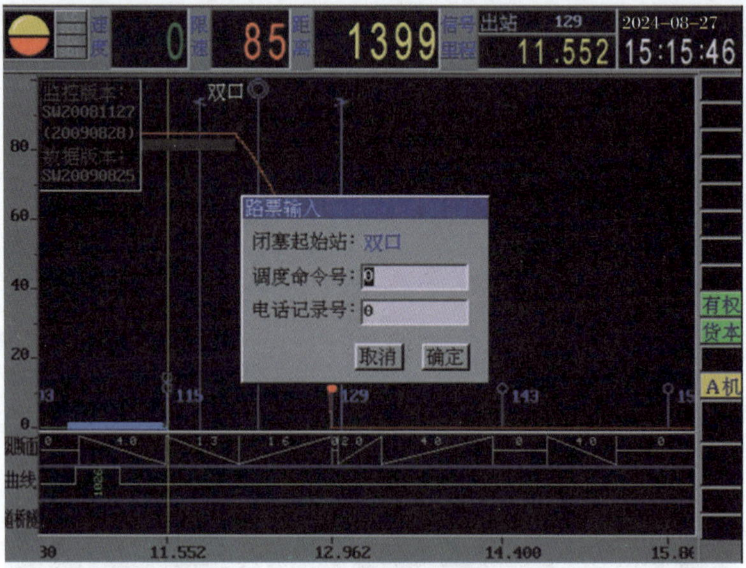

图 2-7-9　通常状态下临时路票输入窗口

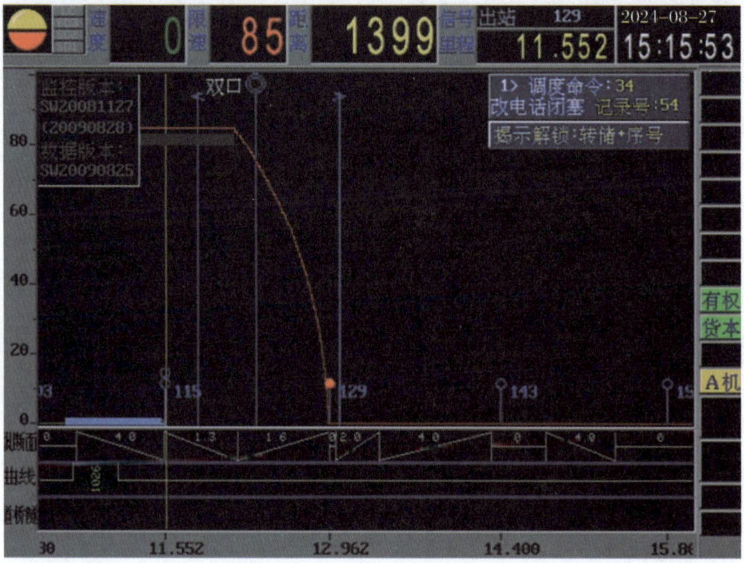

图 2-7-10　通常状态下临时路票输入后路票信息提示窗口

录号码，在显示器的中间出现“行车凭证确认方式”提示。

③按压【解锁】+【确认】键，左上角出现红底黄字“路票行车”。

④列车运行至规定地点按压【开车】键，监控装置进入通常工作状态。控制方式与通常工作状态下的路票行车状态时相同。

3. 路票行车时的限速控制

列车在停用基本闭塞法改用电话闭塞法行车的区间，对旅客列车，监控装置按该区间最高允许速度的 80% 确定固定模式限速值(该区间某区段限速值低于上述取值的按低值控制)。对货物列车,按本区间原规定速度监控列车运行。

三、绿色许可证行车的操作

根据《技规(普速)》相关规定,当出站(或发车进路)信号机不能显示进行信号等情况时,应使用绿色许可证发车。按绿色许可证行车操作后,监控装置解除该出站(或发车进路)信号机的停车控制功能。

1. 调度命令写入 IC 卡的绿色许可证行车(有计划使用绿色许可证)

出勤时,出勤调度员将使用绿色许可证的调度命令正确写入 IC 卡,接车时由机车乘务员将 IC 卡中的调度命令输入监控装置,称为有计划使用绿色许可证。

(1)监控装置在通常工作状态

①列车运行至使用绿色许可证发车车站的一接近信号机后,监控显示屏右上方显示揭示窗口,如图 2-7-11 所示。

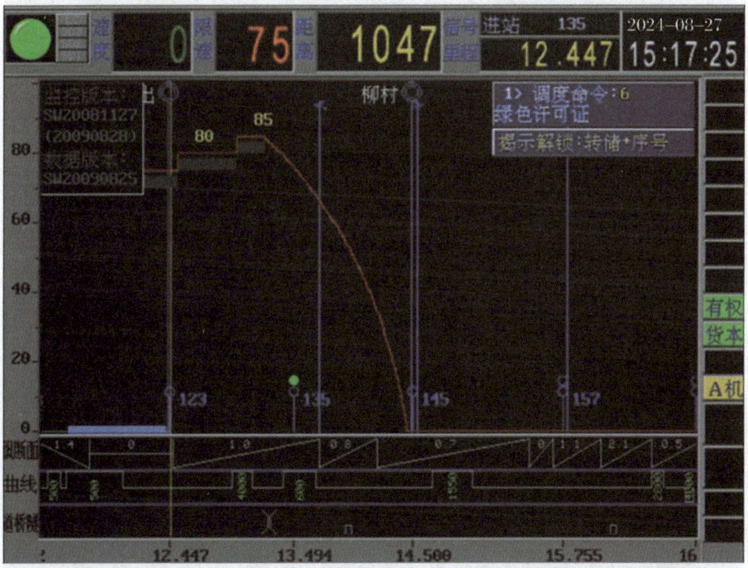

图 2-7-11　有计划绿色许可证揭示显示窗口

②列车运行至该车站的二接近信号机(四显示区段为三接近信号机)后,控制列车运行速度低于 45 km/h 时,自动弹出“绿色许可证输入”确认凭证正确,开车条件具备后,监控装置自动弹出“绿色许可证输入”窗口,如图 2-7-12 所示。

③输入绿色许可证编号后按压【确认】键。

注意:显示屏自动弹出“绿色许可证输入”窗口保持 15 s,若 15 s 内未做任何操作,“绿色许可证输入”窗口消失,消失后,持续按压【↑】键 2 s,监控装置显示“非正常行车确认”窗口(图 2-7-5),选择“2. 绿色许可证”选项,调出“绿色许可证输入”窗口按上述方法进行操作。

④在使用绿色许可证行车的信号机前,按压【解锁】键,5 s 内按压【确认】键,显示屏左上方显示红底黄字“绿色凭证行车”字样。监控装置解除在该架信号机前的停车控制,如图 2-7-13 所示。

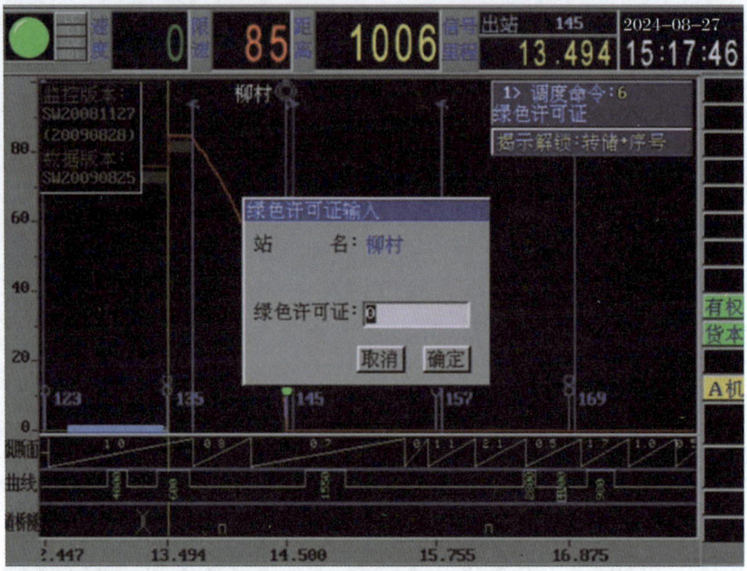

图 2-7-12　通常工作状态有计划绿色许可证输入窗口

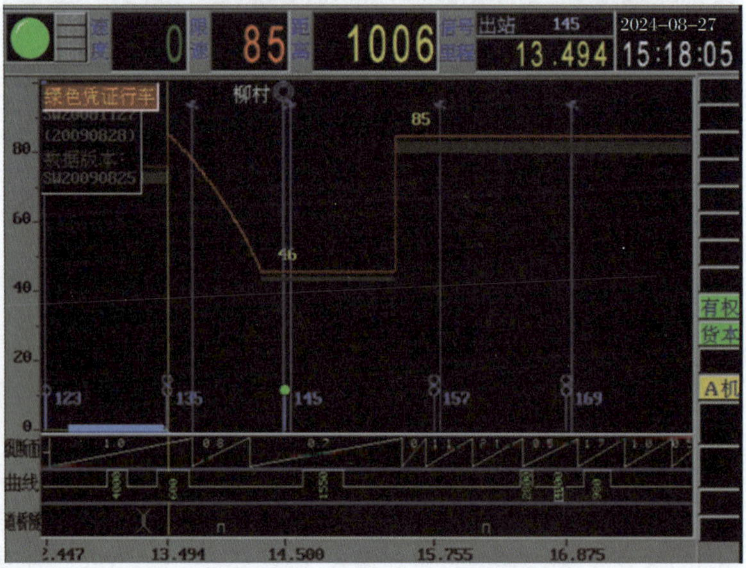

图 2-7-13　绿色许可证行车界面

(2)监控装置在降级工作状态

①进行参数设定后，监控装置显示屏右侧状态栏“降级”“开车”指示灯亮时，若设定车站为绿色许可证发车的车站，显示屏右上方显示揭示窗口，同时弹出绿色许可证输入窗口。

②输入绿色许可证编号后按压【确认】键，显示屏中间弹出行车凭证确认方式提示窗口。

③在使用绿色许可证行车的信号机前，按压【解锁】键，5 s 内按压【确认】键后在规定的对标地点按压【开车】键，监控装置解除在该架信号机前的停车控制，显示屏左上方显示红底黄字“绿色凭证行车”字样。

④列车运行至规定地点按压【开车】键，监控装置进入通常工作状态。控制方式与通常工作状态下的绿色许可证行车状态时相同。

(3)注意事项

①有计划使用绿色许可证的信号机前，不论机车信号是否是停车信号，监控装置均按停车信号控制。

②绿色许可证输入窗口弹出后，若列车运行速度高于 45 km/h，窗口自动关闭。

2. 调度命令未写入 IC 卡的绿色许可证行车(临时使用绿色许可证)

列车运行中接到改用绿色许可证发车的调度命令或通知，称为临时使用绿色许可证。

(1)监控装置在通常工作状态

①运行至改用绿色许可证发车车站的出站信号机或发车进路信号机前停车。

②确认凭证正确，持续按压【↑】键 2 s，监控装置显示“非正常行车确认”窗口(图 2-7-5)，选择“2. 绿色许可证”选项，显示屏弹出“绿色许可证输入”窗口，如图 2-7-14 所示。

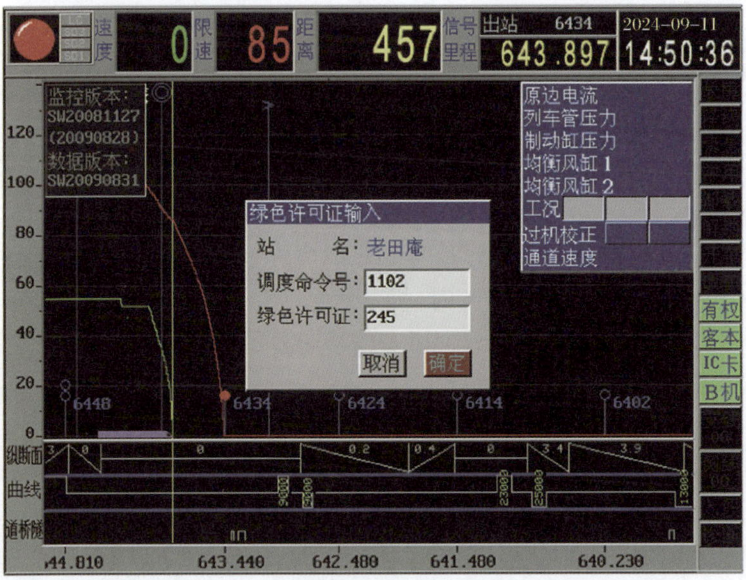

图 2-7-14　通常工作状态临时绿色许可证输入窗口

③输入调度命令号和绿色许可证编号，按压【确认】键。

④按压【解锁】键，5 s 内按压【确认】键，显示屏左上方显示红底黄字“绿色凭证行车”字样。监控解除对该架信号机的停车控制。

(2)监控装置在降级工作状态

①进行参数设定后，监控装置显示屏右侧状态栏“降级”“开车”指示灯亮时。

②若设定车站改用绿色许可证发车，确认凭证正确，停车状态下持续按压【↑】键 2 s，监控装置显示“非正常行车确认”窗口(图 2-7-5)，选择“2. 绿色许可证”选项，显示屏弹出“绿色许可证输入”窗口。

③输入调度命令号和绿色许可证编号，按压【确认】键。

④开车条件具备后，按压【解锁】+【确认】键。监控解除对该架信号机的停车控制。

⑤列车运行至规定地点按压【开车】键，监控装置进入通常工作状态。控制方式与通常工作状态下的绿色许可证行车状态时相同。

3. 注意事项

(1)侧线运行时，监控列车以不超过输入股道出站道岔侧向限速通过该架信号机。正线或未输入侧线股道号码时按该站最低道岔侧向限速控制。当该站出站道岔限速高于45 km/h时，按45 km/h控制。

(2)同一进路临时停用多架信号机使用绿色许可证行车时，需逐架停车、输入绿色许可证号、进行解锁操作。

四、引导进站的操作

根据《技规(普速)》相关规定，当进站信号机或接车进路信号机不能使用时，列车按引导方式进站，按引导相关操作后，监控装置解除该信号机的停车控制功能。

1. 机车信号显示引导信号

(1)监控装置的操作

在进站(或接车进路)信号机前，机车信号显示红黄闪灯光时，监控装置自动解锁，限速曲线开口21 km/h，监控列车以不超过20 km/h的速度通过该信号机；列车进站后，按次一信号机的显示要求监控列车运行。

(2)注意事项

①监控装置自动解锁后，如果机车信号变化则按机车信号进行控制，但监控装置显示列车距前方引导信号机的距离小于50 m时，机车信号变为关闭信号时不按停车模式控制。

②如果地面信号机显示引导信号，但机车信号未显示红黄闪灯，在确认地面信号机显示引导信号正确后，按手信号引导方式解锁。

2. 手信号引导

(1)监控装置的操作

在进站(或接车进路)信号机前，机车信号显示停车信号(红黄灯、白灯、单红灯或灭灯)，列车运行速度低于20 km/h时，确认引导手信号正确后，按压【解锁】键解除对该架信号机的停车控制，监控装置监控列车以不超过20 km/h的速度越过进站或接车进路信号机。列车进站后，按次一架信号机的显示要求监控列车运行。

(2)注意事项

①对车载数据中已预先设置为“机外大坡道特殊车站”的，列车在进站信号机前，机车信号为停车信号，监控装置允许列车速度高于20 km/h时进行解锁，司机确认引导手信号显示正确，按压【解锁】键后，监控列车以不超过20 km/h的速度越过该进站信号机。

②列车进侧线时，在引导解锁后监控装置提供输入侧线股道号条件，可进行侧线股道号的输入。

3. 特定引导手信号行车

(1)监控装置的操作

出段前接到特定引导手信号引导进站的调度命令，利用IC卡将特定引导手信号引导进站行车的调度命令正确输入监控装置。

列车运行至有特定引导车站的接近信号机前，监控显示屏右上方显示揭示窗口，如图 2-7-15 所示。在该车站的进站(或接车进路)信号机前，控制列车运行速度在 60 km/h 以下，确认特定引导手信号显示正确后，按压【开车】+【解锁】键解除对该信号机的停车控制功能，显示屏左上角出现红底黄字“特定引导”字样，监控装置监控列车以不超过 60 km/h 的速度越过该信号机，如图 2-7-16 所示。

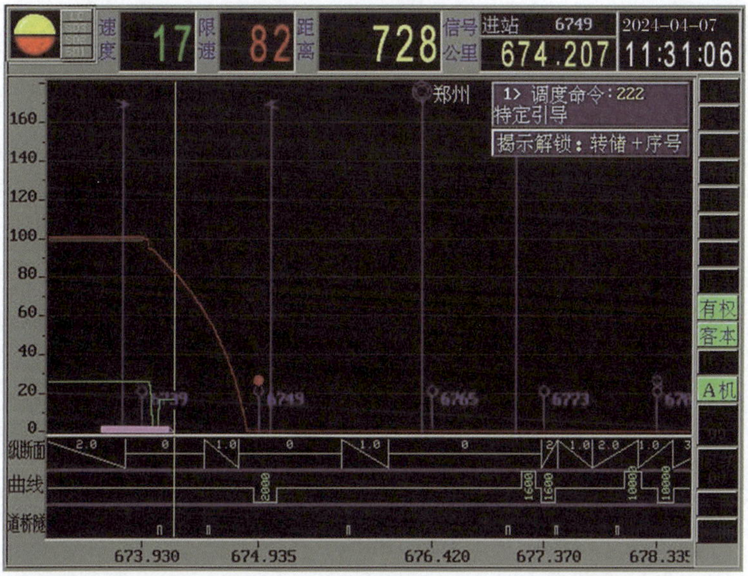

图 2-7-15　特定引导揭示显示窗口

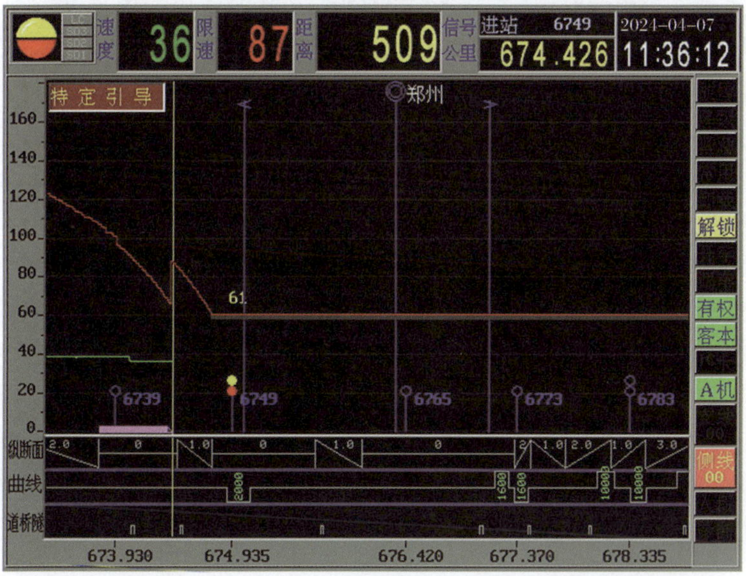

图 2-7-16　特定引导界面

(2)注意事项

①列车运行至已输入特定引导揭示车站的进站(或接车进路)信号机前,不论机车信号是否是停车信号,监控装置均按停车信号控制。

②对于已输入特定引导揭示的车站,使用普通手信号引导解锁操作无效,若确需改按手信号引导进站,则应先按规定解除该特定引导揭示数据。

③对于进站、接车进路信号机均为特定引导的,逐架信号机确认特定引导手信号正确后进行特定引导解锁操作。

④对于进站或其中仅某架接车进路信号机特定引导,其他按信号显示运行的,在确认按信号显示运行的信号机显示开放信号后进行该架信号机的特定引导解锁操作。

五、特殊情况下站内停车的操作

列车在站内停车时,必须按照《技规(普速)》和《铁路机车操作规则》等相关规定,停在适当的位置。列车在站内停车时监控装置仅采用紧急制动控制方式,停车控制限速曲线为紧急制动控制模式曲线。因此当机车停车位置标距离出站信号机比较近时,或超长货物列车在站内停车时,机车乘务员的停车操作就会有一定难度。因此监控装置针对以上特殊情况,如果满足条件,机车乘务员可以解除监控装置的停车控制。

1. 靠标停车困难特殊车站

机车停车位置标或停车位置距出站信号机(或发车进路信号机)的距离小于 50 m 的车站股道,监控装置预设为"靠标停车困难特殊车站",当机车信号为停车信号,列车在站内靠标停车困难时,监控装置允许按以下方式操作。

(1)客车靠标停车困难特殊车站

机车牵引的旅客列车、特快货运班列和动车组列车进站停车,在列车运行速度<20 km/h 且距出站信号机距离小于 200 m 时,按压【解锁】键,监控装置监控列车以≤20 km/h 的速度运行,按停车位置标停车。

(2)货车靠标停车困难特殊车站

货运列车进站停车,在列车运行速度<15 km/h 并距出站信号机距离小于 200 m 时,按压【解锁】键,监控装置监控列车以≤15 km/h 的速度运行,按停车位置停车。

(3)注意事项

①按压【解锁】键成功后,监控装置已失去对出站信号机的停车控制功能,机车乘务员应严格控制列车运行速度,确保在出站信号机前停车。

②按压【解锁】键成功后,列车停车 5 min 内仍保持开口状态,5 min 后恢复对出站信号机的停车控制。

2. 特殊前行

货物列车在站内停车后,列车前部必须越过监控装置停车控制曲线速度为 0(控制曲线关闭点)的位置,列车尾部才能越过警冲标,此时,允许机车乘务员使用"特殊前行"控制模式。

机车乘务员可根据列车前部距出站信号机的实际距离,申请列车允许前行距离,经列车调度员口头同意后方可使用监控装置“特殊前行”功能，严格控制速度，防止越过出站(发车进路)信号机。

(1)进入“特殊前行”的条件

货物列车在站内停车后，必须同时满足以下条件，监控装置才允许进入“特殊前行”控制模式。

①列车必须是货运列车。

②列车的运行速度为0。

③首次进入时监控装置显示的前方信号机为出站、进出站类型信号机(线路所除外)。

④监控装置显示的前方信号机在线路数据文件中未预先设置为“货车靠标停车困难特殊车站”。

⑤监控装置显示距前方信号机距离小于70 m。

⑥监控装置不处于“20 km/h限速工作状态”下。

⑦监控装置接收到的信号为停车信号(单红灯除外)。

(2)进入“特殊前行”的操作

①按压监控装置【↑】键持续约2 s，显示器弹出“非正常行车确认”窗口(图2-7-5)。

②选择“5. 货车特殊前行”，监控装置弹出特殊前行输入界面，如图2-7-17所示。如果此时进入“特殊前行”的条件不能同时满足，监控装置显示屏弹出禁止操作提示窗口，如图2-7-18所示。

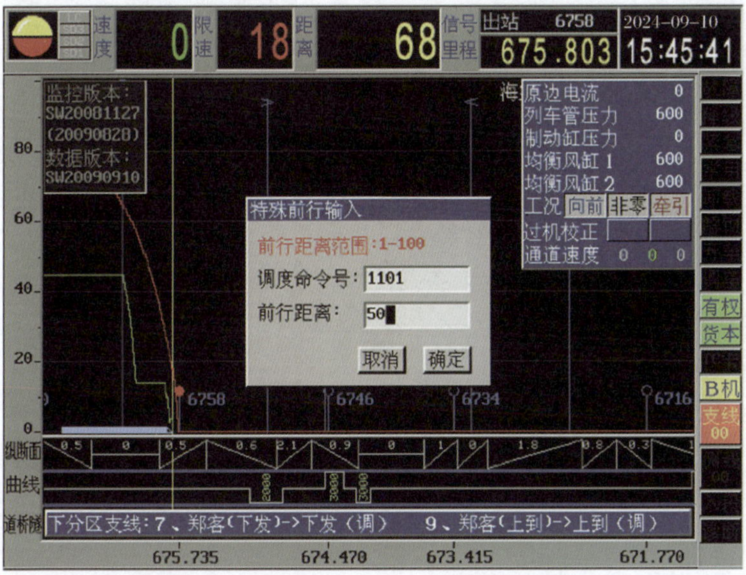

图2-7-17　“特殊前行”输入窗口

③在“特殊前行”输入窗口，前行距离默认为50 m，并在输入窗口用红色字体提示前行距离的有效范围(1～100 m)。输入调度命令号和允许前行距离，按压【确认】键。监控装置对输入的调度命令号和前行距离进行判断，如果调度命令号为0或者前行距离不在有效范

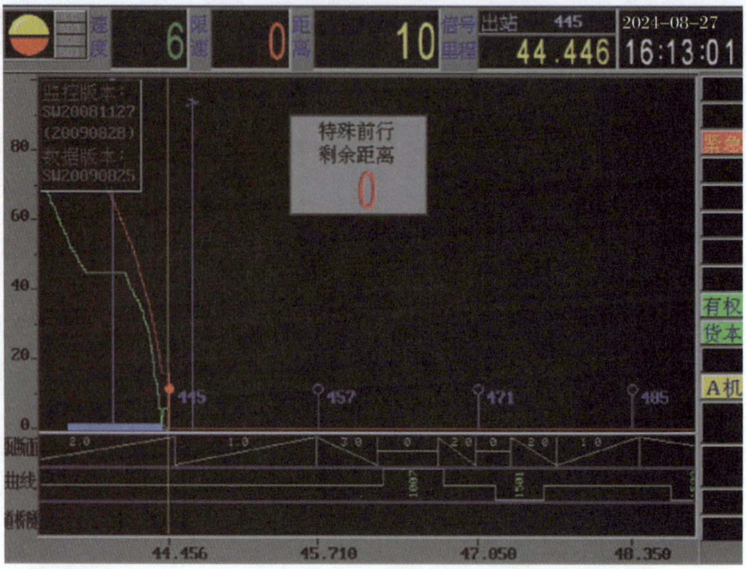

图 2-7-18　禁止操作提示窗口

围内，显示屏弹出提示窗口，如图 2-7-19 所示。监控装置进入“特殊前行”控制模式，显示屏出现特殊前行剩余距离提示窗口，如图 2-7-20 所示。

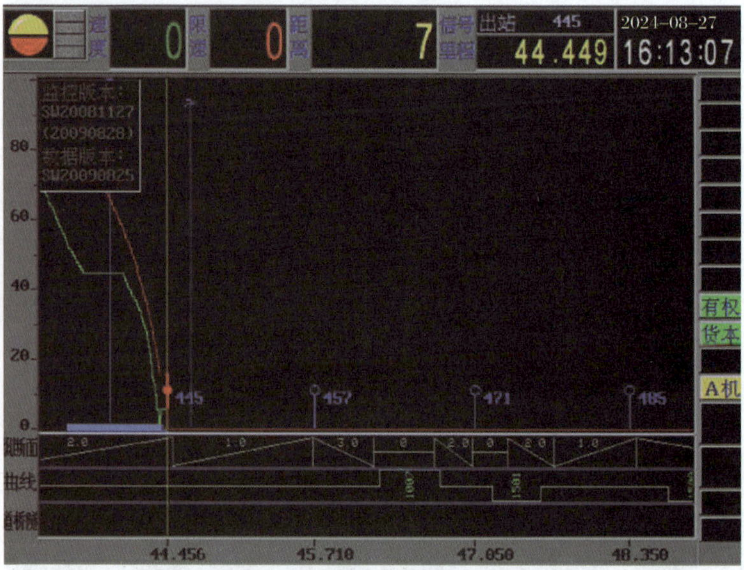

图 2-7-19　输入不在有效范围的提示窗口

(3)“特殊前行”模式的控制方式

①进入“特殊前行”模式后，监控限速 16 km/h，走完输入的距离后限速突降为 0。

②“特殊前行”状态运行中，机车信号接收到单红灯时，监控装置立即输出紧急制动指令。

③停车状态下进入“特殊前行”模式后，机车信号由红黄灯变为单红灯时，监控装置立即输出紧急制动指令。

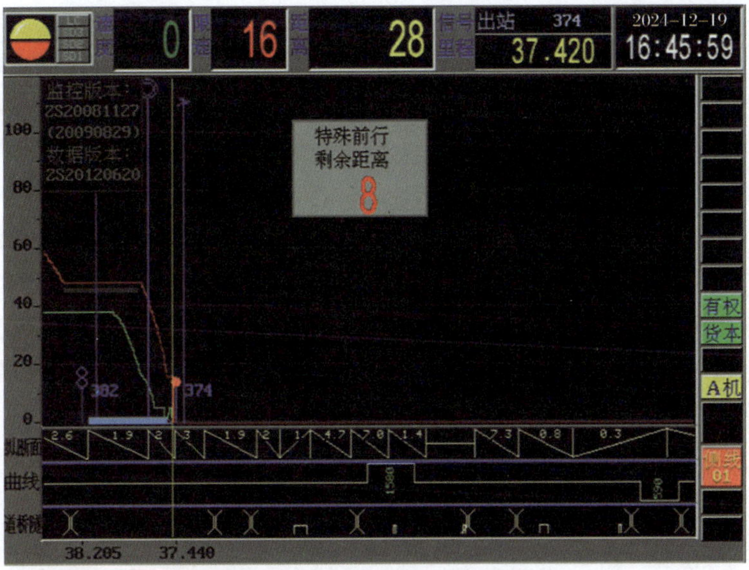

图 2-7-20　“特殊前行”控制模式界面

(4)“特殊前行”模式的退出

监控装置在“特殊前行”模式下，满足下列任何一个条件时，自动退出“特殊前行”模式：

①机车信号转为开放信号。

②进入调车或降级工作状态。

③显示器显示的前方信号机为出站信号机，且持续停车时间超过 5 min。

④显示器显示的前方信号机为出站信号机，且前行剩余距离为 0，停车后。

⑤显示器显示的前方信号机为出站信号机，且机车信号变为单红灯，停车后。

(5)注意事项

①使用“特殊前行”控制模式，所输入的前行距离不得大于列车前部距地面出站信号机的实际距离。

②允许重复进入“特殊前行”模式，但每次进入“特殊前行”控制模式前都须重新请求调度命令。

六、反方向行车的操作

列车反方向行车时，无论是在设有反方向闭塞设备的双线自动闭塞区间运行，还是未设反方向闭塞设备或反方向闭塞设备故障时的双线自动闭塞区间运行，还是双线区间改按单线行车，监控装置的操作均有设反方向数据和无反方向数据两种情况。

1. 监控装置有反方向数据

列车运行至反方向行车起始车站停车后，监控装置输入对应的反方向行车车站号、区段号，重新对标开车；到达恢复正向行车车站后，停车再重新输入对应的正向行车车站号、区段号降级对标开车。

2. 监控装置无反方向数据

监控装置未设置反方向数据区段，司机报告车站值班员或列车调度员，列车调度员应发布允许在数据不对应的区域将监控装置由通常工作状态人工转为 20 km/h 限速工作状态或降级工作状态(无法进入随时停车工作状态时转为降级工作状态)运行的调度命令，司机根据调度命令对监控装置进行相应操作；到达恢复正向行车车站后，停车再重新输入对应的正向行车车站号、区段号降级对标开车，使监控装置恢复正常监控状态。

3. 注意事项

(1)在监控装置数据中设置的出站信号机前，无法转入 20 km/h 限速工作状态，需转入 20 km/h 限速工作状态时，可先进行降级操作，再转入 20 km/h 限速工作状态。

(2)监控装置未设置反方向数据且牵引困难区段，司机报告车站值班员或列车调度员时，应将运行条件一并报告，做好安全预想，防止停在无电区。

(3)在设有反向闭塞设备的双线自动闭塞区间反方向运行时，应将机车信号上下行转换开关置于运行线路规定的位置，恢复正方向运行时，及时将机车信号上下行开关置于运行线路规定的位置。

七、机车信号突变

1. 机车信号由黄灯或双黄灯突变为红黄灯、白灯

(1)自动闭塞区段

列车运行在自动闭塞区段，监控装置计算列车距前方信号机距离≤50 m 时，机车信号由黄灯或双黄灯突变为红黄灯、白灯时，监控装置自动解除当前信号机的停车控制，并将计算的剩余距离消除，按次一信号机的距离监控列车运行，修正距离后，监控装置语音提示“注意距离”；监控装置计算列车距前方信号机距离＞50 m 时，按停车信号控制，达到计算的实施制动控制条件时，立即实施制动控制。

(2)半自动(自动站间)闭塞区段

列车运行在半自动(自动站间)闭塞区段，监控装置计算列车距前方信号机距离≤100 m 时，机车信号由黄灯或双黄灯突变为红黄灯、白灯时，监控装置持续发出“信号突变”语音报警，同时弹出信号突变报警窗口，如图 2-7-21 所示。如确认因线路里程数据误差造成信号突变，在倒计时报警时间内按压【警惕】键解除当前信号机的停车控制，并按次一信号机的显示要求监控列车运行；监控装置计算列车距前方信号机距离＞100 m 时，按停车信号控制，达到计算的实施制动控制条件时，立即实施制动控制。

2. 机车信号由绿灯或绿黄灯突变为红黄灯

列车在自动闭塞区段运行时监控装置计算列车距前方信号机距离小于 50 m(在半自闭区段运行时为 100 m)之内，如果机车信号由绿灯或绿黄灯突变为红黄灯，监控装置立即实施紧急制动控制。监控装置计算列车距前方信号机距离＞100 m 时，按停车信号控制，达到计算的实施制动控制条件时，立即实施制动控制。

3. 注意事项

监控装置采用速度分级控制时，监控装置计算列车距前方信号机距离＜600 m 时，机车信号由绿灯、绿黄灯、黄 2 灯、黄 2 闪灯突变为黄灯，监控装置以机车前方 1 000 m 处为虚拟黄灯作为速度控制目标点。

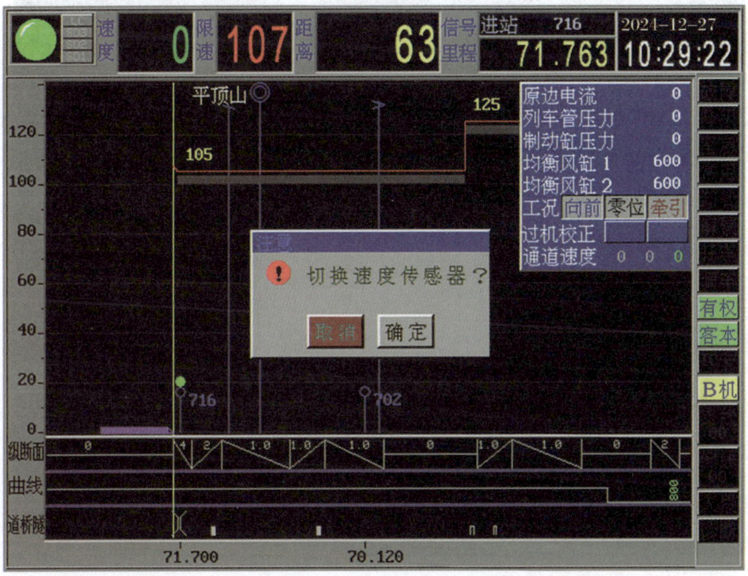

图 2-7-21 信号突变报警窗口

八、解除前发调度命令

1. 运行中解除前发调度命令

列车运行中，接到列车调度员发布取消前发命令的调度命令，监控装置显示器右上角显示需被取消的调度命令提示窗口后，按压【转储】键，然后按提示窗口中需被取消的调度命令的序号，如图 2-7-22 所示。按压对应数字键，弹出调度命令号输入窗口，如图 2-7-23 所示，输入取消前发命令的调度命令号码，将光标移至“确定”位置，按压【确认】键，监控装置解除被取消的调度命令的控制。

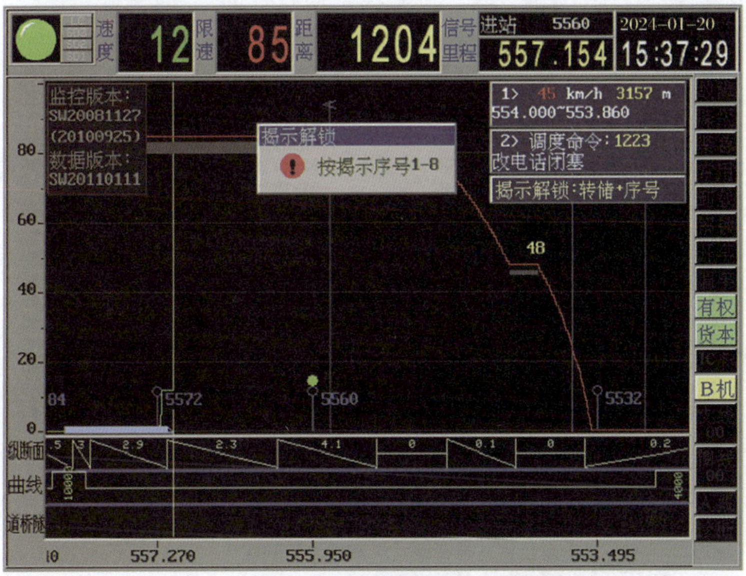

图 2-7-22 揭示解锁提示窗口

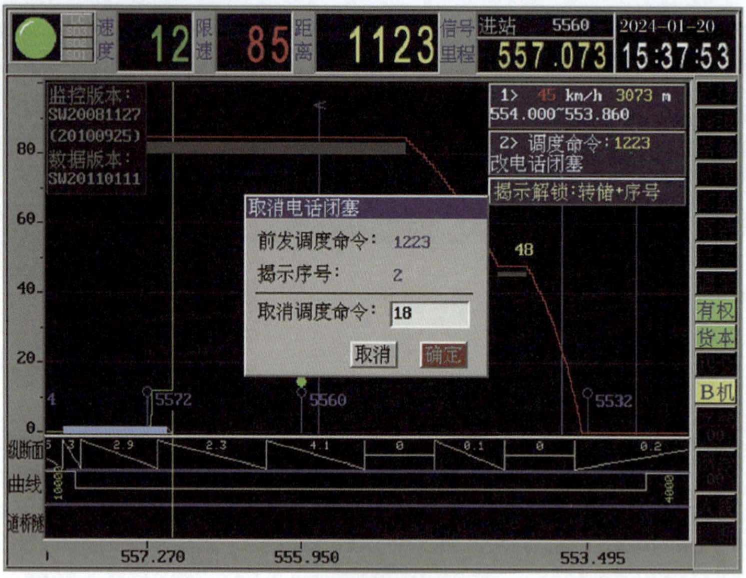

图 2-7-23　取消前发命令的输入窗口

2. 停车状态下解除前发调度命令

接到列车调度员发布取消前发命令的调度命令后，停车状态下通过揭示查询窗口解除。

操作方法：按压【查询】键选择查询“全部揭示”，进入揭示查询窗口，如图 2-7-24 所示，按压【1】键，或将光标移至“1 选择”位置，按压【确认】键选中，揭示窗口出现光带。按压【↑】【↓】键选中需被取消的调度命令，按压【确认】键，光标自动跳到“3 解锁”位置，按压【确认】键，弹出解除揭示输入调度命令窗口，如图 2-7-25 所示。输入取消前发命令的调度命令号码，确认后，监控装置解除被取消的调度命令的控制。已解除的揭示变为红底黄字，将光标移至“0 返回”位置，按压【确认】键，退出“全部揭示信息查询”界面。

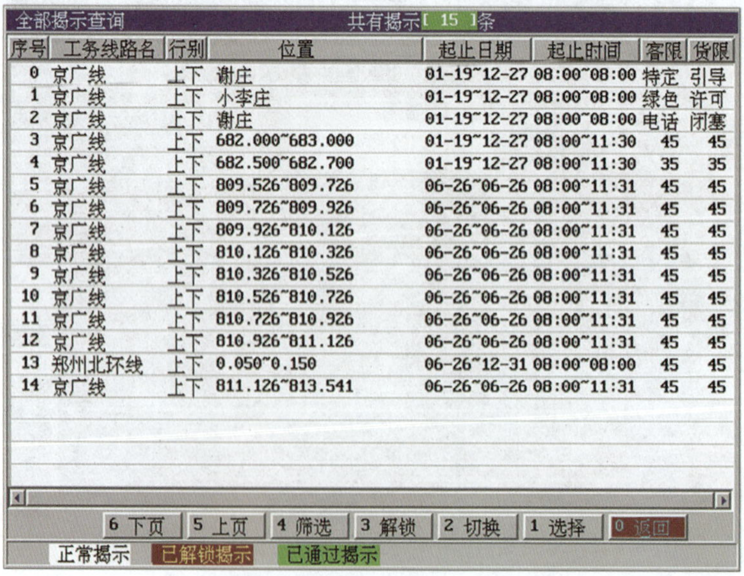
全部揭示查询　　共有揭示[15]条

序号	工务线路名	行别	位置	起止日期	起止时间	客限	货限
0	京广线	上下	谢庄	01-19~12-27	08:00~08:00	特定	引导
1	京广线	上下	小李庄	01-19~12-27	08:00~08:00	绿色	许可
2	京广线	上下	谢庄	01-19~12-27	08:00~08:00	电话	闭塞
3	京广线	上下	682.000~683.000	01-19~12-27	08:00~11:30	45	45
4	京广线	上下	682.500~682.700	01-19~12-27	08:00~11:30	35	35
5	京广线	上下	809.526~809.726	06-26~06-26	08:00~11:31	45	45
6	京广线	上下	809.726~809.926	06-26~06-26	08:00~11:31	45	45
7	京广线	上下	809.926~810.126	06-26~06-26	08:00~11:31	45	45
8	京广线	上下	810.126~810.326	06-26~06-26	08:00~11:31	45	45
9	京广线	上下	810.326~810.526	06-26~06-26	08:00~11:31	45	45
10	京广线	上下	810.526~810.726	06-26~06-26	08:00~11:31	45	45
11	京广线	上下	810.726~810.926	06-26~06-26	08:00~11:31	45	45
12	京广线	上下	810.926~811.126	06-26~06-26	08:00~11:31	45	45
13	郑州北环线	上下	0.050~0.150	06-26~12-31	08:00~08:00	45	45
14	京广线	上下	811.126~813.541	06-26~06-26	08:00~11:31	45	45

6 下页　5 上页　4 筛选　3 解锁　2 切换　1 选择　0 返回

正常揭示　已解锁揭示　已通过揭示

图 2-7-24　全部揭示显示界面

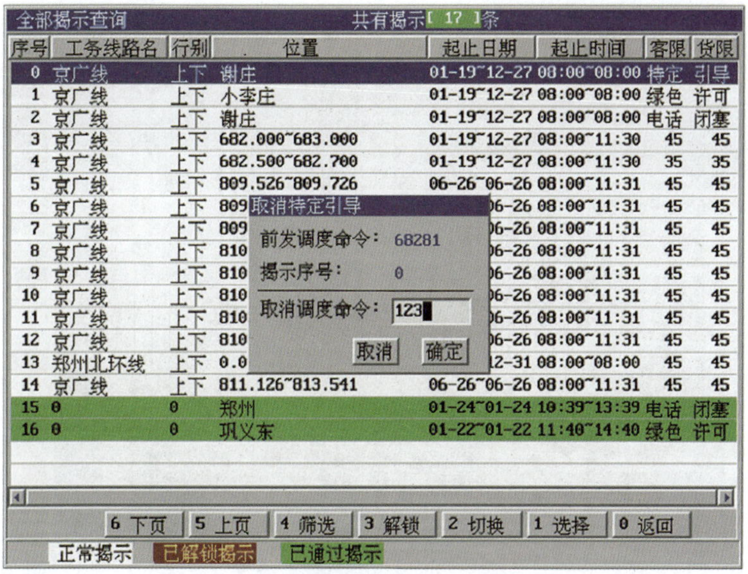

图 2-7-25　取消揭示输入调度命令界面

九、信号无码区段运行

列车运行至信号无码区段，确认地面信号机显示允许运行的信号或取得相关行车凭证后，可以对监控装置进行相关操作，解除监控装置的停车控制功能。

1. 出站绿灯/绿黄灯确认

(1)操作方法

①列车运行至站内，出站信号机或发车进路信号机显示一个绿色灯光或一个绿色和一个黄色灯光，机车信号显示双半黄色灯光(或交流计数区段的黄色灯光)，且监控装置车载数据中未设置为“禁止绿灯确认”，列车运行至距出站(发车进路)信号机 400 m 内，监控装置语音提示“请确认信号”。

②确认地面信号机为绿灯或绿黄灯后，持续按压【↑】键 2 s，显示屏显示“非正常行车确认”窗口(图 2-7-5)，选择“地面信号确认”选项，弹出“当前地面信号确认”窗口，如图 2-7-26 所示。

③将光标移至“确定”位置，按压【确认】键进行确认，监控装置解除列车接近的信号机和次一信号机前转白灯的停车控制。机车信号接收到次一信号机的显示时，按其显示要求监控列车运行。

(2)注意事项

①如次一信号机为进站类型时，监控装置无语音提示，禁止“绿灯/绿黄灯确认”操作，按上述操作后，显示屏提示“禁止操作”提示窗口。

②在降级工作状态下，开车灯亮，需“绿灯/绿黄灯”确认操作时，应先确认操作，再进行开车对标操作。

③在降级工作状态下，“绿灯/绿黄灯”操作后，又重新设定，则本次确认失效。

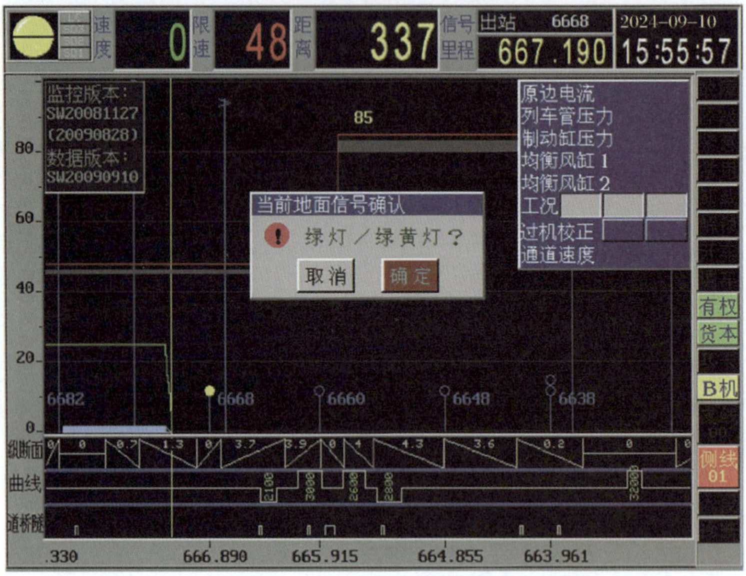

图 2-7-26 当前地面信号确认窗口

④"绿灯/绿黄灯"操作后，信号变更为除白灯之外的其他信号，或修改侧线股道号，则本次确认失效。

2. 股道无码车站发车

列车在站内处于停车状态，机车信号显示一个白色灯光，确认出站信号机显示允许运行的信号，按压【解锁】+【确认】键，监控装置解除该信号机前信号白灯的停车控制，开车后监控列车以不超过该站最低侧向道岔限速值越过出站信号机。机车信号接收到次一信号机的显示时，按其显示要求监控列车运行。

3. 股道无码车站行车

(1)双黄灯、黄灯转为白灯

列车越过发码正常的进站信号机后，机车信号由双黄灯、黄灯转为白灯时，监控装置按停车信号进行控制。列车停车后，确认出站信号机显示允许运行的信号，按压【解锁】+【确认】键，监控装置解除停车控制，监控列车以不超过该站最低侧向道岔限速值越过该信号机。机车信号机接收到次一信号机的显示时，按其显示要求监控列车运行。

(2)其他情况下转白灯

列车越过发码正常的进站信号机后，机车信号由绿灯、绿黄灯、黄 2 灯、黄 2 闪灯，双黄闪灯转为白灯时，监控装置按允许运行的信号进行控制，监控列车以固定模式限速值越过出站信号机。机车信号机接收到次一信号机的显示时，按其显示要求监控列车运行。

4. 股道无码车站通过

进站前机车信号显示双黄色灯光(或交流计数区段的黄色灯光)，进站后转为一个白色灯光，且车载数据中已预先设置为"股道固定无码"的侧线股道，当列车距出站信号机<400 m，确认出站信号机显示允许运行的信号后，按压【解锁】+【确认】键，监控装置解除该信号机前

信号白灯的停车控制，监控列车以不超过该站最低侧向道岔限速值越过该信号机。机车信号接收到次一信号机的显示时，按其显示要求监控列车运行。

5. 关联发码特殊信号机的行车

对列车在某一信号机前机车信号为一个双黄色灯光或一个黄色灯光，且运行图资料明确次一信号机固定显示允许运行的信号，监控装置预先将此固定显示允许运行信号的信号机设定为“关联发码特殊信号机”的，监控装置自动解除对机车信号为一个黄色灯光（或一个双黄色灯光）转一个白色灯光时的停车控制。

6. 发码特殊信号机的行车

列车运行至发码特殊信号机前，机车信号显示一个白色灯光、运行速度低于 45 km/h，确认地面信号为开放信号后，按压【解锁】+【确认】键，监控装置解除该信号机的停车控制，监控列车按规定速度运行，如图 2-7-27 所示。

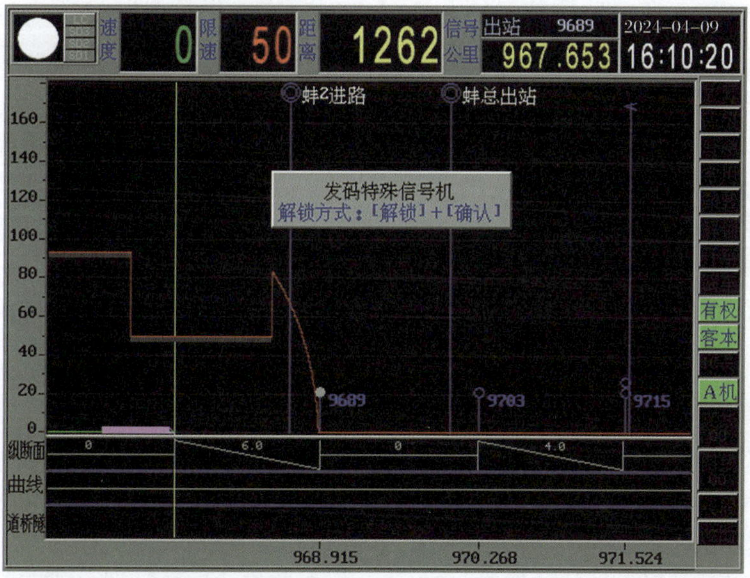

图 2-7-27　发码特殊信号机显示界面

注意：进站或进路信号机设置为发码特殊信号机时，列车进侧线通过或停车时，必须在进站或进路信号机前，确认地面信号开放进行无码解锁操作后，按压【进路号】键，调出侧线输入窗口，输入列车所进侧线股道号。

十、机车信号故障后的行车

1. 机车信号故障判断与处理

（1）机车信号故障的判断

运行途中出现下列情况之一可视为机车信号故障：

①机车信号灭灯、多个色灯显示或数个色灯乱跳显示。

②自动闭塞区段，连续两架区间通过信号机为允许运行的信号，但机车信号显示白灯（单红灯）或红黄灯。

③发车进路、出站、线路所通过信号机为允许运行的信号，但机车信号显示白灯、单红灯或红黄灯（固定无码股道或调车作业完毕重新连挂后，机车信号不接码除外）。

④进站、接车进路信号机为允许运行的信号，机车信号为红黄灯或连续两架不接码（固定无码除外）。

⑤机车信号升级显示。

⑥机车信号其他异常现象，影响监控装置正常工作。

机车信号不接码时，应注意确认机车信号上下行开关位置是否正确，确认平调开关位置，应在"监控"（"自动"位、"0"位）。

（2）机车信号故障后的处理

当出现机车信号故障时，立即停车报告车站值班员或列车调度员。若列车停在站内，请求救援；若列车停在区间时：

①在自动闭塞区段将监控装置转入 20 km/h 限速工作状态即"20 km/h 限速模式"，严格按地面信号机的显示要求操纵列车，并以不超过 20 km/h 的速度运行到前方站内停车。

②在半自动（自动站间）闭塞区间运行至进站信号机前确认地面信号开放后，实施监控装置引导解锁操作，以不超过 20 km/h 进站。

2. 20 km/h 限速工作状态的相关操作

（1）转入"20 km/h 限速工作状态"

①转入"20 km/h 限速工作状态"的条件

a. 机车信号故障。

b. 列车在自动闭塞区间，且处于停车状态。

②转入"20 km/h 限速工作状态"的操作方法

停车后，持续按压【↑】键 2 s 后，弹出"非正常行车确认"窗口（图 2-7-5），选择"转入 20 km/h 限速模式"选项，弹出"转入 20 km/h 限速模式"确认窗口，如图 2-7-28 所示，选择"确定"项，按压【确认】键，监控装置转入"20 km/h 限速模式"，显示器显示"20 km/h 限速模式"窗口，限速立即降为 0，如图 2-7-29 所示，列车停车 2 min 后，监控装置限速变为 21 km/h，如图 2-7-30 所示。监控列车以不超过 20 km/h 的速度运行（机车乘务员按地面信号机的显示要求操纵列车运行）。

③转入"20 km/h 限速工作状态"的注意事项

在监控装置数据设置的出站信号机前，无法转入"20 km/h 限速工作状态"，显示屏提示"禁止操作"。

（2）"20 km/h 限速工作状态"的控制方式

监控装置转入"20 km/h 限速工作状态"，停车 2 min 后，监控列车以不超过 20 km/h 的速度运行，至前方车站停车。

①"20 km/h 限速工作状态"的限速控制

a. 进入 20 km/h 限速工作状态后，装置限速值立即为 0，2 min 后，限速变为 21 km/h。

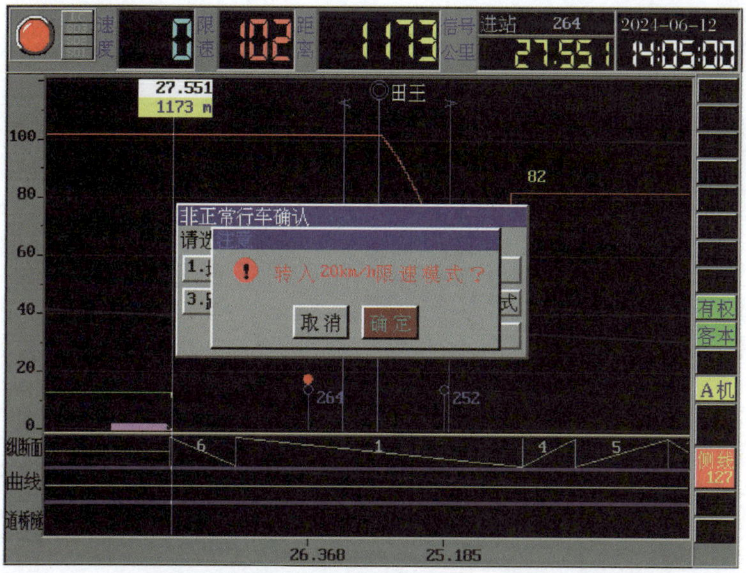

图 2-7-28　转入 20 km/h 限速模式确认窗口

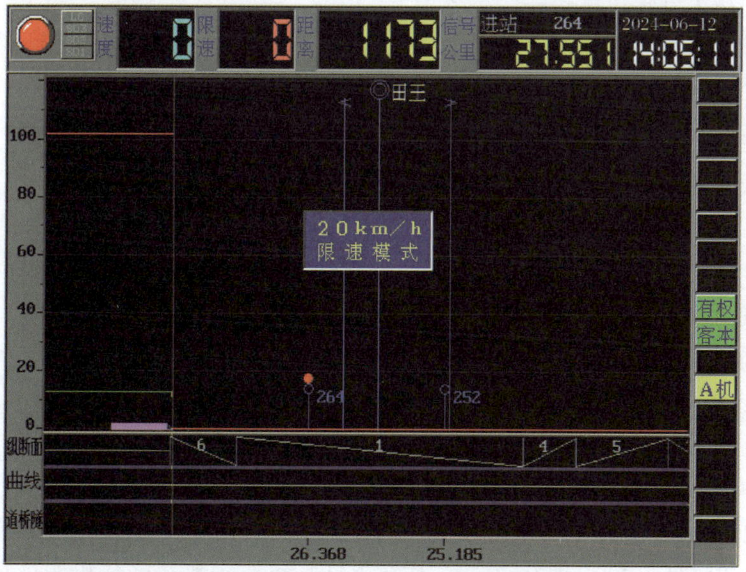

图 2-7-29　转入 20 km/h 限速模式界面

b. 机车当速度达到 18 km/h 时报警，当速度达到 19 km/h 时实施卸载，当速度达到 21 km/h 时实施常用制动，当速度达到 24 km/h 时实施紧急制动。

②“20 km/h 限速工作状态”运行时的注意事项

a. 不再按机车信号的显示状态监控列车运行。

b. 不允许人工侧线股道号输入及特殊前行功能控制。

c. 不进行自动过机校正(允许人工校正距离)。

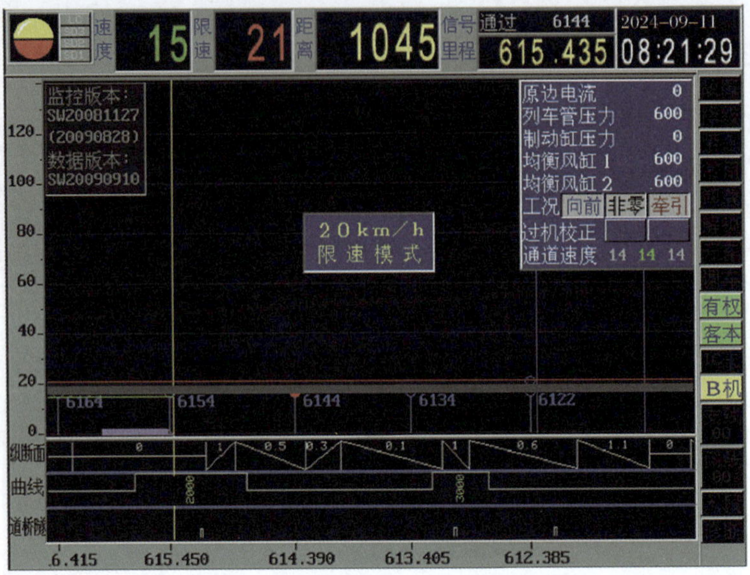

图 2-7-30　20 km/h 限速模式界面

d. 信号变化不进行语音提示。

e. 不能进入调车、降级工作状态。

f. 无各项解锁功能。

g. 无临时限速、区段限速控制和显示。

h. 对于发车进路、出站信号机，按停车模式控制。

(3)转出“20 km/h 限速工作状态”

确认机车信号故障消除后，汇报前方车站值班员或列车调度员，进站停车后，转出“20 km/h 限速工作状态”，重新对标。

①转出“20 km/h 限速工作状态”的条件

a. 监控装置已处于“20 km/h 限速工作状态”。

b. 列车在自动闭塞区间，且处于停车状态。

c. 机车信号故障消除。

②转出“20 km/h 限速工作状态”的操作方法

当监控装置已处于“20 km/h 限速工作状态”时，机车乘务员确认机车信号已恢复正常，进站停车后，持续按压【↑】键 2 s，弹出“非正常行车确认”窗口(图 2-7-5)，选择“转出 20 km/h 限速模式”选项，弹出“转出 20 km/h 限速模式”确认窗口，如图 2-7-31 所示，选择“确定”选项，按压【确认】键，监控装置转出“20km/h 限速工作状态”，进入降级状态。

十一、LKJ2000 型监控装置故障后的行车

1. 监控装置故障的判断

监控装置发生下面五种情况之一的，可视为监控装置故障：

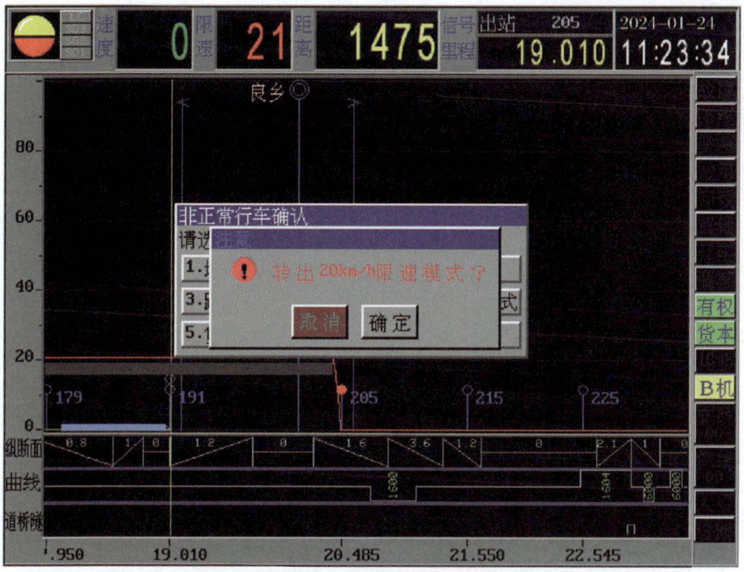

图 2-7-31　转出 20 km/h 限速模式确认窗口

(1)系统故障，持续发出“呜…呜…”报警声。

(2)操纵端显示器无法进行输入、设定等操作或者显示“停滞”或死机、“黑屏”“白屏”。

(3)监控装置显示器显示速度频繁跳动影响正常控制或者无速度显示。

(4)监控装置显示器信号显示与机车信号显示含义不一致。

(5)其他故障导致不能正常监控，或者影响列车正常运行。

2. 故障后的操作

按照《技规(普速)》相关规定，列车运行监控装置故障后应按以下办法操作：

(1)监控装置发生故障，司机应立即停车，使用列车无线调度通信设备报告车站值班员或列车调度员，在自动闭塞区间以不超过 20 km/h 的速度，在半自动(自动站间)闭塞区间进站、进路信号机前 400 m 控制在 20 km/h 以下，运行(如故障影响运行时应关闭监控装置电源)到前方站停车处理，故障未消除不得继续运行。列车在运行至前方站过程中必须严格按照地面信号显示要求行车。

(2)运行到前方站停车后，断开主机电源开关 10～15 s，再合上电源开关，判断故障是否消除；如故障未消除，断开主机电源 30 s 后再开机。开机后，如故障消除，报告车站值班员或列车调度员，核对监控装置设定参数、临时数据等，具备开车条件后按规定开车；如故障未消除，立即请求救援。

3. 注意事项

系统故障，持续发出“呜…呜…”报警时，3 min 内未关闭主机电源，监控装置实施紧急制动。

任务实施

<table>
<tr><td>任务名称</td><td>LKJ2000 型列车运行监控装置非正常行车相关操作</td><td>任务编号</td><td>2.7</td></tr>
<tr><td>任务说明</td><td colspan="3">作为一名机车乘务员，在驾驶列车运行中，遇到非正常情况，包括自动闭塞区间通过信号机显示停车信号、停用基本闭塞改电话闭塞行车、使用绿色许可证发车、引导进站、站内停车、反方向行车、机车信号突变、解除前发调度命令、信号无码运行、LKJ2000 型监控装置故障和机车信号设备故障时，完成监控装置的相关操作</td></tr>
<tr><td rowspan="6">任务实施</td><td colspan="3">1. 走停走控制过程相关操作</td></tr>
<tr><td colspan="3">(1)遇到哪些情况，应按走停走控制过程行车？

(2)完成走停走控制过程相关操作，并简要描述操作过程。</td></tr>
<tr><td colspan="3">2. 停基改电相关操作</td></tr>
<tr><td colspan="3">(1)遇到哪些情况，应停用基本闭塞法改电话闭塞法行车？

(2)完成停基改电相关操作，并完成以下内容。
①填写表格。
<table>
<tr><td>序号</td><td>类型</td><td>行车凭证</td><td>运行要求</td><td>LKJ2000 相关操作</td></tr>
<tr><td>1</td><td></td><td></td><td></td><td></td></tr>
<tr><td>2</td><td></td><td></td><td></td><td></td></tr>
</table>
②简要描述操作过程。</td></tr>
<tr><td colspan="3">3. 绿色许可证相关操作</td></tr>
<tr><td colspan="3">(1)在哪些情况下使用绿色许可证发车？

(2)完成绿色许可证相关操作，并完成以下内容。</td></tr>
</table>

续上表

任务实施

①填写表格。

序号	类型	行车凭证	运行要求	LKJ2000 相关操作
1				
2				

②简要描述操作过程。

4. 引导进站相关操作

(1)引导进站有哪几种类型？请填写在表格中。

序号	类型	使用时机	相关规章
1			
2			
3			

(2)完成引导进站相关操作，并完成以下内容。

①填写表格。

序号	类型	行车凭证	运行要求	LKJ2000 相关操作
1				
2				
3				

②简要描述操作过程。

5. 特殊情况下站内停车相关操作

(1)列车在站内停车时应停在什么位置？会遇到哪些特殊情况？应该如何处理？

(2)完成特殊情况下站内停车相关操作，并完成以下内容。

①简要描述靠标停车困难特殊车站站内停车相关操作过程。

续上表

任务实施	②简要描述特殊前行相关操作过程。
	6. 反方向行车相关操作
	(1)什么是反方向运行？哪些情况下允许列车反方向运行？ (2)反方向运行有哪几种类型？完成监控装置的相关操作。 (3)简要描述双线区间设有双向闭塞设备时，反方向运行的相关操作。
	7. 机车信号突变相关操作
	完成机车信号突变时 LKJ2000 型监控装置的相关操作并说明每种情况下的控制方式。
	8. 解除前发调度命令相关操作
	分别完成列车运行中和停车状态下解除前发调度命令的相关操作，并简要描述操作步骤。
	9. 信号无码区段运行相关操作
	(1)哪些情况下，在信号无码区段运行时可以解除监控装置的停车控制？ (2)完成出站“绿灯/绿黄灯”确认相关操作，并简要描述操作步骤。

续上表

任务实施	10. 机车信号故障后行车的相关操作
	(1)遇到哪些情况判定为机车信号设备故障？ (2)完成机车信号故障后 LKJ2000 型监控装置的相关操作，并简要描述操作步骤。
	11. LKJ2000 型监控装置故障后行车的相关操作
	(1)遇到哪些情况判定为 LKJ2000 型监控装置故障？ (2)完成监控装置故障后的相关操作。

任务考核

班级　　　　　　　　　　姓名　　　　　　　　　　学号　　　　　　　　　　第　小组

考核项目		考核要点	分值	自评	互评	师评
实践能力	走停走控制过程相关操作	1. 明确走停走控制过程启用的条件及相关规章规定。 2. 正确规范进行走停走控制过程的相关操作	5			
	停基改电相关操作	1. 明确停基改电的条件及相关规章规定。 2. 正确规范进行有计划停基改电和临时停基改电相关操作	10			
	绿色许可证相关操作	1. 明确绿色许可证使用的条件及相关规章规定。 2. 正确规范进行有计划使用绿色许可证和临时使用绿色许可证相关操作	10			
	引导进站相关操作	1. 明确引导进站的种类、使用条件及相关规章规定。 2. 正确规范进行引导进站相关操作	10			
	特殊情况下站内停车相关操作	1. 明确站内停车的基本要求和注意事项。 2. 正确规范进行靠标停车解锁操作 3. 正确规范进行特殊前行操作	15			

续上表

考核项目		考核要点	分值	自评	互评	师评
实践能力	反方向行车相关操作	1. 明确反方向行车的条件及相关规章规定。 2. 正确规范进行反方向行车相关操作	5			
	机车信号突变相关操作	1. 明确机车信号突变的几种情况。 2. 正确规范进行机车信号突变时的相关操作	5			
	解除前发调度命令相关操作	正确规范进行解除前发调度命令相关操作	5			
	信号无码区段运行相关操作	1. 明确信号无码区段运行时解除监控装置停车控制的几种情况。 2. 正确规范进行信号无码区段运行时的相关操作	5			
	机车信号故障后行车的相关操作	1. 正确判断机车信号设备故障。 2. 正确规范进行机车信号故障后行车的相关操作	5			
	LKJ2000 型监控装置故障后行车的相关操作	1. 正确判断 LKJ2000 监控装置故障。 2. 正确规范进行 LKJ2000 监控装置故障后行车的相关操作	5			
职业素质		安全意识、遵章守纪、团队合作	20			
小计						
权重(自评 30%+互评 30%+师评 40%)总分						

习题巩固

一、填空题

1. LKJ2000 型监控装置降级状态下，开车灯亮时，设定站为停基改电的起始站，应先进行路票输入、解锁操作，再进行________操作。

2. 列车运行中用________键+________键解除前发调度命令。

3. 遇有 LKJ2000 型监控装置线路数据支线操作的车站且存在有计划路票、绿色许可证等特殊揭示时，必须先进行________选择后再进行特殊揭示的确认操作。

4. 列车运行到已通过 IC 卡载入 LKJ2000 型监控装置的临时限速区段，在限速时段内，列车接近限速地点________m 时，显示屏右上方弹出“揭示信息”窗口。

二、判断题

1. 装有连续式机车信号的列车，如遇通过信号灯光熄灭，而机车信号显示允许运行的信号时，应按机车信号的显示运行。(　　)

2. 特定引导的信号机，只提供特定手信号引导解锁条件，不提供普通手信号引导解锁条件。(　　)

3. LKJ2000 型监控装置在运行中发生故障或关机时，请求故障或关机的调度命令。(　　)

三、选择题

1. 半自动闭塞区段距前方信号机剩余距离≤100 m 时，机车信号由双黄灯或黄灯突变为红黄灯或白灯时，LKJ2000 型监控装置循环语音提示“(　　)”。

A. 注意距离　　B. 信号突变　　C. 注意限速　　D. 注意信号

2. 自动闭塞区段距前方信号机剩余距离≤50 m 时，机车信号由黄灯突变为红黄灯或白灯；由双黄灯突变为红黄灯或白灯，LKJ2000 型监控装置消除剩余里程，并语音提示“(　　)”。

A. 注意距离　　B. 信号突变　　C. 注意限速　　D. 注意信号

3. 进站、接车进路信号机使用(　　)时，在进站、接车进路信号机前，列车速度必须低于 60 km/h，按压【开车】键，5 s 内按压【解锁】键。LKJ 监控列车以不超过 60 km/h 越过该信号机。

A. 特定手信号引导　　B. 手信号引导　　C. 绿色许可证　　D. 路票行车

4. LKJ2000 型监控装置 A、B 机同时故障时，报警时间达到(　　)监控装置实施紧急制动。

A. 1 min　　B. 2 min　　C. 3 min

项目三
机车综合无线通信设备

项目导语

机车综合无线通信设备(CIR)作为中国铁路新一代无线通信系统中的机车设备，具有功能强大、标准化程度高、操作灵活的特点。它不但具备列车无线调度通信设备的全部业务功能，还能够提供无线调度命令接收、车次号校核、列尾风压查询等新业务功能，更是高速铁路GSM-R无线通信系统不可或缺的一员。CIR包括450 MHz机车电台(提供话音通信、调度命令发布等功能)、800 MHz车载电台(列车安全预警、列尾数据通信等功能)、GSM-R数字移动通信系统(提供话音通信、数据通信等功能)等装置，具有极强的功能扩展性，也是传统意义上的机车三大件之一。

思维导图

任务一　CIR设备组成认知

工作任务

机车乘务员可以通过CIR进行通话、接收调度命令、风压查询、防护报警等操作，通过本任务的学习，掌握CIR的功能及设备组成。

任务目标

1. 掌握CIR设备的功能。
2. 认知CIR的设备。
3. 培养沟通交流能力。

相关知识

机车无线通信包括话音通信、数据通信等业务，随着通信技术的快速发展和业务需求的不断增加，机车无线通信的技术和内容也得到了进一步的发展和完善，形成了机车综合无线通信系统。

一、CIR 的主要功能

1. 具有 450 MHz 机车电台的调度通信功能。

2. 具有 450 MHz 机车电台自动和手动转换工作模式功能。

3. 具有列车尾部风压、无线车次号、调度命令等数据信息的传输功能。

4. 具有 CSM-R 调度通信功能。

5. 具有 GSM-R 通用数据传输功能，可根据承载业务的需要提供 GPRS 或电路方式数据传输链路。

6. 具备《800 MHz 列尾和安全预警综合系统主要技术条件》规定的车载电台的功能。

7. 具有 GSM-R 工作模式与 450 MHz 工作模式自动切换和手动切换功能。

8. 具有向用户提供 GPS 原始信息、公用位置信息的功能。

9. 操作显示终端(MMI)具有 GSM-R 调度通信、通用数据传输、应用操作、状态显示及语音提示的功能。

10. 主机具有信息存储和导出功能。

11. 主、副 MMI 之间具有通话功能。

12. 具有话音、数据业务和状态信息记录及转储功能。

13. 具有整机自检功能和故障定位功能，故障定位到单元模块[包括 450 MHz 机车电台单元、安全预警车载电台单元(800 MHz 车载电台单元)、GSM-R 话音单元、GSM-R 数据单元、记录单元、卫星定位单元、MMI、机车数据采集编码器、电池单元等]，并可将自检结果发送到库检设备。

14. 具有人工系统复位功能。复位重启后自动进入原注册状态。

15. 主机关机时，具有电池单元放电电压检测功能。

二、CIR 的特点

1. 集成化程度高，结构坚固。

2. 传输可靠，话音质量高，误码率小。

3. 采用可视化的操作终端，便于操作。

4. 具有出、入库检测功能。

5. 具有车次号接口。

6. 具有列车尾部风压检测功能。

7. 具有自动和手动转换工作模式的功能。

8. 具有录音接口。

9. 预留有扩展数据接口，供机车以后扩展业务使用。

10. 具有软关机功能，在关机时由机车综合无线通信设备内部的电池供电，完成各类信息的存储、机车号功能号和车次号功能号的注销。

三、CIR 的组成

CIR 由主机、MMI、送受话器、扬声器、打印终端、天线及连接电缆等组成，如图 3-1-1 所示。

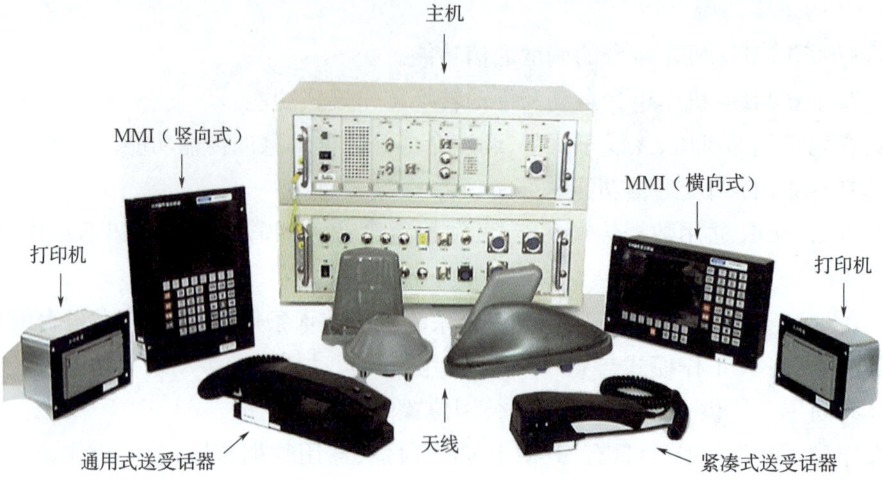

图 3-1-1 CIR 组成

1. 主机

CIR 的主机包括机柜、A 子架、B 子架。A 子架包括主控单元、电源单元、电池单元、卫星定位单元、GSM-R 话音单元、GSM-R 数据单元、高速数据单元、记录单元；B 子架包括接口单元、450 MHz 机车电台单元、800 MHz 车载电台单元等，主机各单元装配如图 3-1-2 所示。

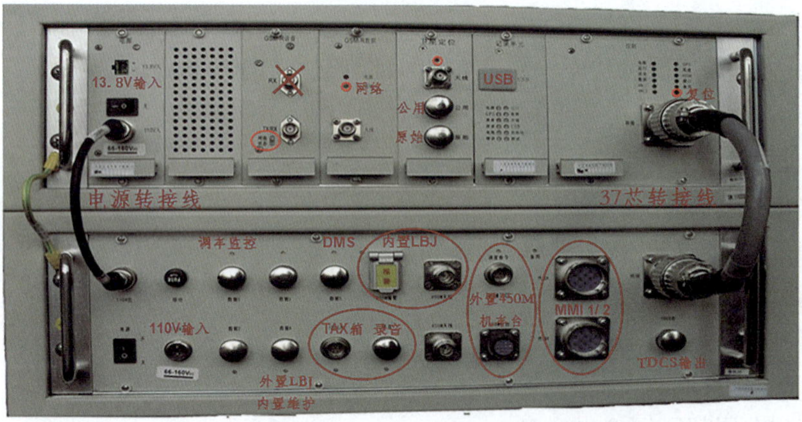

图 3-1-2 标准化主机

2. MMI

MMI 由外壳、液晶显示屏、控制板和按键等组成，根据不同的安装需求，MMI 分为竖向式和横向式两种外形结构，两种 MMI 的功能及操作方法完全一样。竖向式 MMI 如图 3-1-3 所示，横向式 MMI 如图 3-1-4 所示。

MMI 的按键分为可配置式按键、数字字母输入按键、功能按键和列尾按键，如图 3-1-5 所示。

图 3-1-3　竖向式 MMI

图 3-1-4　横向式 MMI

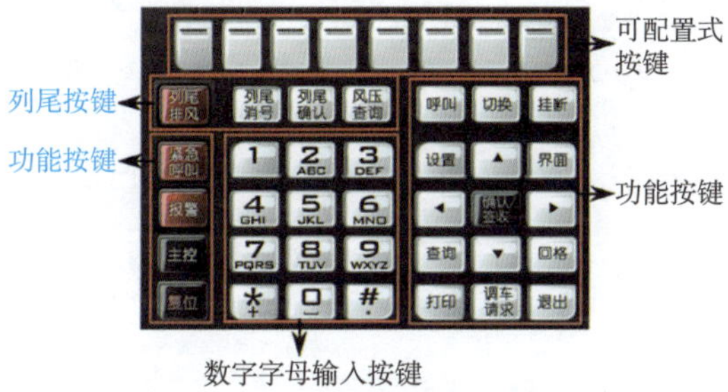

图 3-1-5　操作显示终端键盘

3. 送受话器

根据不同的安装需求，送受话器分为通用式和紧凑式两种，如图 3-1-6、图 3-1-7 所示。送受话器配置有两个呼叫键和一个【PTT】键。当 CIR 工作在 450 MHz 模式下时，按键【Ⅰ】和按键【Ⅱ】分别用于呼叫“隧道车站”和“平原车站”；工作在 GSM-R 模式下时，按键【Ⅰ】和按键【Ⅱ】分别用于呼叫“调度”和“车站”；通话过程中，机车乘务员须按下【PTT】键才能讲话。

图 3-1-6　通用式送受话器

图 3-1-7　紧凑式送受话器

任务实施

<table>
<tr><td>任务名称</td><td>CIR 设备组成认知</td><td>任务编号</td><td>3.1</td></tr>
<tr><td>任务说明</td><td colspan="3">掌握 CIR 的设备组成及其作用</td></tr>
<tr><td rowspan="2">任务实施</td><td colspan="3">CIR 设备组成</td></tr>
<tr><td colspan="3">观察实训室 CIR 设备，说出它由哪些设备组成，各有什么功能，并填写下表。
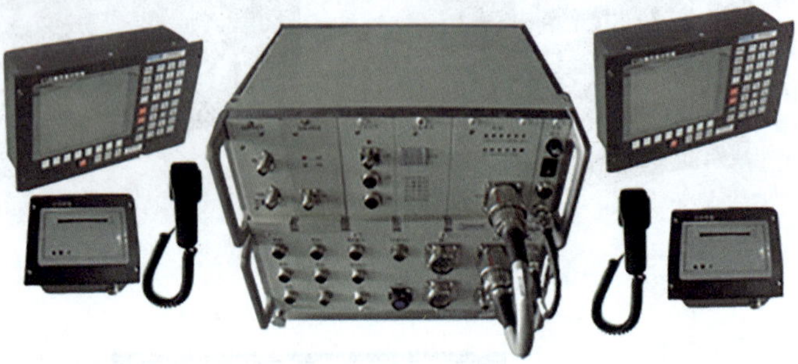
<table>
<tr><td>序号</td><td>设备名称</td><td>作用</td></tr>
<tr><td>1</td><td></td><td></td></tr>
<tr><td>2</td><td></td><td></td></tr>
<tr><td>3</td><td></td><td></td></tr>
<tr><td>4</td><td></td><td></td></tr>
<tr><td>5</td><td></td><td></td></tr>
<tr><td>6</td><td></td><td></td></tr>
</table>
</td></tr>
</table>

任务考核

班级　　　　　　　　　　姓名　　　　　　　　　　学号　　　　　　　　　　第　小组

<table>
<tr><th colspan="2">考核项目</th><th>考核要点</th><th>分值</th><th>自评</th><th>互评</th><th>师评</th></tr>
<tr><td>实践能力</td><td>CIR 设备组成认知</td><td>CIR 设备组成及其功能的掌握情况</td><td>70</td><td></td><td></td><td></td></tr>
<tr><td colspan="2">职业素质</td><td>安全意识、遵章守纪、爱护机车</td><td>30</td><td></td><td></td><td></td></tr>
<tr><td colspan="4">小计</td><td></td><td></td><td></td></tr>
<tr><td colspan="4">权重(自评 30%+互评 30%+师评 40%)总分</td><td colspan="3"></td></tr>
</table>

习题巩固

1. 机车综合无线通信设备简称________设备。

2. CIR 由________、MMI、________、扬声器、打印终端、天线及连接电缆等组成。

任务二　CIR 开机准备操作

工作任务

CIR 的 MMI 是直接和乘务员交流信息的人机界面。通过本任务的学习，能够正确识读 MMI 的显示界面，完成开机操作。

任务目标

1. 掌握 MMI 界面的显示含义。
2. 能够进行主控切换、工作模式选择与车次号注册和确认的操作。
3. 培养沟通交流能力和学习的积极主动性。

相关知识

一、开机

机车加电时，CIR 设备应自动加电运行。加电后，MMI 根据上次关机时的状态进入 450 MHz 模式或 GSM-R 模式主界面，如图 3-2-1、图 3-2-2 所示。若机车加电后 CIR 设备没有自动加电运行，检查 CIR 供电电源开关是否打开，连接线缆是否正常连接。

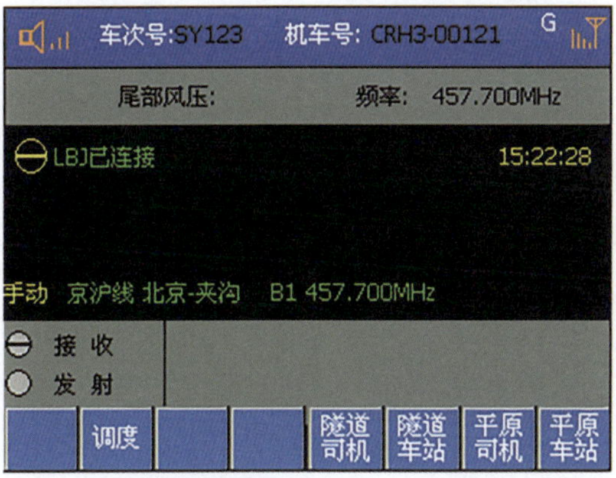

图 3-2-1　450 MHz 模式主界面

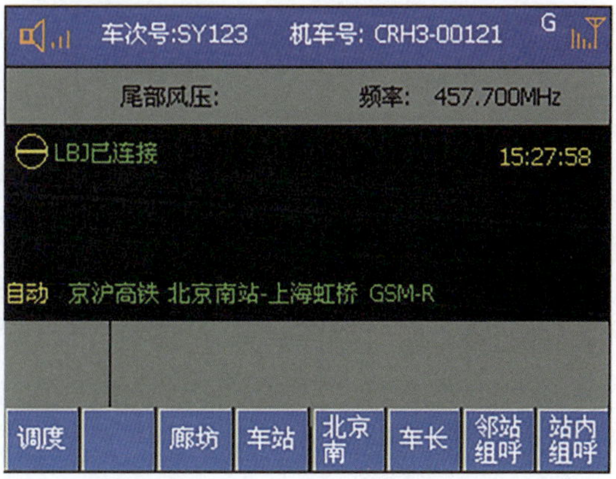

图 3-2-2　GSM-R 模式主界面

二、主控切换

MMI 处于副控状态，此时可配置按键区无显示，如图 3-2-3(a)所示。机车乘务员需按下【主控】键 3 s 以上，手动将 MMI 切换至主控状态，如图 3-2-3(b)、图 3-2-3(c)所示。

三、界面介绍

MMI 在守候状态下的主界面，从上到下依次分为：基本信息显示区，列尾状态显示区，安全预警显示区，工作模式及运行线路显示区，调度通信状态显示区和功能按键显示区 6 个区域，如图 3-2-4 所示。

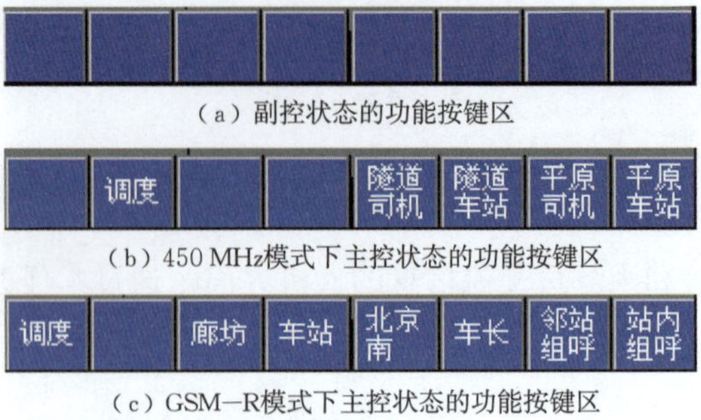

（a）副控状态的功能按键区

（b）450 MHz模式下主控状态的功能按键区

（c）GSM—R模式下主控状态的功能按键区

图 3-2-3 不同状态下的功能按键区

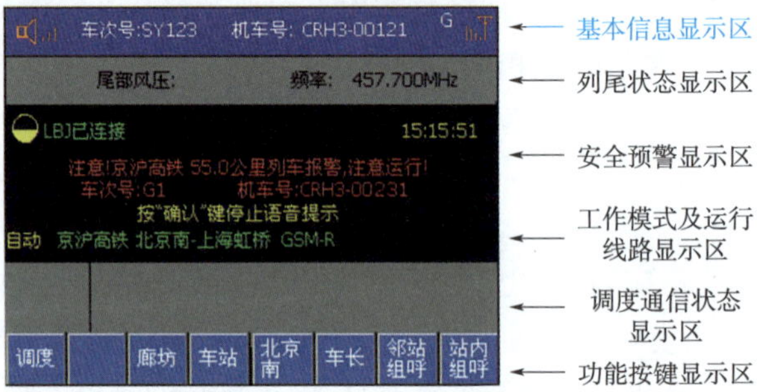

图 3-2-4 MMI 主界面

1. 基本信息显示区

(1)扬声器或听筒的音量

在挂机状态下显示扬声器音量，在摘机状态下显示听筒音量。

(2)车次号和机车号

车次号和机车号内容显示为白色时，表示功能号已注册，显示为黑色时表示功能号未注册。车次号获取方式设定为"自动"时，"车次号："字符为白色字体；车次号获取方式设定为"手动"时，"车次号："字符为黑色字体。

(3)GSM-R 话音单元场强信息

GSM-R 话音单元场强信息图标显示 GSM-R 话音单元接收到的网络信号强度。如果 GSM-R 数据单元已获取 IP 地址，右上角显示白色"G"；GSM-R 数据单元处于重启、无接收信号、GPRS 网络附着、PDP 激活等过程时，符号"G"不显示，表示 GSM-R 数据单元不能正常进行 GPRS 数据传送。

2. 列尾状态显示区

列尾状态显示区显示与列尾相关的各种信息，主要包括列尾的连接状态、风压数值等。在与不同制式的列尾配合使用时，显示的内容不同。

3. 安全预警显示区

安全预警显示区显示列车安全预警信息。在 CIR 设备装备有 LBJ 单元时，此区域显示列车防护报警的各种状态提示信息。右上角显示卫星定位状态和当前时间(24 小时制),卫星定位信息有效时,当前时间显示为黄色;卫星定位信息无效时,当前时间显示为红色。

4. 工作模式及运行线路显示区

工作模式及运行线路显示区显示工作方式、线路名称、运行区段、工作模式等信息。

5. 调度通信状态显示区

调度通信状态显示区显示调度通信的呼出、呼入、通话等状态信息,在 450 MHz 工作模式下,还显示 450 MHz 机车电台的收发状态,红色图标亮表示发射机发射,绿色图标上半圆亮表示接收到异频信号,下半圆亮表示接收到同频信号。

6. 功能按键显示区

功能按键显示区用于显示机车乘务员可单键发起呼叫的按键名称,在 450 MHz 模式下显示“调度”“隧道司机”“隧道车站”“平原司机”“平原车站”,在 GSM-R 模式下显示“调度”“车长”“邻站组呼”“站内组呼”以及根据列车运行位置显示的车站名称。

四、工作模式选择

1. 自动选择线路

在 MMI 主界面下按压【设置】键,进入设置界面,如图 3-2-5 所示。

根据屏幕提示按方向键将光标移动至“2、运行区段”位置,也可以按压数字键【2】快速定位至选项,按压【确认/签收】键进入“线路选择”界面,如图 3-2-6 所示。将光标移至“1、自动”位置,再次按压【确认/签收】键,此时 CIR 设置为线路自动切换模式。

CIR 将根据位置信息自动在 450 MHz 和 GSM-R 两种工作模式间切换,在 450 MHz 模式下可自动转换工作制式和频点;在 GSM-R 模式下可自动变换功能按键显示区的车站名称。在自动模式下如果卫星定位信息失效,主界面工作模式及运行线路显示区“自动”两字红色闪烁。

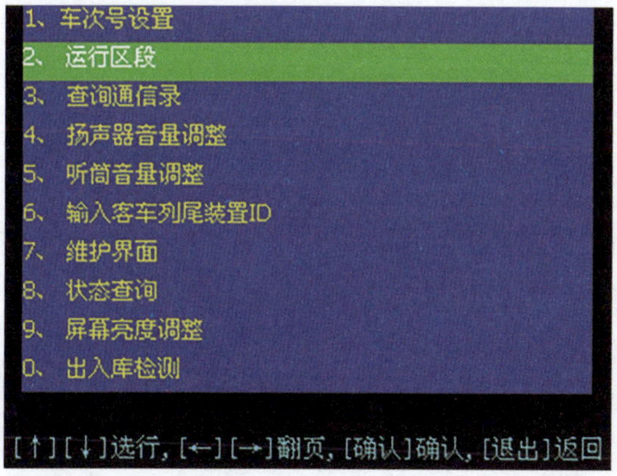

图 3-2-5　设置界面

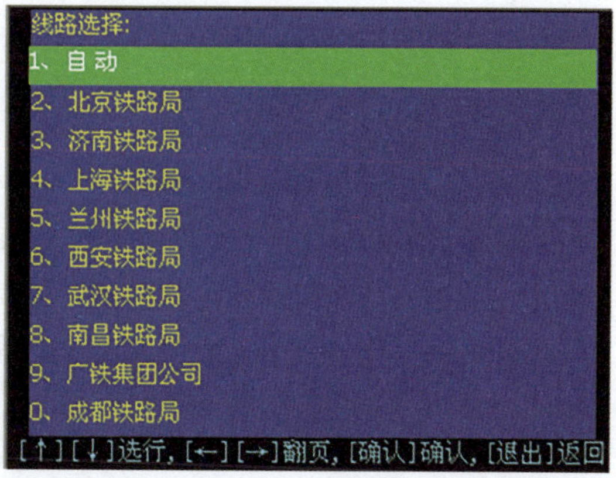

图 3-2-6　线路选择界面—自动方式

2. 手动选择线路

在 MMI 主界面下按压【设置】键，进入设置界面，选择“2、运行区段”，按压【确认/签收】键进入“线路选择”界面，此时屏幕上会列出所有的路局。选择路局后按压【确认/签收】键，此时屏幕上列出该路局全部运行线路，如图 3-2-7 所示。选中线路后，再次按压【确认/签收】键，即可转到相应运行线路的工作模式。手动选择线路后，工作模式不随位置信息自动变化；在 GSM-R 工作模式下，如果选择线路与 GPS 输出线路一致，车站名称根据位置信息变化；如果选择线路与 GPS 输出线路不一致，则不显示车站名称，同时主界面工作模式及运行线路显示区“手动”两字黄色闪烁。

3. 运行线路选择

除以上所述自动、手动选择线路的方式外，还有在自动工作方式下人工选择运行线路及模式的方式，即当 MMI 发出语音提示“通信转换，请选择线路”时，机车乘务员可按压【切换】键调出线路选择界面，选择运行线路，如图 3-2-8 所示。

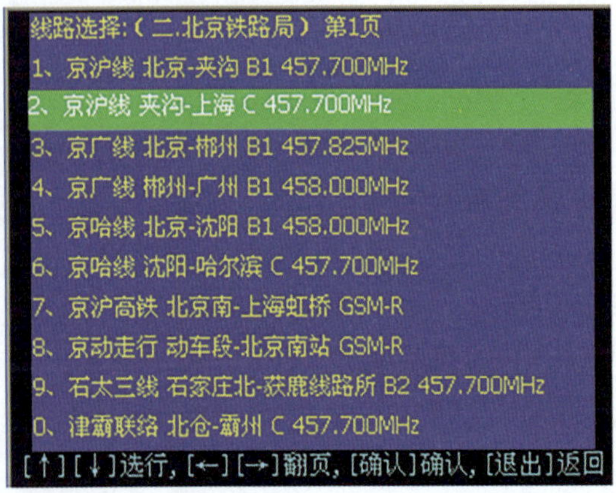

图 3-2-7 线路选择界面—手动方式

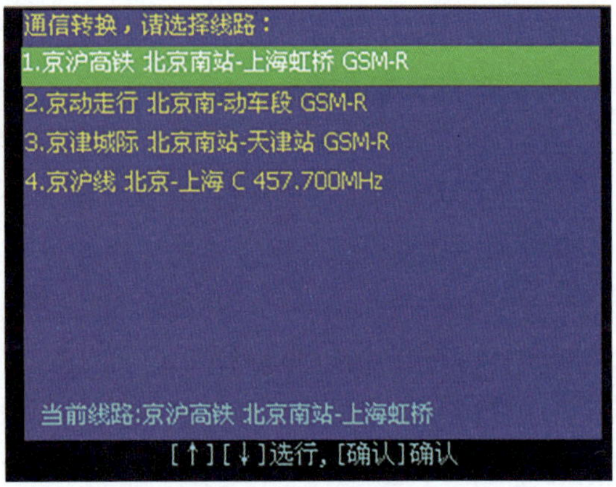

图 3-2-8 运行线路选择界面

五、车次号注册和确认

CIR 在 GSM-R 模式下必须进行车次号注册，在 450 MHz 模式下必须进行车次号设置。

1. 车次号注册

(1)GSM-R 模式

在 MMI 主界面下按压【设置】键，进入设置界面。将光标移至“1、车次功能号注册”并按压【确认/签收】键，如图 3-2-9 所示。根据 MMI 屏幕下方的提示，手动输入车次号后按压【确认/签收】键，从随后弹出的选择机车牵引任务状态界面上选择“本务机”或“补机”，如图 3-2-10 所示。再次按压【确认/签收】键后 CIR 即向 GSM-R 网络注册车次功能号，如图 3-2-11 所示。

(2)450 MHz 模式

设置车次号的操作过程与 GSM-R 模式下的注册过程一样，但“确认/签收”后不进行功能号注册，如图 3-2-12 所示。

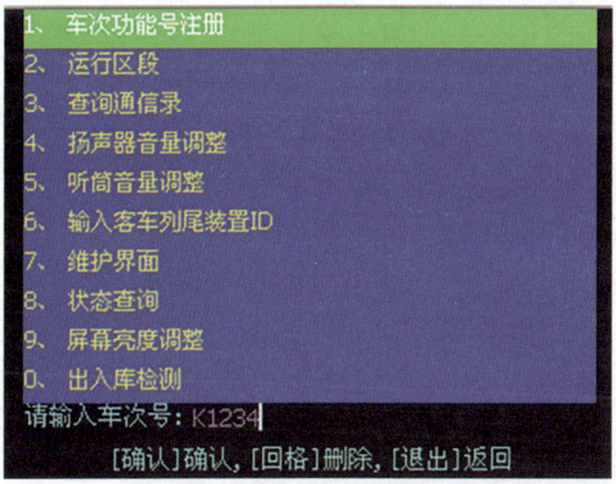

图 3-2-9 输入车次号

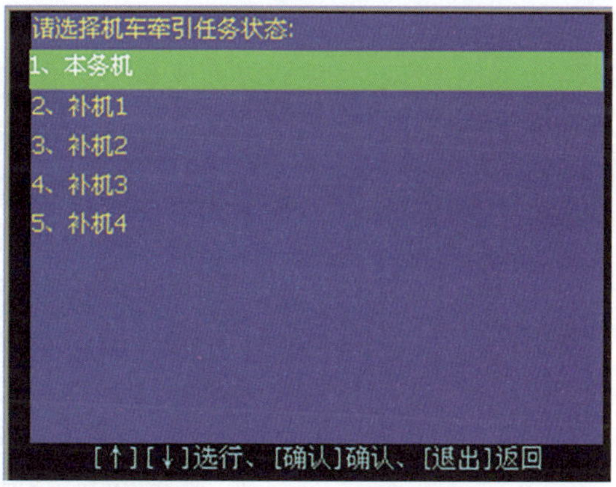

图 3-2-10 选择机车牵引任务状态

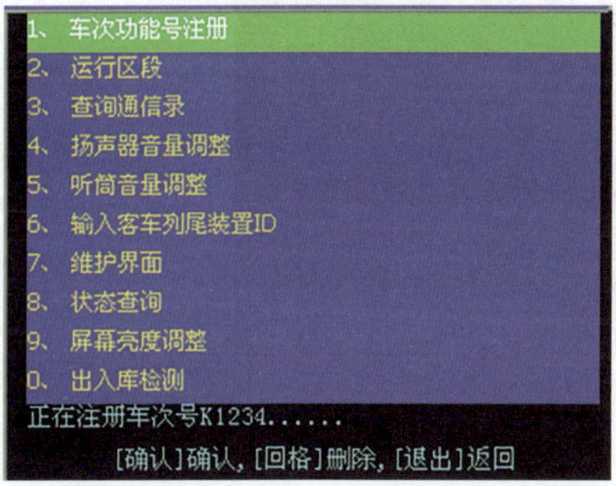

图 3-2-11 注册车次号

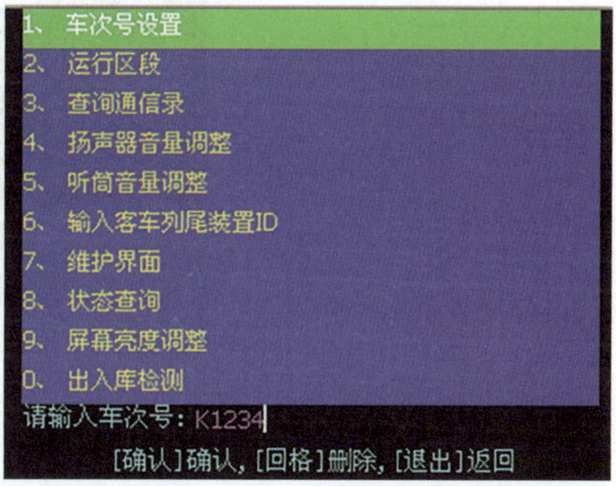

图 3-2-12 设置车次号

2. 车次号确认

(1)车次号获取方式设定为自动时(在 CIR 设备的维护界面，增加了车次号获取方式的“手动”“自动”功能选项，由相关管理部门确定“手动”“自动”方式)，当出现下列情况时，CIR 设备在车次号注册界面(GSM-R 工作模式)或车次号设置界面(450 MHz 工作模式)分别给出界面显示和语音提示(图 3-2-9、图 3-2-12)，语音提示为“请确认车次号”。

①LKJ 装置由非通常工作状态(原称“非监控状态”)转入通常工作状态(原称“监控状态”)时，CIR 未设定车次号或 LKJ 输出的车次号与 CIR 当前设定的车次号不一致。

②LKJ 处于通常工作状态，列车折角运行时，LKJ 输出的车次号发生变化且与 CIR 当前的车次号不一致。

③LKJ 处于通常工作状态，CIR 复位重启后 LKJ 输出的车次号与 CIR 保持的当前车次号不一致。

在车次号注册或设置界面(图 3-2-9、图 3-2-12)，机车乘务员应确认界面上的车次号(图中是 K1234)是否与图定车次号一致。若一致直接按压【确认/签收】键确认，不一致时可通过按压【回格】和数字字母输入按键等进行修改，再按压【确认/签收】键确认，后续操作不变。

(2)车次号获取方式设定为手动时，LKJ 状态转换或列车折角运行车次号变化，CIR 均不会自动给出车次号注册界面或车次号设置界面显示和语音提示。车次号须由机车乘务员在指定的地点手动输入图定的车次号，操作过程与车次号的注册、设置方法相同。

任务实施

<table>
<tr><td>任务名称</td><td>CIR 开机准备操作</td><td>任务编号</td><td>3.2</td></tr>
<tr><td>任务说明</td><td colspan="3">掌握 CIR 设备的开机操作</td></tr>
<tr><td rowspan="4">任务实施</td><td colspan="3">1. CIR 设备主界面的显示内容</td></tr>
<tr><td colspan="3">对照 CIR 操作显示终端主界面的各显示区进行其含义的介绍，并填写下表。
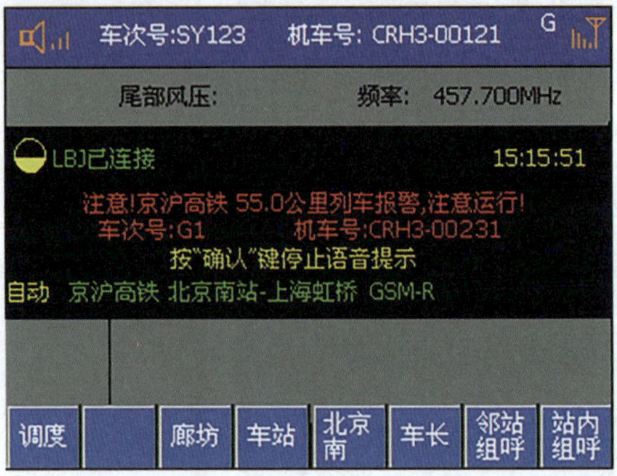

<table>
<tr><td>序号</td><td>显示区名称</td><td>内容</td></tr>
<tr><td>1</td><td></td><td></td></tr>
<tr><td>2</td><td></td><td></td></tr>
<tr><td>3</td><td></td><td></td></tr>
<tr><td>4</td><td></td><td></td></tr>
<tr><td>5</td><td></td><td></td></tr>
<tr><td>6</td><td></td><td></td></tr>
</table></td></tr>
<tr><td colspan="3">2. CIR 开机设置操作</td></tr>
<tr><td colspan="3">在实训室练习如下操作后回答问题：
(1)CIR 开机后，如何将操纵端设置为主控状态？

(2)CIR 如何进行手动线路选择？

(3)CIR 在 GSM-R 模式如何进行车次号注册，在 450 MHz 模式下如何进行车次号设置？</td></tr>
</table>

任务考核

班级　　　　　　　　　　姓名　　　　　　　　　　学号　　　　　　　　　　第　小组

考核项目		考核要点	分值	自评	互评	师评
实践能力	CIR 设备主界面的显示内容	CIR 主界面显示含义的掌握情况	30			
	CIR 开机设置操作	CIR 开机设置的操作能力	50			
职业素质		安全意识、遵章守纪、细致认真	20			
小计						
权重(自评 30%+互评 30%+师评 40%)总分						

习题巩固

一、填空题

CIR 的工作模式包括________和________两种。

二、判断题

1. CIR 刚开机时所处的工作模式是随机的。(　　)
2. CIR 的工作模式选择操作就是线路选择操作。(　　)
3. CIR 在 GSM-R 模式下不需要进行车次号注册。(　　)

任务三　CIR 通话与调度命令相关操作

工作任务

CIR 具备通话、接收调度命令的功能,通过本任务的学习,能够进行呼叫与接听、接收与打印调度命令的基本操作。

任务目标

1. 能够进行不同工作模式下与不同对象的呼叫与接听等操作。
2. 能够进行调度命令的接收、打印等相关操作。
3. 培养学习的主动性,克服沟通交流的畏难心态。

相关知识

CIR 在 GSM-R 与 450 MHz 工作模式下呼叫对象不同,具体操作方法如下。

一、GSM-R 通话

GSM-R 通话分为 CIR 与调度员通话、与车站值班员通话、与承担运转车长职责的人员,如车辆乘务员通话、邻站组呼、站内组呼、紧急呼叫和广播。

1. 与调度员通话

在 MMI 主界面按“调度”键呼叫该区段列车调度员,通话过程中需要按压【PTT】键讲话，如图 3-3-1 所示。

有调度员呼入时，在 MMI 上显示呼叫方信息并伴有振铃提示（振铃声），此时机车乘务员摘机即可进行通话，如图 3-3-2 所示。

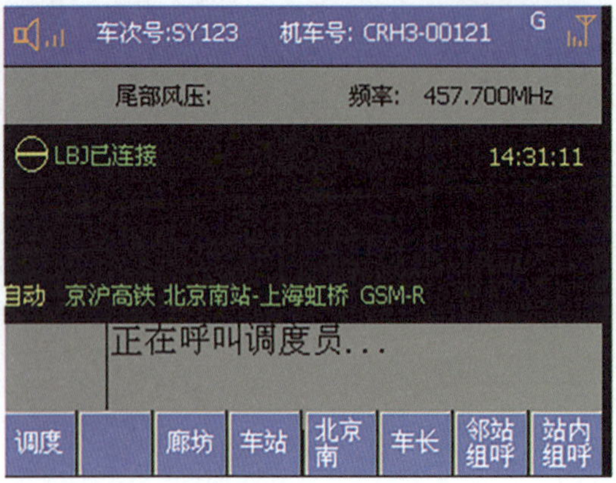

图 3-3-1 呼叫调度员

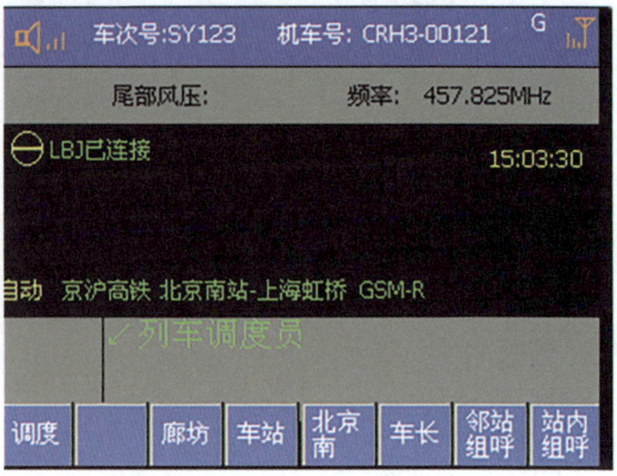

图 3-3-2 与调度员通话

2. 与车站值班员通话

机车乘务员根据 MMI 主界面功能按键显示区显示的站名按下相应的按键，可以呼叫车站值班员，如图 3-3-3 所示，通话过程中需要按压【PTT】键讲话。

有车站值班员呼入时，在 MMI 上显示呼叫方信息并伴有振铃提示（振铃声）。

3. 与本车承担运转车长职责的人员通话

CIR 已获取车次号时，“车长”键有效，显示为蓝底白字；CIR 未获取车次号时，“车长”键无效，显示为蓝底灰字。

当“车长”键为有效状态时，在 MMI 主界面按“车长”键，可以呼叫本车承担运转车长职责的人员，如图 3-3-4 所示，通话过程中需要按压【PTT】键讲话。

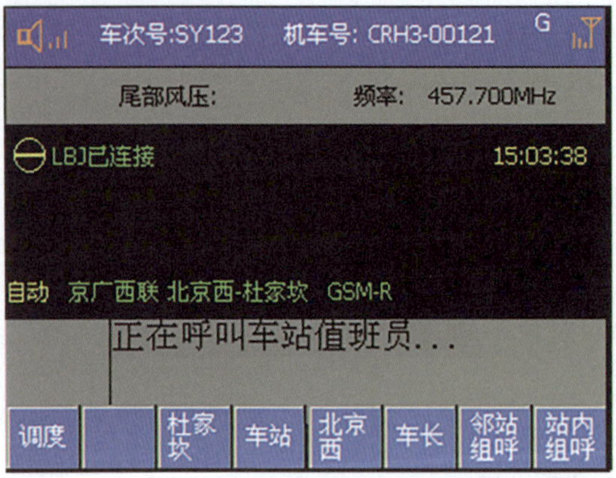

图 3-3-3 呼叫车站值班员

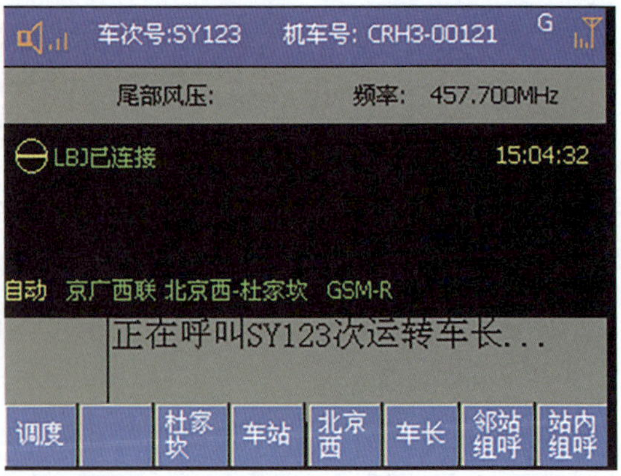

图 3-3-4 呼叫承担运转车长职责的人员

有承担运转车长职责的人员呼入时，在MMI上显示呼叫方信息并伴有振铃提示（振铃声）。

4. 邻站组呼

在MMI主界面按“邻站组呼”键可以发起邻站组呼，呼叫列车所在位置的相邻三个车站及站间区间的相关用户。在通话过程中，需要讲话时按压【PTT】键，当看到屏幕显示送受话器图标时即可讲话，送受话器图标显示不可用时不能讲话，如图3-3-5所示。

有邻站组呼呼入时，CIR自动加入通话，此时屏幕显示组呼呼入信息，扬声器播放话音。

结束邻站组呼时，发起方机车乘务员按压【挂断】键或直接挂机。

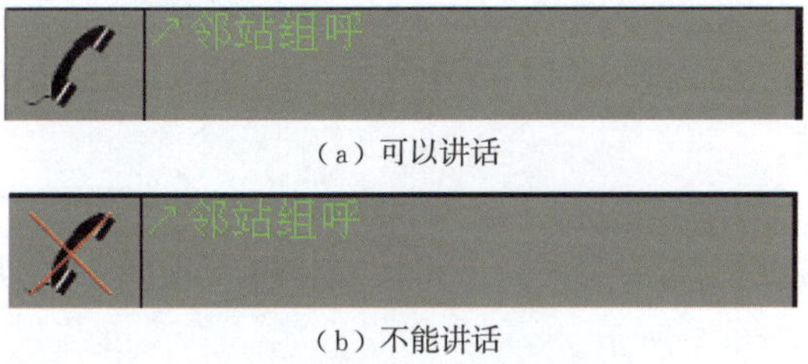

图3-3-5　送受话器图标状态

5. 站内组呼

在MMI主界面按“站内组呼”键，发起站内组呼，呼叫列车所在的车站基站区内相关用户，如图3-3-6所示。通话过程与邻站组呼一样。

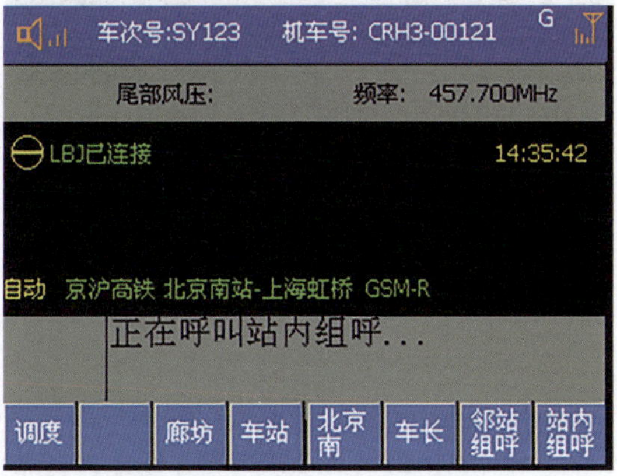

图3-3-6　CIR发起站内组呼

有站内组呼呼入时，CIR自动加入通话，此时屏幕显示组呼呼入信息，扬声器播放话音。

在通话过程中，需要讲话时按压【PTT】键，当看到屏幕显示送受话器图标时即可讲话，送受话器图标显示不可用时不能讲话。站内组呼通话过程中，机车乘务员按压【挂断】键或直接挂机，CIR可以主动退出站内组呼。

6. 铁路紧急呼叫

机车乘务员按压【紧急呼叫】键，发起铁路紧急呼叫。此时 CIR 若处于其他通话状态，退出正在进行的通话并优先发起铁路紧急呼叫。

有紧急呼叫进入时，CIR 自动加入通话，此时屏幕显示呼入信息，扬声器播放话音。在通话过程中的操作与组呼相同。

结束紧急呼叫时，发起方机车乘务员按压【挂断】键或直接挂机。

铁路紧急呼叫为最高优先级的组呼，接收方不能自己退出，除非呼叫发起方主动结束呼叫或由调度员人工拆除。

注意：机车乘务员必须慎用铁路紧急呼叫功能。

7. 接收广播呼叫

有广播呼入时，CIR 自动接听，此时屏幕显示广播呼入信息，扬声器播放话音。广播过程中，只能收听不能讲话。

8. 拨号呼叫

除以上单键发起呼叫外，机车乘务员还可以直接输入被叫方的功能号或电话号码，按压【呼叫】键发起呼叫，如图 3-3-7 所示。

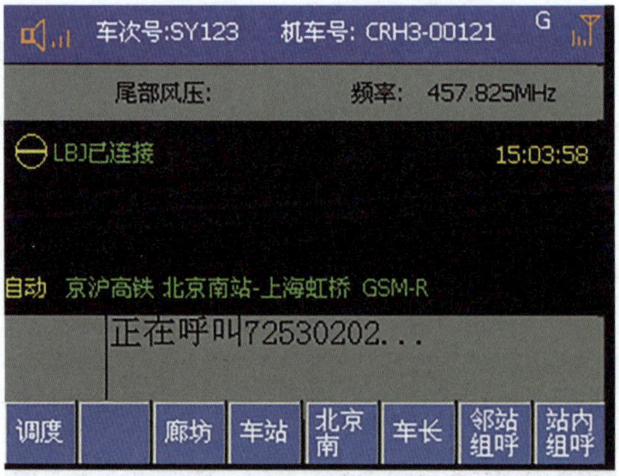

图 3-3-7 拨号呼叫

9. 重拨

在 MMI 主界面下按压【呼叫】键，屏幕上显示机车乘务员上一次拨打过的号码，按压【回格】键可修改或重新输入号码，再次按压【呼叫】键能够方便地进行重拨。

10. 通信录呼叫

在 MMI 主界面下按压【设置】键，进入设置界面，选择“3、查询通信录”，按压【确认/签收】键进入“通信录”界面，此时屏幕上会列出所有的路局。选择路局后按压【确认/签收】键，屏幕上列出该路局全部运行线路。选中线路后，再次按压【确认/签收】键，即会显示该条线路（区段）的调度员、车站值班员的电话号码，如图 3-3-8 所示。移动光标选中需要呼叫的调度员或车站值班员，按压【确认/签收】键发起呼叫，如图 3-3-9 所示。

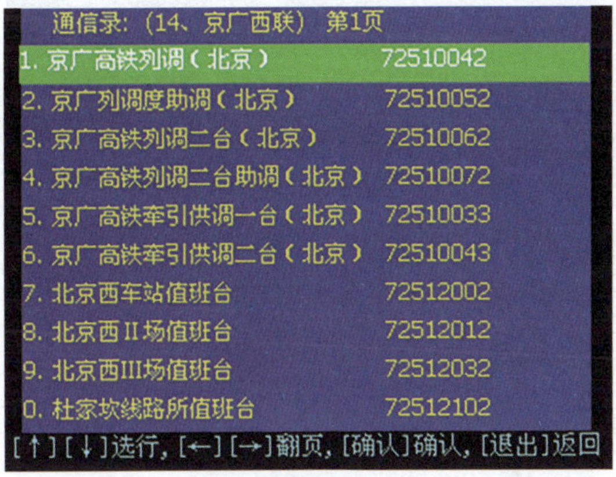

图 3-3-8　通信录界面

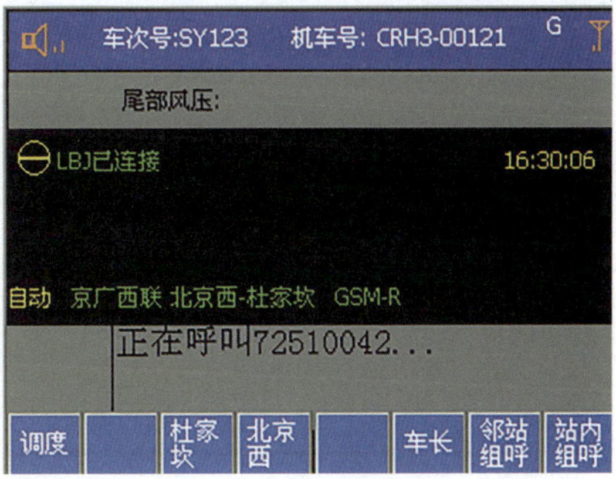

图 3-3-9　从通信录发起呼叫

进行通信录查询时,在通信录最后一页倒数第一行显示本线路(区段)车站值班员的短号码,倒数第二行显示本线路(区段)调度员的短号码,如图 3-3-10 所示。选择相应的短号码按压【确认/签收】键发起呼叫。

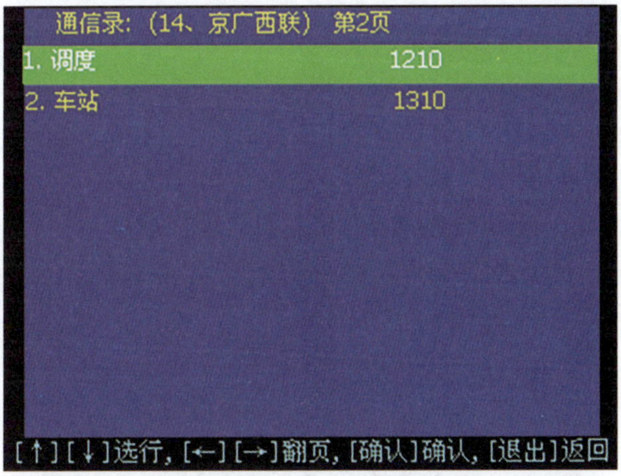

图 3-3-10　通信录最后一页

二、450 MHz 通话

1. 450 MHz 主呼

在守候状态下摘机,根据需要呼叫的对象按下 MMI 主界面功能按键显示区相应的按键即可以发起呼叫。通话过程中需要按压【PTT】键讲话,如图 3-3-11 所示。

2. 450 MHz 被呼

450 MHz 状态下被呼时,通过扬声器可听到对方的话音,此时摘机即可与对方通话,若未摘机,则通话将在 10 s 左右后自动挂断。通话过程中需要按压【PTT】键讲话,如图 3-3-12 所示。

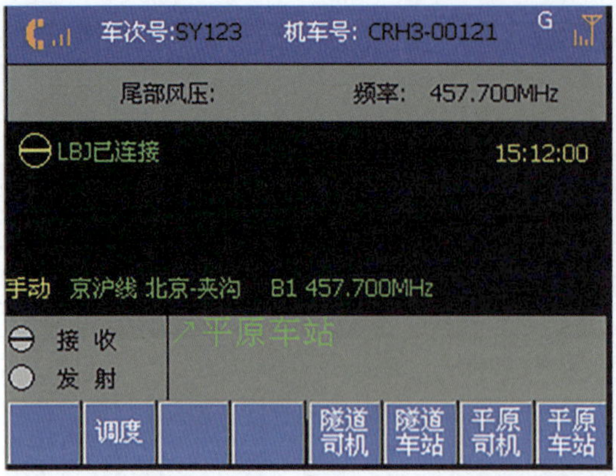

图 3-3-11　主呼，与平原车站通话中

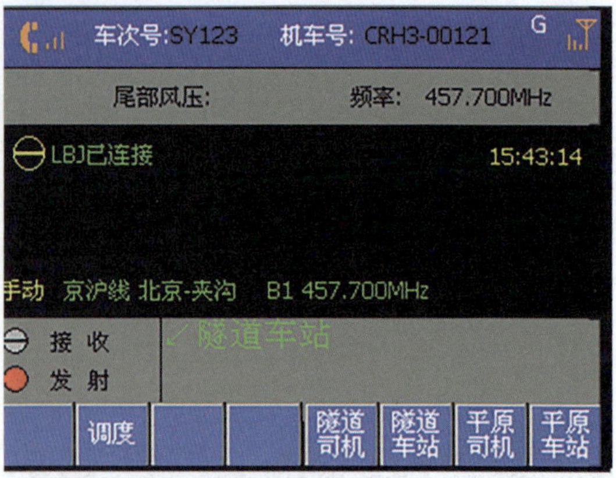

图 3-3-12　被呼，与隧道车站通话中

三、CIR 调度命令相关操作

调度命令信息包含调度命令、行车凭证、列车进路预告等信息。其中，列车进路预告是应用最多的一种调度命令信息，该信息由 CTC 设备自动向辖区内的运行列车发送。

1. 调度命令显示界面介绍

MMI 调度命令显示界面分调度命令信息显示区、调度命令正文内容显示区，如图 3-3-13 所示。

调度命令信息显示区：此区域显示凭证名称、调度命令编号、发令处所、调度命令发布时间、车次号和机车号、调度命令签收状态等信息。

正文内容显示区：此区域显示调度命令正文内容、接收时间、接收地点、签收时间、签收地点等信息。CIR 连续 10 s 未能获取 TAX 装置（或 DMS 设备）的公里标信息时，接收地点或签收地点信息显示“---”。

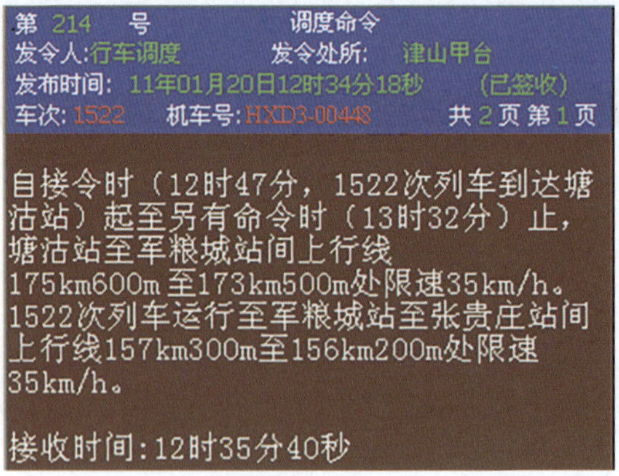

图 3-3-13　调度命令显示界面示例

2. 阅读和签收

CIR 接收到调度命令信息后，MMI 显示接收到的调度命令信息，MMI 发出提示语音，

如“调度命令，请签收”。机车乘务员阅读完调度命令信息后按压【确认/签收】键签收。较长的调度命令会分页显示，机车乘务员应阅读完后再签收。如果未阅读至最后一页按压【确认/签收】键，MMI 会提示“请阅读完再签收”。调度命令信息显示(最后一页)如图 3-3-14 所示。

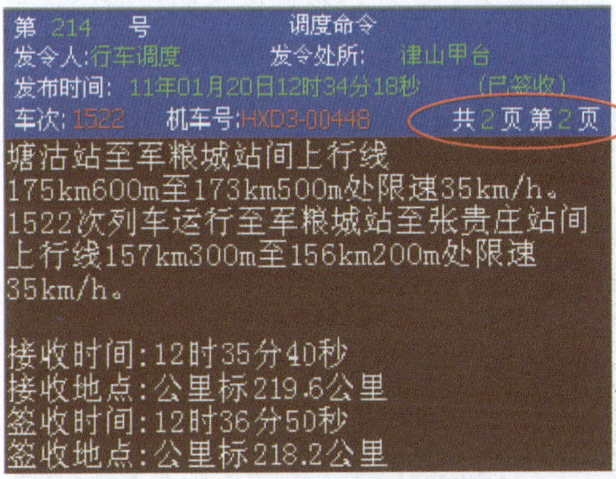

图 3-3-14　多页调度命令(最后一页)

未签收的调度命令信息每间隔 15 s 重复显示，提醒机车乘务员签收。

调度命令优先显示功能“关闭”时，在调度命令信息签收 10 s 后显示界面将自动退回到主界面；调度命令优先显示功能“开启”时，在调度命令信息签收完之后保持在调度命令信息界面，可以按压【退出】或【界面】键返回主界面。

如果调度命令信息已签收，按压上、下方向键可实现本条调度命令信息翻页，当本条调度命令信息显示至第一页时，按压向上方向键将显示前一条调度命令，如图 3-3-15 所示。当本条调度命令信息显示至最后一页时，按压向下方向键将显示后一条调度命令信息，如图 3-3-16 所示。

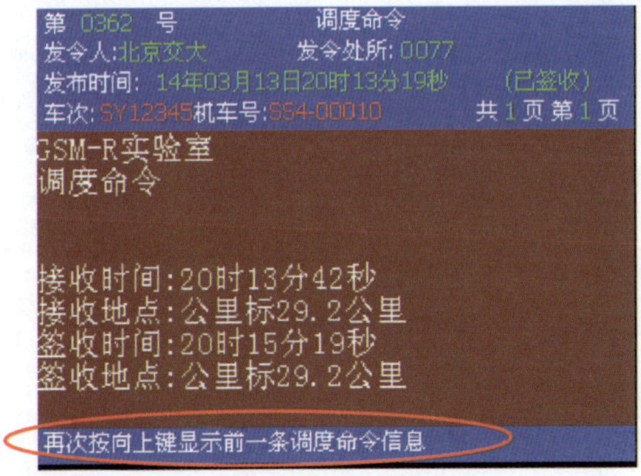

图 3-3-15　提示按向上方向键将显示前一条调度命令界面

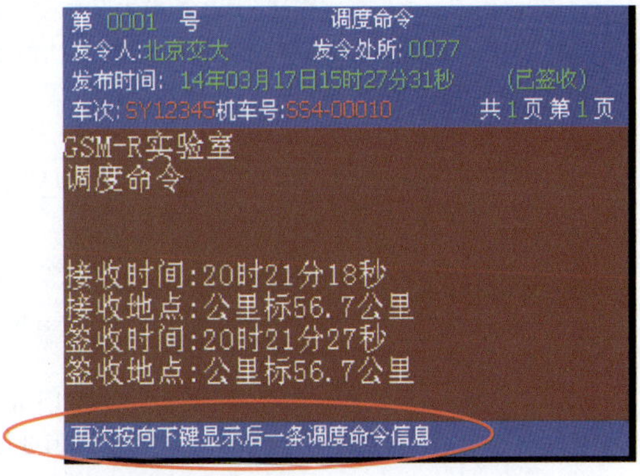

图 3-3-16　提示按向下方向键将显示后一条调度命令信息

3. 打印

在调度命令界面下，按压【打印】键，打印终端即打印当前显示的调度命令信息。

4. 查询

在 MMI 主界面下按压【查询】键，进入查询界面。移动光标选择要查询的调度命令信息类型，然后按压【确认/签收】键，屏幕上即显示查询到的调度命令信息索引列表，将光标移动到要查看的条目上按压【确认/签收】键，即可查看该条调度命令信息的全部内容，如图 3-3-17 所示。

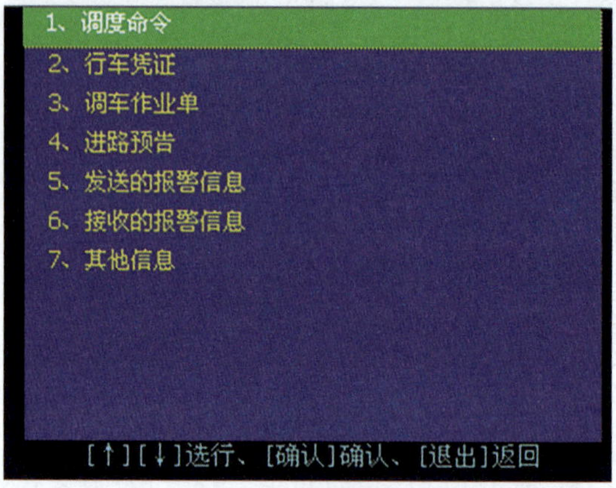

图 3-3-17　调度命令查询界面

在 MMI 主界面下按压【界面】键，可切换显示 CIR 最新接收到的调度命令信息。

任务实施

任务名称	CIR 通话与调度命令相关操作	任务编号	3.3
任务说明	掌握 CIR 通话及调度命令相关操作		
任务实施	1. CIR 设备通话操作		
	在实训室练习不同工作模式下的通话操作后回答问题： (1)在 GSM-R 工作模式下，利用 CIR 都能与谁进行通话，如何操作？ (2)在 450 MHz 工作模式下，利用 CIR 都能与谁进行通话，主呼和被呼如何操作？		
	2. CIR 设备调度命令操作		
	在实训室练习 CIR 接收调度命令的相关操作后回答问题： (1)当接收到调度命令时，CIR 如何进行调度命令的阅读、签收及打印操作？ (2)如何利用 CIR 进行调度命令的查询操作？		

任务考核

班级　　　　　　　　　　　　姓名　　　　　　　　　　　　学号　　　　　　　　　　　　第　小组

考核项目		考核要点	分值	自评	互评	师评
实践能力	CIR 通话操作	CIR 通话操作方法的掌握情况	40			
	CIR 设备调度命令操作	CIR 调度命令相关操作方法的掌握情况	40			
职业素质		安全意识、遵章守纪、细致认真	20			
小计						
权重(自评 30%+互评 30%+师评 40%)总分						

习题巩固

一、填空题

1. 在 MMI 主界面按“调度”键呼叫该区段列车调度员，通话过程中需要按________讲话。

2. 机车乘务员按下“________”键，发起铁路紧急呼叫，为最高优先级的组呼。

二、判断题

1. 机车乘务员根据 MMI 主界面功能按键显示区显示的站名按下相应的按键，可以呼叫车站值班员，通话过程中需要按压【PTT】键讲话。(　　)

2. 有邻站组呼呼入时，CIR 自动加入通话。(　　)

3. 有广播呼入时，CIR 自动接听，能收听能讲话。(　　)

4. 较长的调度命令分页显示时，机车乘务员未阅读完即可签收。(　　)

任务四　CIR 列尾操作

工作任务

CIR 具备列尾相关功能，通过本任务的学习，能够进行风压查询、建立和解除与列尾主机连接关系、辅助制动排风等操作。

任务目标

1. 能够识别列尾主机。
2. 能够根进行列尾风压查询、建立和解除连接关系、辅助制动排风等操作。
3. 培养职业责任感和学习的积极主动性。

相关知识

一、列尾主机

列尾主机根据应用于货车、客车分为货列尾和客列尾。多年前，铁路使用了货车列尾装置，取消了货车运转车长；2014 年 10 月 15 日 0 时起，全路普速旅客列车正式开通使用旅客列车尾部安全防护装置(简称客车列尾装置,缩写为 KLW),代替了普速旅客列车运转车长的工作。

1. 货列尾

货列尾主机根据结构分为提钩杆型和钩头锁型,如图 3-4-1 和图 3-4-2 所示。

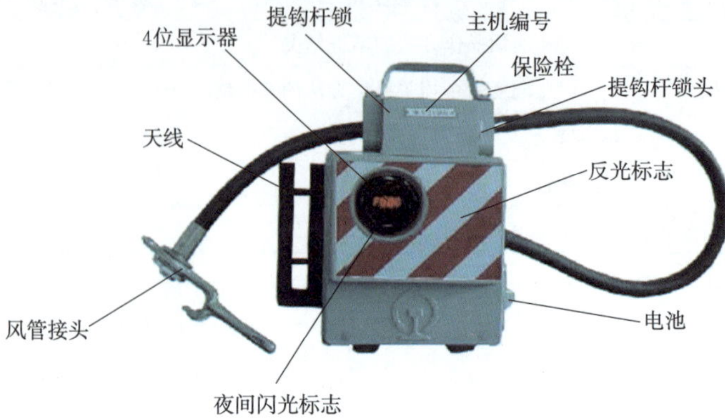

图 3-4-1　ZTF2002-6 型列尾主机(提钩杆型)

货列尾主机的主要功能:

(1)监测列车尾部列车管风压。

(2)检测列车折角塞门的非正常关闭。

(3)代替车长阀由机车乘务员遥控列尾排风制动。

(4)作为列车完整的尾部标志。

图 3-4-2　ZTF2002-6 型列尾主机(钩头锁型)

2. 客列尾

客列尾主机安装在旅客列车尾部,由控制单元、记录单元、辅助排风制动单元、列尾指示灯、风压检测单元、电源单元、信道机、天线、制动软管、电源电缆和挂接单元等构成。其实物如图 3-4-3 所示,结构如图 3-4-4 所示。

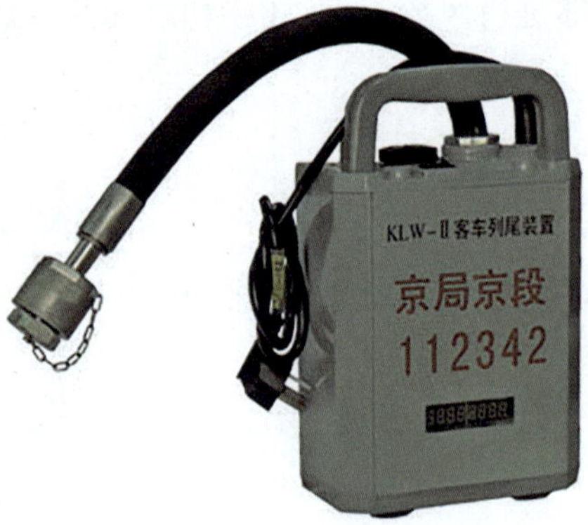

图 3-4-3　KLW-Ⅱ客车列尾装置

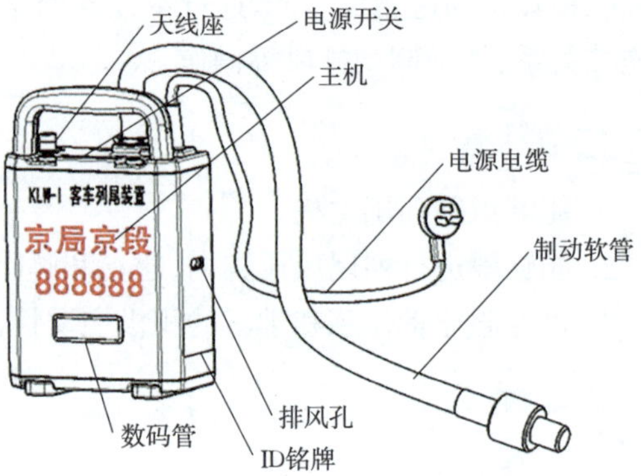

图 3-4-4　客车列尾结构示意

客列尾主机的主要功能：

(1)具有列车尾部风压检测和数据上传功能。

(2)具有辅助排风制动功能。

(3)具有风压报警和电压欠压报警功能。

(4)具有状态信息和风压数据存储功能。

二、CIR 列尾操作

1. 450 MHz 货列尾操作

(1)频率选择

确认 MMI 上列尾状态显示区的频率与当前列尾装置主机的工作频率是否一致，若不一致，进入“运行区段”界面选择正确的频率，然后再选择正确的运行线路(模式)和工作方式。

(2)输号

当听到 MMI 发出提示音“××列尾装置等待确认”，机车乘务员判断该列尾装置主机 ID 与本机一致时按压【列尾确认】键，听到 “××机车，确认完毕”表示输号成功。

(3)手动查询列尾风压

按压【风压查询】键，可以主动查询当前列尾风压数据。查询后 MMI 提示“××机车，风压××”，如图 3-4-5 所示。

(4)风压自动报警

当 CIR 收到列尾装置主机发送的风压报警信号时，MMI 显示区的风压值变成红色字样并提示“×× 机车注意，风压××”，如图 3-4-6 所示。当风压值恢复正常或机车乘务员按压【列尾确认】键后，MMI 停止声光提示。

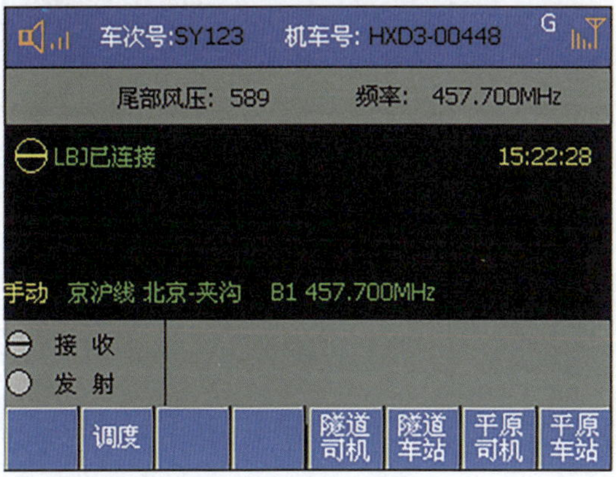

图 3-4-5　风压显示界面

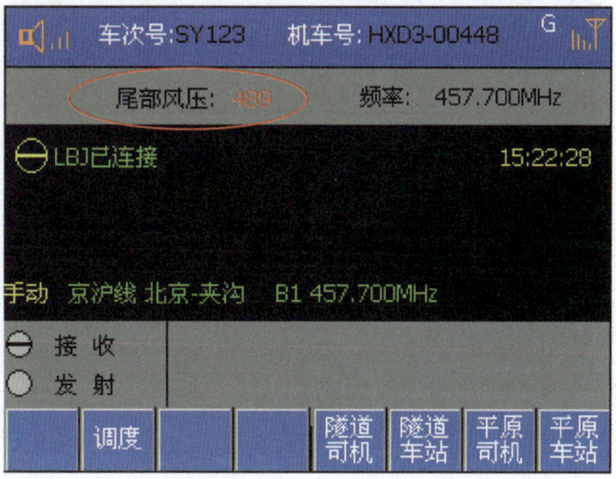

图 3-4-6　风压报警界面

(5)电池欠压报警

当 CIR 收到列尾装置主机发送的电池欠压报警信号时，MMI 发出提示音“××机车，电量不足”。机车乘务员按压【列尾确认】键后停止提示。

(6)辅助排风制动

CIR进行辅助排风制动动作可通过以下两种方法：

第一种方法是持续按压【列尾排风】键3 s以上。

第二种方法是按压【列尾排风】键后3 s内再按压【列尾确认】键。

按以上操作后CIR即向列尾装置主机发送排风命令并提示“××机车，排风”。列尾主机排风结束后，CIR会收到一条风压数据，MMI提示“××机车注意，风压××”。

(7)消号

按压【列尾消号】键3 s以上，消号成功时播放语音“××机车，消号成功”。

2. 800 MHz客列尾操作

(1)建立连接关系

CIR处于列尾未连接状态时，主界面显示如图3-4-7所示。

机车乘务员进入“设置界面”输入需要连接的列尾装置ID(6位)并按压【确认/签收】键发起连接。连接成功后MMI主界面显示客列尾ID并语音提示“××列尾装置，连接成功”，如图3-4-8所示；如果连接不成功，MMI会发出语音提示“列尾装置连接失败”。

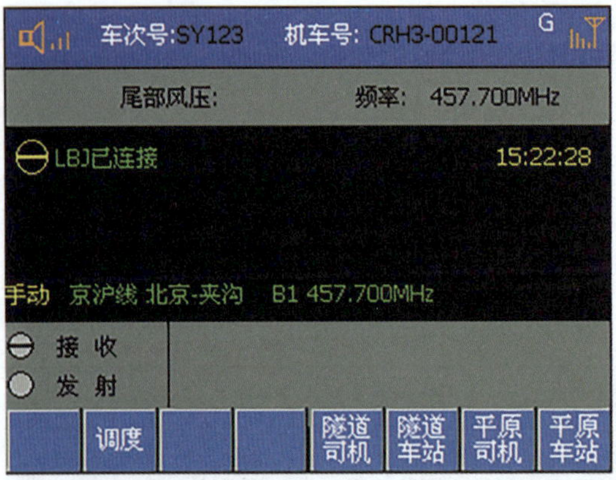

图3-4-7 主界面显示

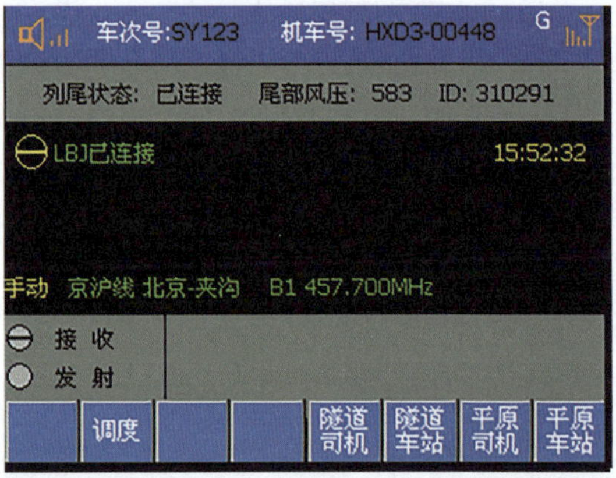

图3-4-8 建立客列尾连接关系

(2)手动查询列尾风压

客列尾连接成功后，机车乘务员在MMI主界面下按压【风压查询】键，查询到的当前列尾风压数值显示在MMI上并语音提示“××机车，风压××”。

(3)列尾风压动态显示

CIR每隔一段时间(随机120～130 s)自动查询客列尾风压1次，并在MMI上动态更新风压数据。如果5 min内没有接收到客列尾的风压信息，CIR进入客列尾连接失效状态，如图3-4-9所示，MMI每隔5 s发出一次提示音“列尾装置通信失效”。按压【列尾确认】键可以停止提示，如果CIR重新接收到风压信息，即恢复与客列尾的连接。

(4)辅助排风制动

持续按压【列尾排风】键3 s以上，或按压【列尾排风】键后3 s内再按压【列尾确认】键，CIR向客列尾发送列尾排风制动命令，并语音提示“××机车，排风”。

(5)风压自动提示

列车管风压不正常时,客列尾主机向 CIR 发送欠压提示,MMI 显示区的风压值变成红色字样,并语音提示"××机车注意,风压××"。机车乘务员可以按压【列尾确认】键停止 MMI 的声光提示,如图 3-4-10 所示。

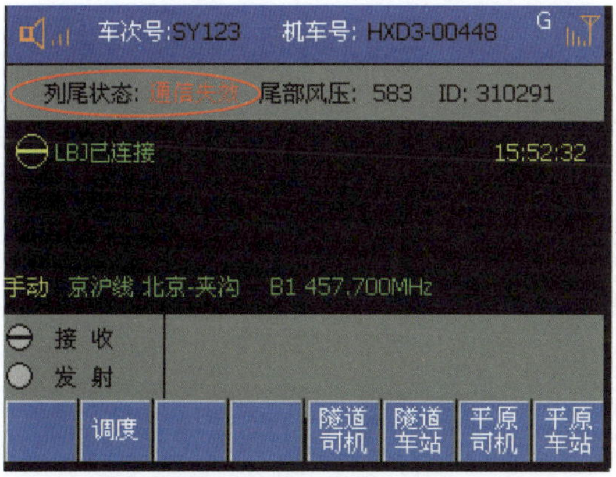

图 3-4-9　客列尾通信失效显示界面

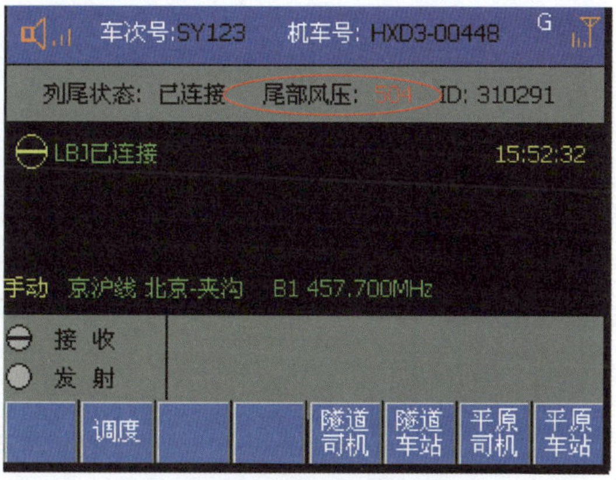

图 3-4-10　风压自动提示界面

(6)供电电压欠压自动提示

当客列尾主机供电电压低于一定值后,向 CIR 发送电压报警信息,MMI 发出语音提示"××机车,列尾装置电压不足"时,机车乘务员可以按压【列尾确认】键,停止 MMI 的语音提示。

(7)解除列尾连接关系

解除列尾连接关系的方式有两种:

第一种是按压【列尾消号】键并持续 3 s 以上。

第二种是进入列尾 ID 输入界面,输入 6 个 0 并按压【确认/签收】键。列尾连接关系解除后,MMI 语音提示"××列尾装置,消号成功"。

任务实施

任务名称	CIR 列尾操作	任务编号	3.4
任务说明	掌握 CIR 的列尾相关操作		
任务实施	CIR 设备列尾操作		
	在实训室练习 CIR 列尾操作后回答问题: (1)如何进行列尾输号及消号操作? (2)如何进行列尾风压查询及辅助排风制动操作?		

任务考核

班级　　　　　　　　　　　　姓名　　　　　　　　　　　　学号　　　　　　　　　　　　第　小组

考核项目		考核要点	分值	自评	互评	师评
实践能力	CIR 列尾操作	CIR 列尾操作方法的掌握情况	70			
职业素质		安全意识、遵章守纪、爱护机车	30			
小计						
权重(自评 30%+互评 30%+师评 40%)总分						

习题巩固

一、填空题

1. ________闭塞区段货物列车尾部须挂列尾装置，其他区段货物列车尾部宜挂列尾装置。

2. 列尾装置故障时，车辆乘务员在列车________、停车站进站前和出站后，应按规定与机车乘务员核对列车尾部风压。

3. 装有列尾装置的列车出发前、进站前、进入长大下坡道前和停车站出站后，应使用列尾装置对________的压力变化情况进行检查。

二、选择题

1. 旅客列车列尾装置尾部主机的安装与摘解、风管及电源的连结与摘解，由(　　)人员负责。

A. 车辆部门　　　　B. 车务部门　　　　C. 机务部门

2. 货物列车列尾装置尾部主机的安装与摘解，由(　　)人员负责。

A. 车辆部门　　　　B. 车务部门　　　　C. 机务部门

三、判断题

动车组以外的旅客列车都应安装列尾装置。(　　)

任务五　CIR 列车防护报警操作

工作任务

机车乘务员遇到特殊紧急情况需要进行防护报警时，可通过 CIR 进行操作。本任务中，完成 CIR 的发送、接收、解除等防护报警操作。

任务目标

1. 能够认知列车防护报警设备。

2. 能够进行防护报警的接收、发送、解除及查询等操作。

3. 培养遇事沉着冷静的心态。

相关知识

一、列车防护报警设备

列车防护报警设备(LBJ)的主体是 800 MHz 车载电台，其由电源单元、控制单元、电池控制板、电磁兼容板、信道机、备用电池、防振架、数据电缆、电源电缆及馈线组成。

LBJ 的使用方式有两种，一种是 LBJ 和司机控制盒配套使用(图 3-5-1)；另一种是和 CIR 配套使用。

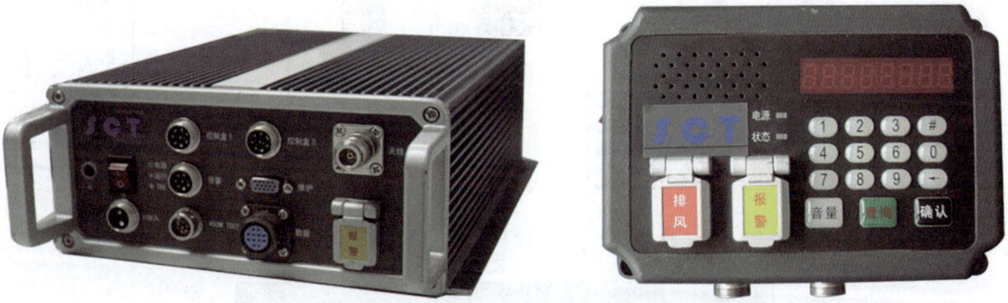

图 3-5-1　LBJ 与司机控制盒套装

CIR 与 LBJ 是两套独立的系统，通过对 CIR 和 LBJ 的整合，共用 CIR 的 MMI(控制盒)进行操作和显示，完成 CIR 和 LBJ 的所有功能。减少控制盒数量，便于机车乘务员操作。

二、列车防护报警设备功能(图 3-5-2)

1. LBJ 具有发送和接收列车事故报警信息并发出声光提示的功能。

2. LBJ 具有接收道口事故报警信息和施工防护报警信息并发出声光提示的功能。

3. LBJ 具有发送列车接近预警信息功能。

4. LBJ 具有记录功能。

5. LBJ 具有 CIR 整合的功能。

6. LBJ 具有发送和接收列车事故报警功能。

与 CIR 结合使用时，LBJ 还具有通过 CIR 查询风压和控制尾部装置排风制动的功能，有建立和拆除列尾连接关系、手动查询列尾风压、列尾风压动态显示、辅助排风制动、风压自动提示、供电电压欠压自动提示功能，出入库检测等功能。

三、CIR 列车防护报警操作

1. 列车防护报警常态显示

CIR 可以通过 LBJ 发送和接收列车防护报警信息和列车防护报警解除信息，还可以接收施工防护报警信息、道口报警信息等其他报警信息。

当小型化 CIR 与 LBJ 设备已正确连接，或标准型 CIR 内部已配置 LBJ 单元，CIR 开机加电后，在 MMI 主界面安全预警显示区文字提示“LBJ 已连接”，如图 3-5-3 所示。

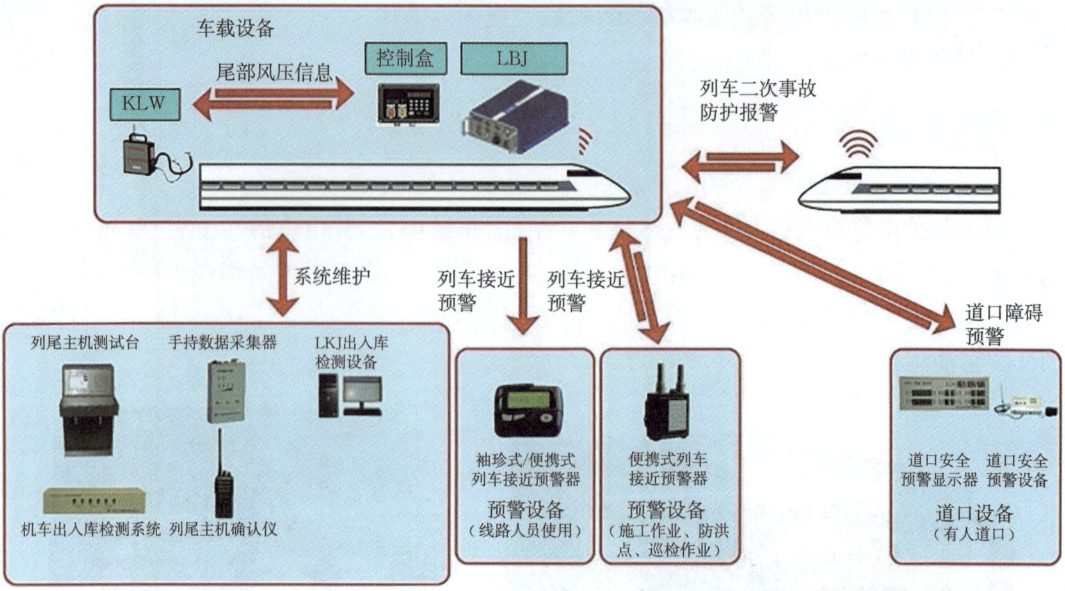

图 3-5-2 列车防护报警系统和客车列尾系统组网图

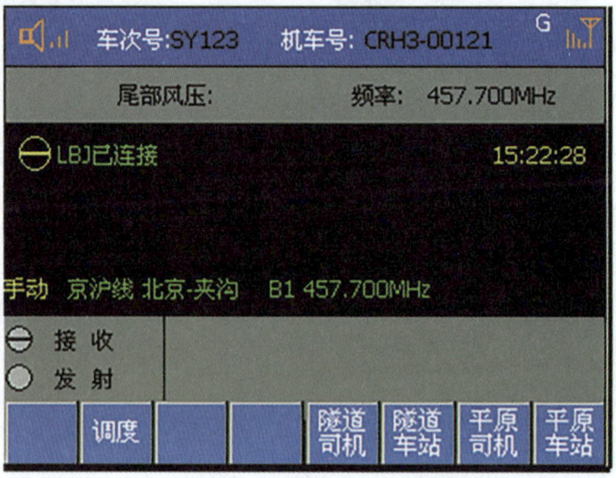

图 3-5-3 报警主界面

报警主界面里的圆形区域为工作状态指示灯，上半圆标识发送报警状态、下半圆标识接收报警状态。具体情况如下：

(1)两个黄色的半空心圆表示 LBJ 未发送过列车防护报警信息，也未接收过报警信息，如图 3-5-4(a)所示。

(2)一个黄色的上半实心圆和一个黄色的下半空心圆表示 LBJ 已发送过列车防护报警信息，未接收过报警信息，如图 3-5-4(b)所示。

(3)一个黄色的上半空心圆和一个黄色的下半实心圆表示 LBJ 未发送过列车防护报警信息，但已接收过报警信息，如图 3-5-4(c)所示。

(4)一个黄色的上半实心圆和一个黄色的下半实心圆表示 LBJ 已发送过列车防护报警信息，也接收过报警信息，如图 3-5-4(d)所示。

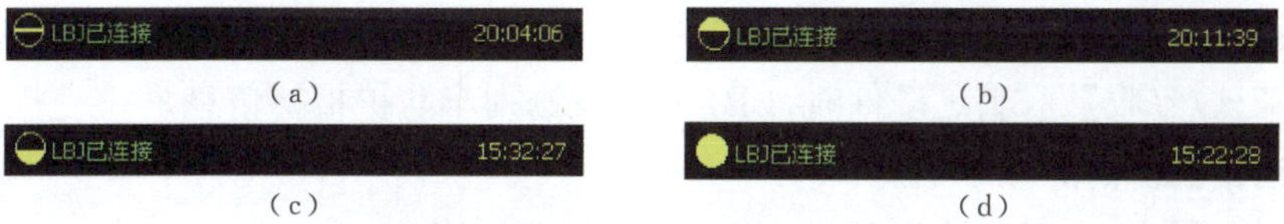

图 3-5-4　报警工作状态指示灯状态

以上(2)(3)(4)情况，需要维护人员读取 LBJ 数据后，才能变回黄色圆环。

如果 CIR 未连接 LBJ，MMI 报警主界面提示“LBJ 未连接”，如图 3-5-5 所示。

如果 LBJ 列车防护报警功能关闭，MMI 报警主界面提示“报警功能已关闭”如图 3-5-6 所示。报警功能关闭后 LBJ 不再接收防护报警信息，也不能发送列车防护报警信息。

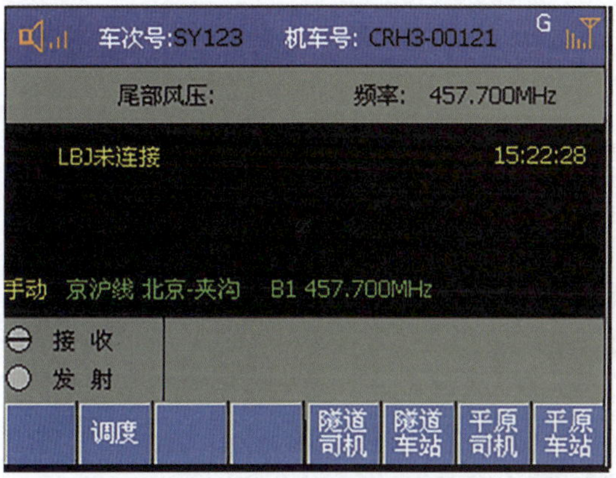

图 3-5-5　LBJ 未连接界面

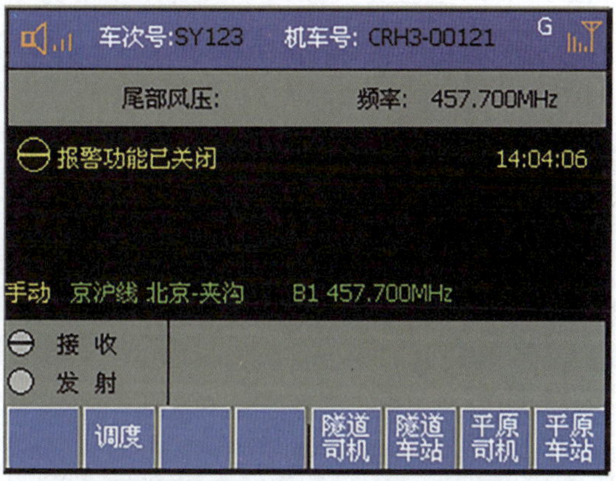

图 3-5-6　LBJ 报警功能已关闭界面

2. 发送列车防护报警信息

注意：列车防护报警信息只能在停车状态发送！

(1)通过 MMI 启动发送列车防护报警信息

当 MMI 处于主界面或调度命令信息显示界面时，持续按压 MMI 的【报警】键 3 s 以上，MMI 发出语音提示：“按确认键发送报警信息”，同时 MMI 主界面安全预警显示区出现提示信息：“按‘确认’键发送报警信息，按‘退出’键返回”，并显示 8 s 倒计时，如图 3-5-7 所示。

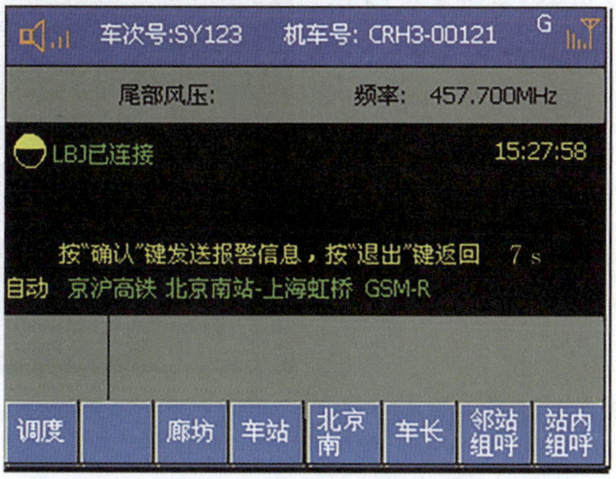

图 3-5-7　持续按压【报警】键 3 s 状态显示界面

在随后的 8 s 内：

按压【确认/签收】键，满足条件时，LBJ 开始发送列车防护报警信息。

按压【退出】键，清除提示信息。

没有任何操作，8 s 后清除提示信息。

按压【确认/签收】键后，如果 LBJ 能通过 TAX 装置或 DMS 设备获取到有效的速度信息，判断列车当前速度为 0 时(列车处于停车状态)，LBJ 启动发送列车防护报警信息，LBJ 随机间隔 5～10 s 以无线方式发送列车防护报警信息，MMI 发出间歇的蜂鸣声，同时 MMI 主界面“安全预警显示区”的工作状态指示灯(采用红色实心圆)每 1 s 闪烁一次，并用红色文字显示“本车正在发送报警信息！”，黄色文字显示“再次按下‘报警’键 3 s 后解除报警”，如图 3-5-8 所示；LBJ 判断列车当前速度不为 0 时(列车处于运行状态)，LBJ 应向 MMI 回送无法启动防护报警的反馈信息，MMI 主界面显示“非停车状态下禁止发送防护报警信息！”，如图 3-5-9 所示，显示 5 s 后自动清除。

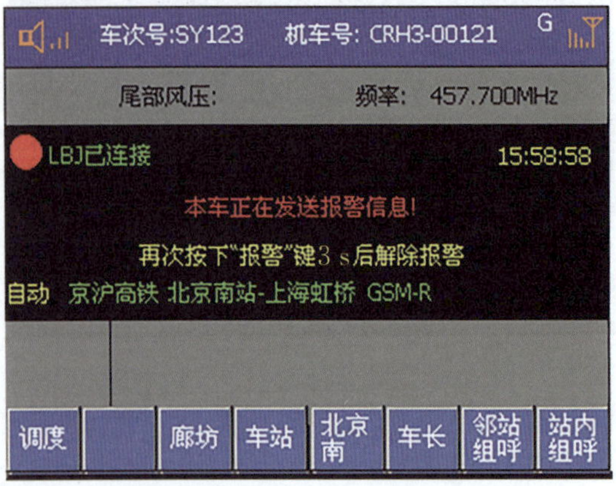

图 3-5-8 正在发送报警信息界面

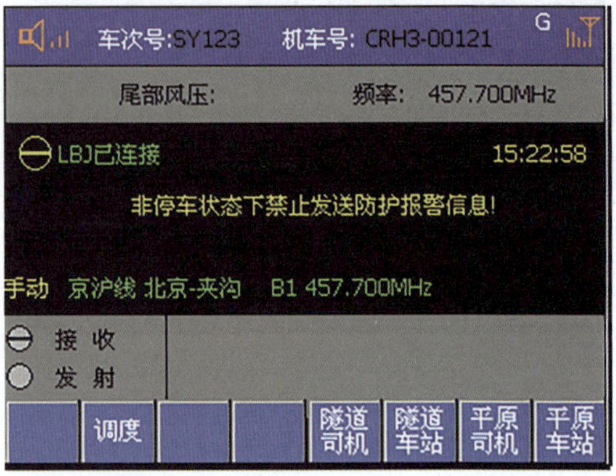

图 3-5-9 非停车状态下禁止发送防护报警信息界面

(2)通过 CIR 或 LBJ 主机启动发送列车防护报警信息

紧急情况下，可通过 CIR(LBJ 内置)或 LBJ 主机面板的【报警】键启动发送报警信息。持续按压主机面板【报警】键 3 s 后，【报警】键指示灯变为长亮，松开【报警】键，如果列车处于停车状态 LBJ 将启动发送列车防护报警信息，主机面板【报警】键指示灯每 1 s 闪亮一次，MMI 发出间歇的蜂鸣声，主界面“安全预警显示区”的工作状态指示灯(采用红色实心圆)每 1 s 闪烁一次，并用红色文字显示“本车正在发送报警信息！”，黄色文字显示“再次按下主机‘报警’键 3 s 后解除报警”，如图 3-5-10 所示。

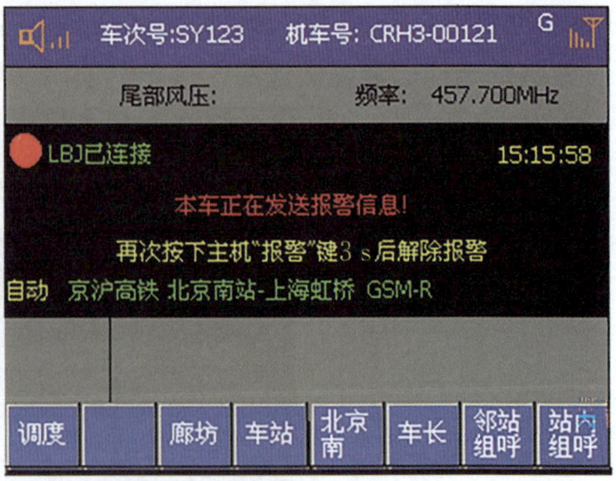

图 3-5-10 发送防护报警信息时状态显示界面

3. 解除列车防护报警信息

(1)通过报警按键解除

由 CIR 或 LBJ 主机面板【报警】键触发的报警,只能通过 CIR 或 LBJ 主机面板的【报警】键解除;由 MMI【报警】键触发的报警,可通过处于主控状态 MMI 的【报警】键解除,也可通过 CIR 或 LBJ 主机面板的【报警】键解除;手动解除报警时,LBJ 以无线方式发送列车防护报警解除信息。

发送列车防护报警信息时,当再次按下主控 MMI 的【报警】键 3 s 后,LBJ 以无线方式发送列车防护报警解除信息,MMI 发出 5 s 连续蜂鸣提示音,主界面安全预警显示区用红色字体显示"列车防护报警已解除!",同时状态指示灯(红色实心圆)继续闪烁 5 s,如图 3-5-11 所示。5 s 后 MMI 自动停止蜂鸣提示音,清除文字显示,状态指示灯黄色长亮(黄色上半实心圆)。

使用主机面板【报警】键解除报警时,持续按压【报警】键 3 s 后,【报警】键指示灯由闪亮变为长亮,松开【报警】键后,LBJ 以无线方式发送列车防护报警解除信息,【报警】键指示灯熄灭,MMI 发出 5 s 连续蜂鸣提示音,主界面安全预警显示区用红色字体显示"列车防护报警已解除!",同时状态指示灯(红色实心圆)继续闪烁 5 s,如图 3-5-11 所示。5 s 后 MMI 自动停止蜂鸣提示音,清除文字显示,状态指示灯黄色长亮(黄色上半实心圆)。

(2)列车移动自动解除列车防护报警

发送列车防护报警信息时,如果 LBJ 可通过 TAX 装置(或 DMS 设备)获取到有效的速度信息,对速度值进行判断,当速度值大于 5 km/h、连续运行时间大于 30 s 时,LBJ 自动停发防护报警信息(不发送列车防护报警解除信息),MMI 停止蜂鸣声提示,MMI 界面显示并语音提示"注意! 列车移动,报警自动解除!",如图 3-5-12 所示。

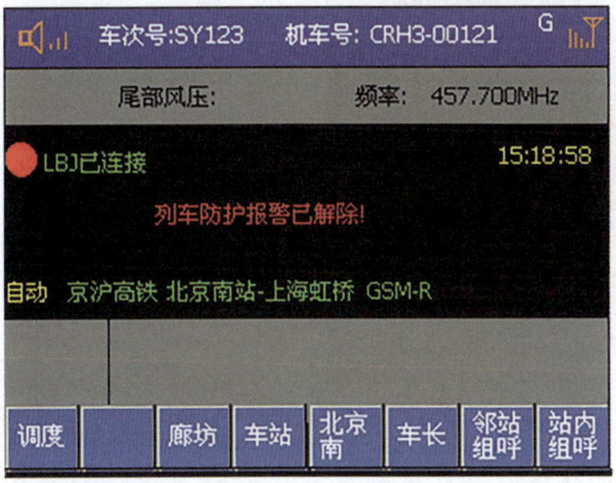

图 3-5-11　列车防护报警解除界面

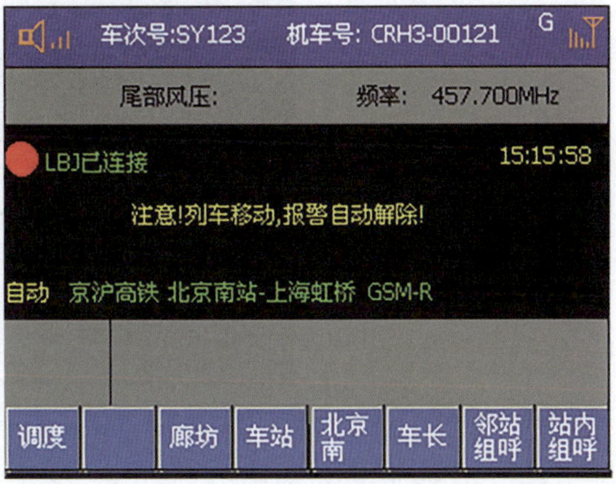

图 3-5-12　列车移动报警自动解除状态显示界面

4. 接收列车防护报警信息

CIR 接收到列车防护报警信息时,MMI 每间隔 5 s 发出一次语音提示"注意! 收到列车报警信息,注意运行!",MMI 主界面"安全预警显示区"工作状态指示灯(黄色下半实心圆)每 1 s 闪烁一次,报警内容用红色字体显示,如图 3-5-13 所示。

机车乘务员可以按压【确认/签收】键确认,确认后不再进行语音提示,MMI 主界面报警信息内容改为黄色字体显示，并填加“已确认”文字显示，状态指示灯变为长亮(采用黄色的下半实心圆)，如图 3-5-14 所示。

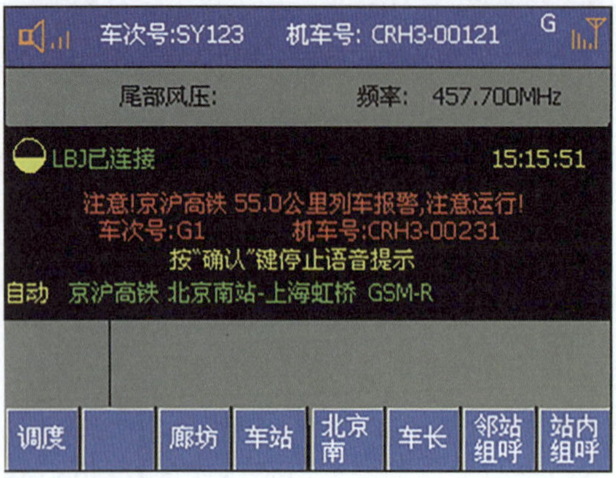

图 3-5-13　收到列车防护报警信息后显示界面

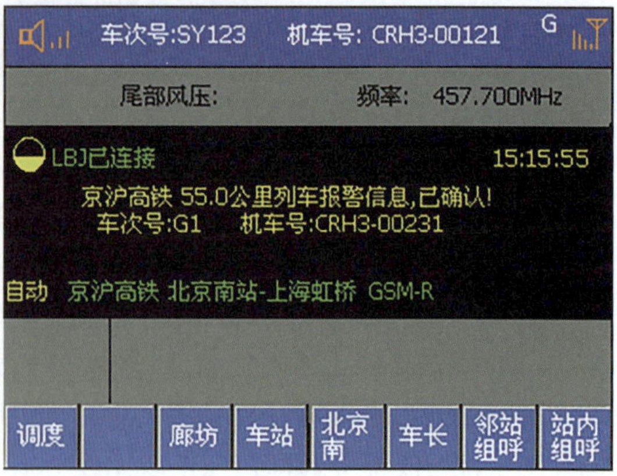

图 3-5-14　报警信息已确认后显示界面

5. 接收列车防护报警解除信息

CIR 接收到列车防护报警解除信息后向 MMI 转发，MMI 发出两次语音提示：“注意！列车报警解除，注意运行！”，MMI 主界面安全预警显示区用红色字体显示报警解除信息内容，如图 3-5-15 所示。两次语音提示结束后自动清除报警解除信息显示，工作状态指示灯变为长亮(采用黄色下半实心圆)。

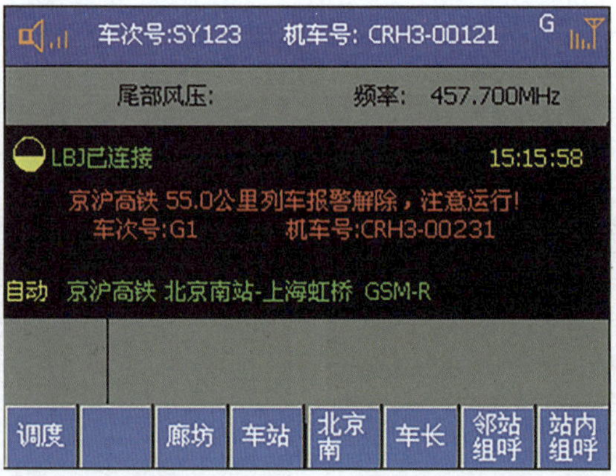

图 3-5-15　收到防护报警解除信息后显示界面

注：CIR 接收到施工防护报警信息、道口报警信息等其他报警信息的处理方法与列车防护报警相同。

6. 查询列车防护报警信息

在 MMI 主界面下按压【查询】键，进入查询界面。移动光标选择查询发送或接收的报警信息，如图 3-5-16 所示。然后按压【确认/签收】键，屏幕上即显示接收或发送的报警信息列表，如图 3-5-17 所示。将光标移动到要查看的条目上按压【确认/签收】键可查看报警信息具体内容，如图 3-5-18 所示。

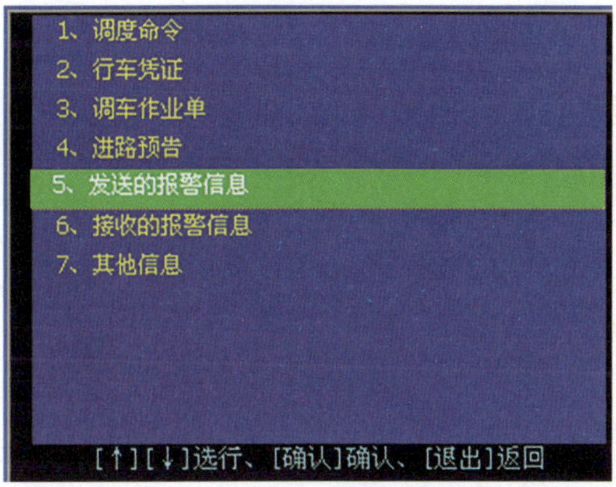

图 3-5-16　信息查询界面

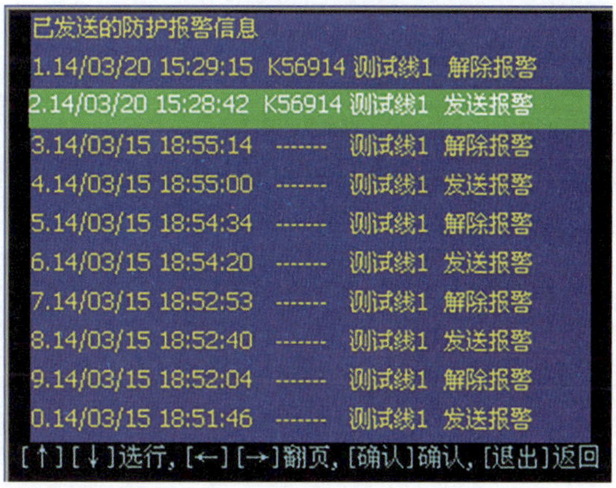

图 3-5-17　已发送的报警信息显示界面

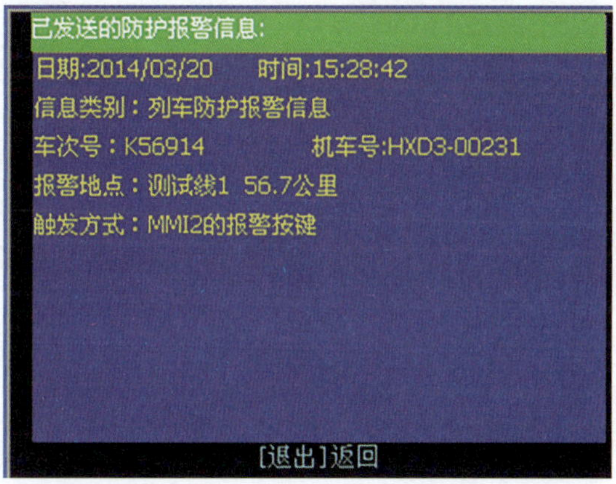

图 3-5-18　已发送的报警信息内容显示界面

任务实施

<table>
<tr><td>任务名称</td><td>CIR 列车防护报警操作</td><td>任务编号</td><td>3.5</td></tr>
<tr><td>任务说明</td><td colspan="3">掌握 CIR 的列车防护报警相关操作</td></tr>
<tr><td rowspan="2">任务实施</td><td colspan="3">CIR 列车防护报警操作</td></tr>
<tr><td colspan="3">在实训室练习 CIR 列车防护报警操作后回答下列问题：
(1)遇到突发情况，有几种方式可以发送列车防护报警信息，都如何操作；又如何解除防护报警？

(2)当接收到列车防护报警信息，或解除防护报警信息如何操作？如何查询接收的列车防护报警信息？</td></tr>
</table>

任务考核

班级　　　　姓名　　　　学号　　　　第　小组

考核项目		考核要点	分值	自评	互评	师评
实践能力	CIR 列车防护报警操作	CIR 列车防护报警操作方法的掌握情况	70			
职业素质		安全意识、遵章守纪、心态平稳	30			
小计						
权重(自评 30%+互评 30%+师评 40%)总分						

习题巩固

一、填空题

1. 列车防护报警设备(LBJ)的主体是________MHz 车载电台。

2. 紧急情况下,可通过 CIR(LBJ 内置)或 LBJ 主机面板的“________”键启动发送报警信息。

3. 查询列车防护报警信息在 MMI 主界面下按压“________”键,进入查询界面。

二、判断题

1. 由 CIR 或 LBJ 主机面板【报警】键触发的报警,只能通过 CIR 或 LBJ 主机面板的【报警】键解除。(　　)

2. CIR 接收到施工防护报警信息、道口报警信息等其他报警信息的处理方法与列车防护报警不同。(　　)

项目四
机车车载安全防护系统

项目导语

铁道机车在运用现场的安全事故时有发生，主要包括：走行部轴箱轴承、电机轴承等故障；列车在运行中因折角塞门非正常关闭引发的冒进、冲撞事故；机车高压绝缘破坏，引起接触网烧损，造成大面积停电；机车内部电线电缆短路、过热及其他原因而引起的机车火灾；列车供电故障，造成列车不能正常出库、发车等。基于这些问题，在以往的机车中安装有各种监测设备，但这些设备在标准、功能、安装、人机界面、维护管理等方面不统一，无法纳入规范化管理和信息处理网络，同时在安全管理、跨局运用等现实需求方面也无法满足要求。

机车车载安全防护系统（6A 系统）是针对机车运行过程中危及安全的重要事项、重点部件和部位，在前期已有的各分散机车安全设备的基础上，完善功能、综合集成，形成的完整的系统性、平台化的安全防护装置，具有提高机车防范安全事故的能力。

思维导图

任务一　6A 系统构成认知

工作任务

机车车载安全防护系统是对机车六个重点部位的安全信息进行整合的装置，通过本任务的学习，熟知 6A 各子系统的功能。

任务目标

1. 理解 6A 系统与其他车载系统的关系。
2. 能够识别 6A 系统的相关设备。
3. 培养沟通交流能力。

相关知识

6A 系统是针对机车的制动系统、防火、高压绝缘、列车供电、走行部、视频等危及安全的重要事项、重点部件和部位，采用实时检测、监视、报警并可实现网络传输、统一固态存储和智能人机界面，整体研究设计而形成平台化的安全防护装置。

6A 系统利用智能传感技术、通信技术和信息融合技术，对机车重点部位进行动态监测与监控、数据集中、信息共享、综合分析、提前预警。为机车在途运行提供安全保障，为机车地面检修提供安全防范支持，以加强机车运用安全的机防和技防能力。

6A 系统与车载微机系统、LKJ 监控系统关系如图 4-1-1 所示。

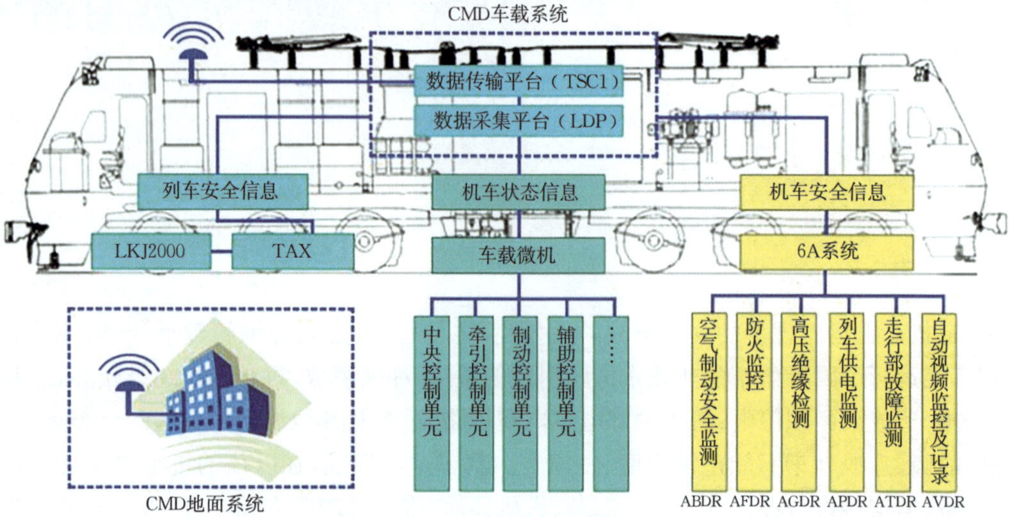

图 4-1-1　6A 系统与车载其他系统关系

6A 系统从 LKJ 获取的数据包括：时间、速度、限速、机车工况、公里标、本务/补机设置、区段号、司机号、机车型号、机车号、车次、惩罚制动指令。

6A 系统从 TCMS 系统获取的数据包括：总风流量、电制指令、大闸制动指令、小闸制动指令、紧急制动指令、停放模块状态、工作模式、故障代码。

一、系统构成

6A 系统总体架构如图 4-1-2 所示。

6A 系统以中央处理平台集合机车空气制动安全监测子系统（ABDR）、机车防火监控子系统（AFDR）、机车高压绝缘检测子系统（AGDR）、机车列车供电监测子系统（APDR）、机车走行部故障监测子系统（ATDR）、机车自动视频监控及记录子系统（AVDR），实现综合诊断、统一存储、集中显示和车地通信等功能。

6A 系统中的中央处理平台对各监控子系统进行数据集中、信息共享，并通过数据库进行综合分析。各监控子系统必须遵照统一的 6A 系统通信协议及其定义的帧格式和数据编码与中央处理平台通信。

二、子系统功能

中央处理平台及各子系统功能如下：

1. 中央处理平台

中央处理平台（central processing platform，CPP）（图 4-1-3）是 6A 系统的核心，承担机

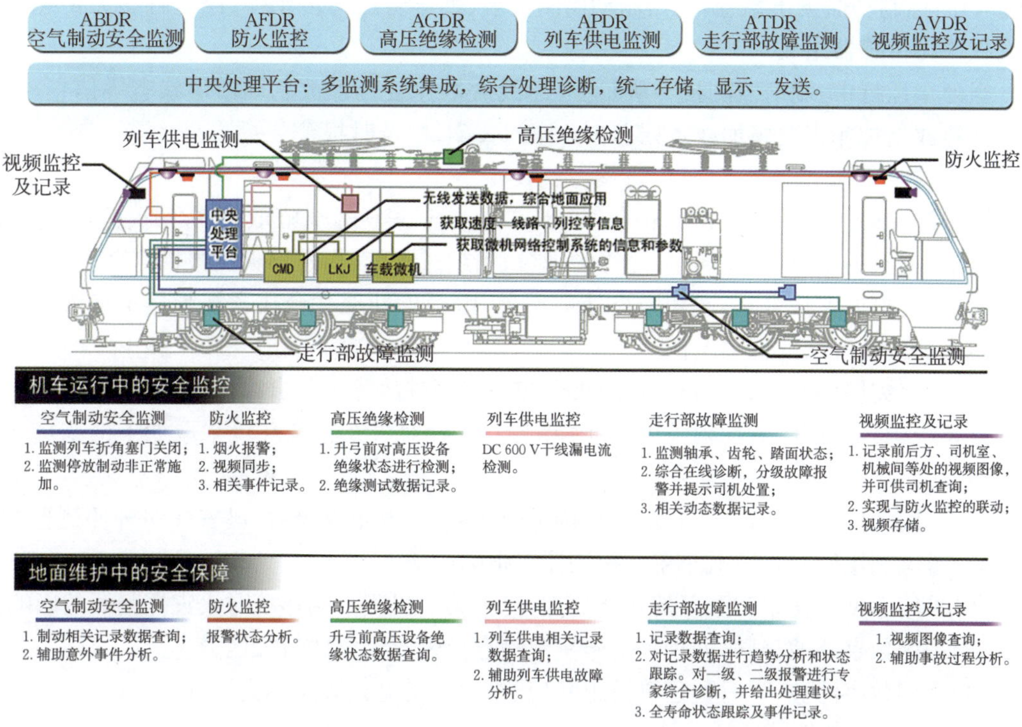

图 4-1-2 6A 系统总体架构

车车载安全防护系统各监测子系统之间的数据传输、数据管理、数据处理等工作。CPP 通过以太网总线和 CAN 总线将各个单元和 6A 监控子系统连接起来，构成一个整体，实现 6A 系统通信网络。CPP 实时接收 6A 监控子系统的数据，并根据数据内容对其中的报警进行综合诊断。综合诊断后的数据发送给存储板卡进行统一存储，发送给音视频显示终端(图 4-1-4)进行统一显示。

图 4-1-3 中央处理平台

图 4-1-4 音视频显示终端

2. 机车空气制动安全监测子系统

机车空气制动安全监测子系统(air brake safety monitoring and data record system,

ABDR)简称制动监测子系统，它由制动监测板卡、列车管压力传感器、停放缸压力传感器和均衡缸压力传感器组成。

当列车运行中，制动监测板卡从 CAN 总线获取速度和停放制动模块状态等信息，如果监测到停放施加非正常施加或者列车折角塞门关闭，则及时报警。

3. 机车防火监控子系统

机车防火监控子系统(fire alarm and data record system，AFDR)简称防火监控子系统。

(1)火灾探头感应烟雾、热量、光等物理量，当超过限值时，发出火灾报警信息。

(2)当发出火灾报警时，通知中央处理平台，由中央处理平台在音视频显示终端上自动切换至火情发生区域的视频图像。

(3)对火灾探头开路、短路故障/防火监控板卡硬件故障进行自检。

该系统中各型探测器均须采用智能探测器，并针对机车特殊环境采取如下的措施防止误报警：

(1)采用多探测器综合监测技术，在特定的区域内，发生火警时，已安装多种探测器的防护区域，考虑利用同时报警减小单一探测器误报的影响。

(2)采用温度变化率和温差的智能处理，克服柴油机间高温环境对火灾探测器的影响。

(3)采用数字滤波、延时处理等措施实现触点拉弧与火灾的特征区分。

(4)采用数字滤波、延时处理等措施实现防日光、雷电光等外界光干扰。

4. 机车高压绝缘检测子系统

机车高压绝缘检测子系统(anti-ground detection system for resistance of high voltage equipment，AGDR)简称高压绝缘检测子系统。

(1)检测机车高压部件的绝缘状态。

(2)具备设备自身的短路保护；有网压时自动锁闭检测功能；升弓状态下自动锁闭检测功能；系统配备钥匙开关，控制系统检测功能的启动。

(3)根据高压互感器不同变压比，功率部件输出如下电压：

AC 0～116 V(针对 25 kV/100 V 高压电压互感器)

AC 0～174 V(针对 25 kV/150 V 高压电压互感器)

AC 0～232 V(针对 25 kV/200 V 高压电压互感器)

(4)自动检测装置本身的测试功能，自检时间不大于 30 s。

5. 机车列车供电监测子系统

机车列车供电监测子系统(appliances train power diagnosis and record system，APDR)简称列车供电监测子系统。

通过列车供电柜获取电压、电流、客车集控信号，供电钥匙等信息，通过 CPP 获取机车号、牵引客车车次、辅机工作状态等详细信息，通过漏电流检测模块获得漏电流信息，然后把这些信息综合形成完善的列车供电系统的运行状态信息，为机车列供柜的运行、检修提供参考依据。

6. 机车走行部故障监测子系统

机车走行部故障监测子系统(advanced truck defect diagnosis and record system，ATDR)简

称走行部监测子系统。它由走行部监测板卡、数据前置处理器、传感器等部分组成。通过传感器采集轴承温度、振动冲击数据；齿轮、踏面振动冲击数据；机车车轴转速数据，传输至走行部监测板卡，对数据进行诊断分析，并将诊断结果和过程数据通过 CAN 总线传送至 CPP。

7. 机车自动视频监控及记录子系统

机车自动视频监控及记录子系统（automatic video display and record system，AVDR）简称视频监控子系统。

（1）实时采集相关监控部位的视频图像。

（2）视频图像上叠加监测部位、车次、机车号、时间、公里标、速度和报警信息。

（3）响应 CPP 的命令，并向其发送报警事件相关的视频图片。

（4）当防火监控子系统发现火情时，自动切换至火情发生区域的视频图像。

（5）视频子系统自身具备视频图像存储能力，实时存储视频图像和报警信息，时间最短不少于 10 天。视频存储采用滚动方式，当占用的存盘空间达到上限时，自动覆盖早期的视频数据。

（6）提供下面三种下载方式：

①通过在视频处理板卡面板上插入的 USB 移动存储设备下载。视频数据的下载范围由中央处理平台预先设置（例如 1 天、3 天、5 天、10 天等），缺省设置为 1 天。

②通过视频处理板卡面板上的以太网接口，用专用下载软件下载，可设置下载范围。

③通过直接拔出存储单元的方式，获取整个存储数据。

（7）根据监控位置、时间、事件信息等对历史视频图像进行回放。在视频回放过程中，能快进、快退和暂停。

（8）实时监测摄像头、板卡硬件故障状态。

任务实施

<table>
<tr><td>任务名称</td><td colspan="2">机车车载安全防护系统构成认知</td><td>任务编号</td><td>4.1</td></tr>
<tr><td>任务说明</td><td colspan="4">掌握机车车载安全防护系统各子系统名称及功能</td></tr>
<tr><td rowspan="9">任务实施</td><td colspan="4">6A 系统子系统构成</td></tr>
<tr><td colspan="4">机车车载安全防护系统简称 6A 系统，6A 指的是什么？说出各子系统名称及功能，填在下表中。</td></tr>
<tr><td>序号</td><td>名称</td><td colspan="2">功能</td></tr>
<tr><td>1</td><td></td><td colspan="2"></td></tr>
<tr><td>2</td><td></td><td colspan="2"></td></tr>
<tr><td>3</td><td></td><td colspan="2"></td></tr>
<tr><td>4</td><td></td><td colspan="2"></td></tr>
<tr><td>5</td><td></td><td colspan="2"></td></tr>
<tr><td>6</td><td></td><td colspan="2"></td></tr>
</table>

任务考核

班级　　　　　　　　　　　姓名　　　　　　　　　　　学号　　　　　　　　　　　第　小组

考核项目		考核要点	分值	自评	互评	师评
实践能力	6A 系统子系统构成	机车车载安全防护系统子系统的掌握情况	70			
职业素质		安全意识、遵章守纪、细致耐心	30			
小计						
权重(自评 30%＋互评 30%＋师评 40%)总分						

习题巩固

1. 机车车载安全防护系统简称________系统。

2. 机车车载安全防护系统的________平台对各监控子系统进行数据集中、信息共享，并通过数据库进行综合分析。

任务二　6A 系统音视频显示终端基本操作

工作任务

机车乘务员通过机车车载安全防护系统音视频显示终端获取各子系统的状态信息，通过本任务的学习，识读显示界面，完成音视频显示终端操作。

任务目标

1. 能够识读 6A 系统音视频显示终端界面内容。
2. 能够进行 6A 系统音视频显示终端操作。
3. 培养细致耐心的态度。

相关知识

6A 系统音视频显示终端(图 4-2-1)位于机车乘务员操作台上，是 6A 系统的人机交互装置，可以查询各子系统设备状态、监测数据、提示信息和报警信息。

图 4-2-1　音视频显示终端外观

一、显示界面

显示屏信息层次如图 4-2-2 所示。

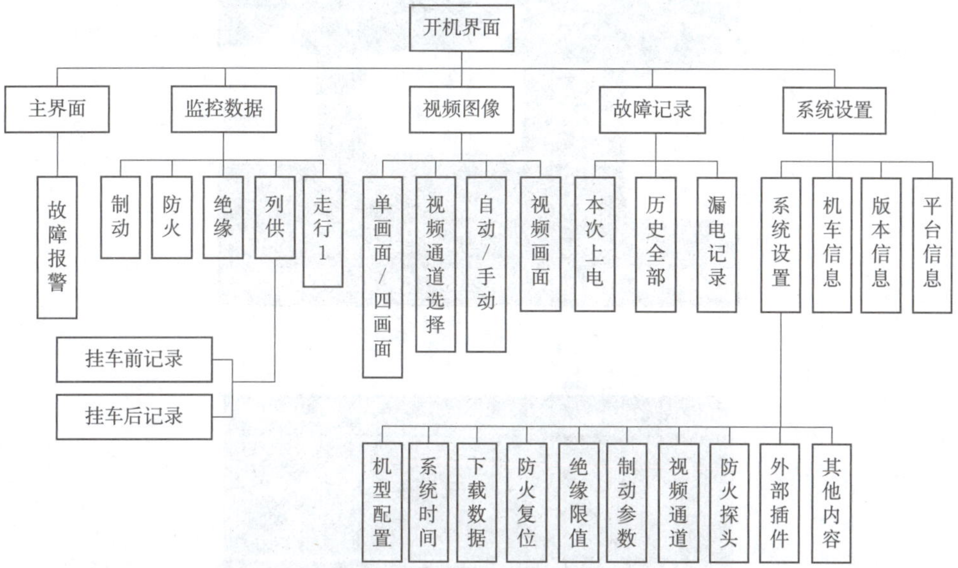

图 4-2-2　显示屏信息层次

6A 系统中央处理平台在启动后，将自动收集各子系统的自检信息，并将信息发送到音视频显示终端，如果 6A 系统主界面显示内容如图 4-2-3 所示，并且没有语音报警，则表示 6A 系统运行正常。

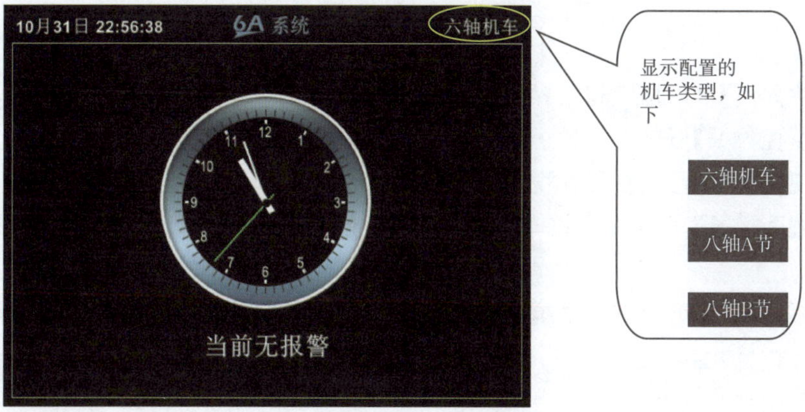

图 4-2-3　6A 系统主界面显示内容

如果有报警或者自检故障，显示终端会直接进入主界面显示相应的信息，如图 4-2-4 所示。

二、界面操作

在开机界面点击 6A 系统音视频显示终端的屏幕进入主界面，如图 4-2-5 所示。

主界面下方分布着 5 个功能选择按钮，点击可以查看下一级子菜单。

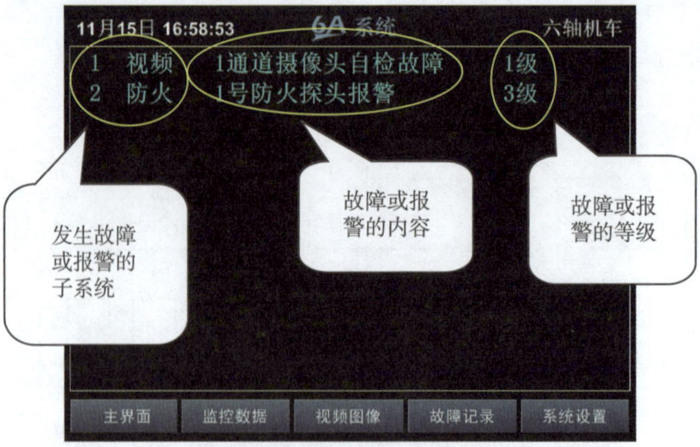

图 4-2-4 报警或故障显示界面

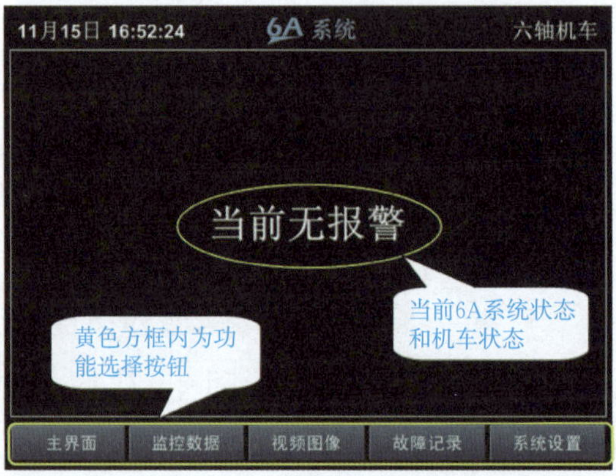

图 4-2-5 主界面

点击【主界面】可以切换到主界面。

点击【监控数据】可以查看各子系统的监测数据和设备状态。

点击【视频图像】可以查看各视频通道的图像。

点击【故障记录】可以查看机车本次运行的故障和报警记录，以及过往的故障和报警记录。

点击【系统设置】可以查看系统版本信息、机车信息等内容。

1. 查看监测监控信息

(1)空气制动监测界面

点击【监控数据】—【制动】，进入机车空气制动监测界面，如图 4-2-6 所示，在此界面可以查看到速度、风管压力、列车贯通辆数等数据。

注意：在使用中，应查看所显示的编组辆数是否与 LKJ 装置中输入的信息一致。

图 4-2-6 中左侧显示的是机车制动系统当前的压力值，其作用是监测机车停放制动施加状态，当停放制动施加出现异常情况时，音视频显示终端会发出语音报警，并且会出现文字提示，记录并存储。

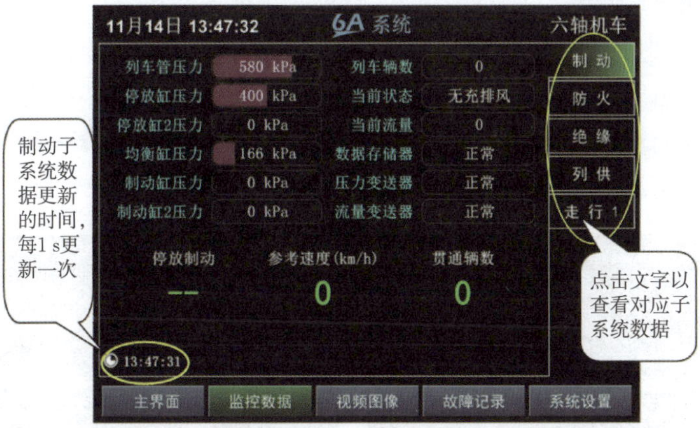

图 4-2-6 制动监测界面

图中 4-2-6 右侧显示的是防折关监测模块的监测数据，其中：

“列车辆数” 是从机车 LKJ 获取的列车当前编组信息。

“当前状态” 显示列车管当前的充排风情况，在列车充排风过程中，显示终端会通过语音和文字，提示机车乘务员当前列车的充排风状态。

“当前流量” 监测的是当前机车列车管内的流量。

“数据存储器”“压力变送器”“流量变送器”显示的是当前制动监测设备的状态。

“贯通辆数” 显示的是在列车正常充排风结束之后，防折关监测模块检测到的列车贯通的车辆数。

①停放制动意外施加检测模块

停放制动异常施加报警：机车速度大于 5 km/h，停放缸压力小于 370 kPa，制动监测界面报告停放制动意外施加，如图 4-2-7 所示。

机车速度降为 0，制动监测界面停放制动意外施加报警解除，如图 4-2-8 所示。

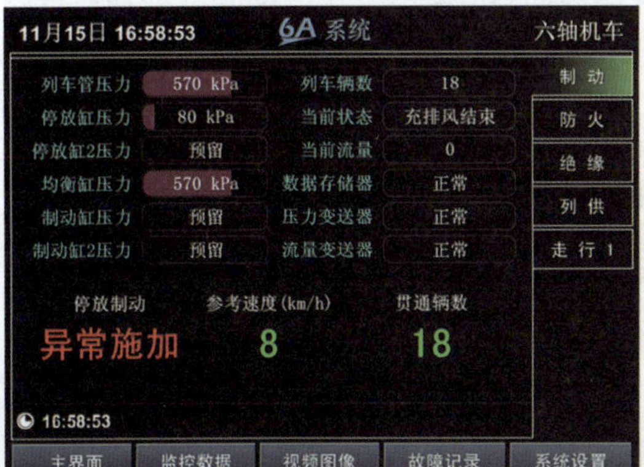

图 4-2-7 停放制动意外施加界面

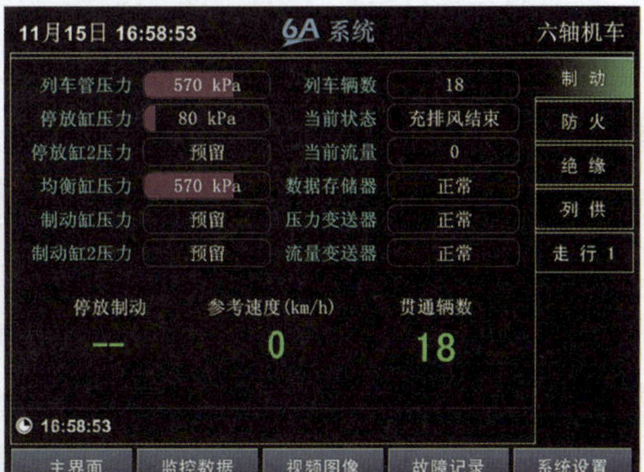

图 4-2-8 停放制动意外施加报警解除界面

②防折关检测模块

查看正常减压时列车的贯通情况，压力充至定压后，自阀减压（50～170 kPa），折关监测显示界面将显示折角塞门关闭监测模块判断出的贯通辆数，如图 4-2-9 所示。

查看正常充风列车的贯通情况，自阀减压（50～170 kPa）后，再次充风至定压，折关监测显示界面将显示折角塞门关闭监测模块判断出的贯通辆数，如图 4-2-10 所示。

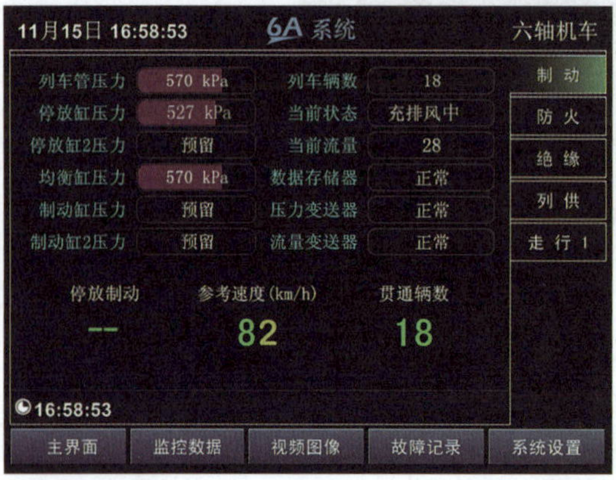

图 4-2-9　正常减压列车贯通计算

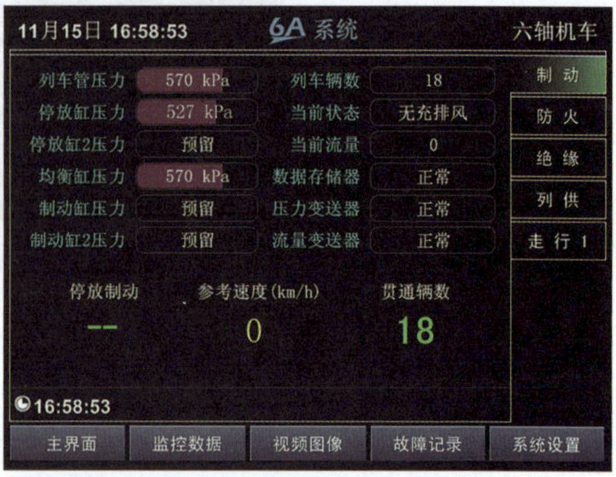

图 4-2-10　正常充风列车贯通计算

（2）防火监控界面

点击【监控数据】—【防火】，进入防火监控界面，如图 4-2-11 所示，此界面显示当前机车火灾探头和感温电缆的种类、安装位置和关联的视频摄像头。当火灾探头故障时，防火监控界面的显示如图 4-2-12 所示。当发生火灾时，界面上对应位置的探头图标会变为红色（图 4-2-13），显示终端发出语音报警提示，并且自动将画面切换为与报警探头关联的视频通道上，司乘人员可以立即通过显示终端观察发生火灾位置的情况。

（3）高压绝缘检测界面

点击【监控数据】—【绝缘】，进入高压绝缘检测界面，如图 4-2-14 所示，在此界面内可以查看绝缘检测时，检测类型、检测结果、电钥匙状态、外网供电状态、功率模块状态以及设置的报警门限和检测电压。

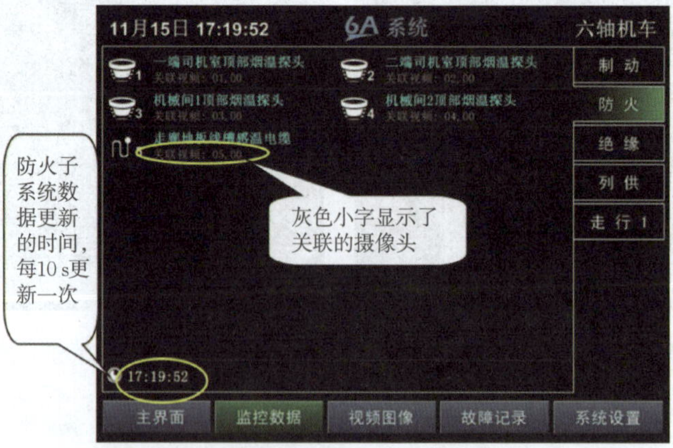

图 4-2-11　防火监控界面

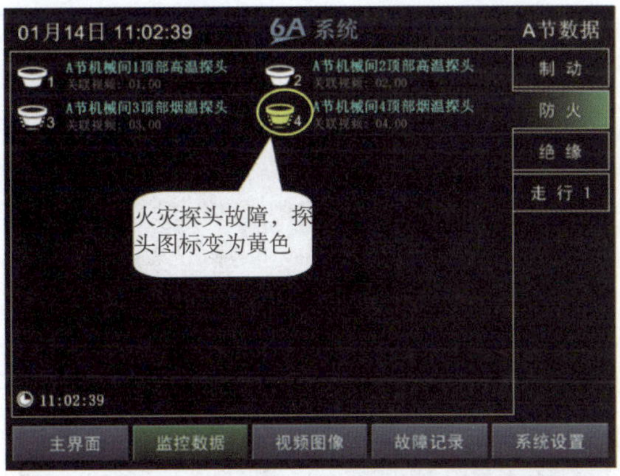

图 4-2-12　火灾探头故障时，防火监控界面显示

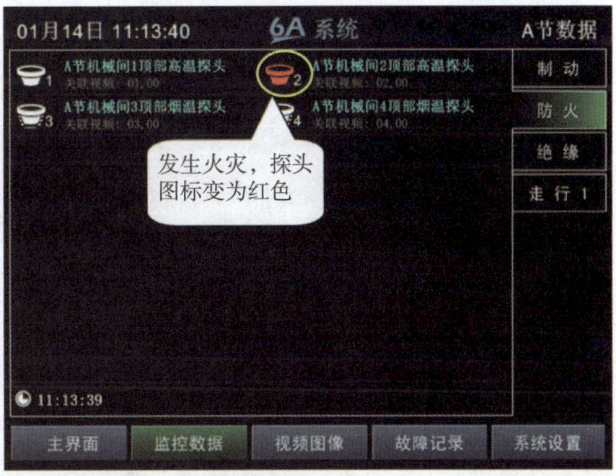

图 4-2-13　发生火灾时，防火监控界面显示

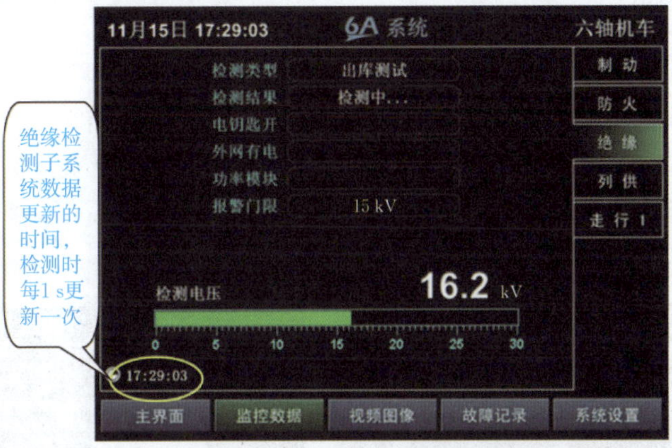

图 4-2-14　高压绝缘检测界面

(4)列车供电监测界面

点击【监控数据】—【列供】，进入列车供电监测界面，此界面显示列车两路供电的实时状态，包括漏电流、交流输入电流、交流输入电压、供电电压、供电电流、半电压以及使用电量等，如图 4-2-15、图 4-2-16 所示。机车乘务员可以通过点击【挂车前记录】【挂车后记录】，记录并查看比对“挂车前记录”和“挂车后记录”的数据，更准确地掌握列车供电状态。

查看漏电流记录：点击【故障记录】—【漏电记录】，如图 4-2-17 所示。

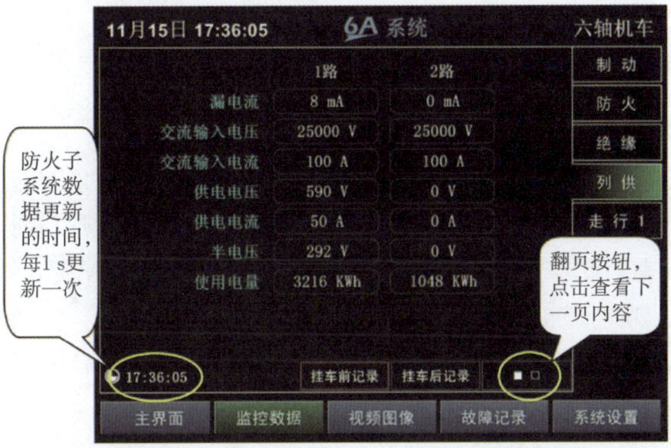

图 4-2-15　列车供电监测界面第一页的内容

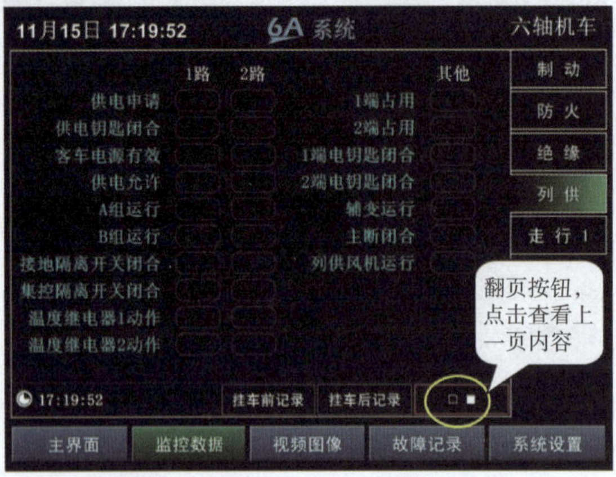

图 4-2-16　列车供电监测界面第二页内容

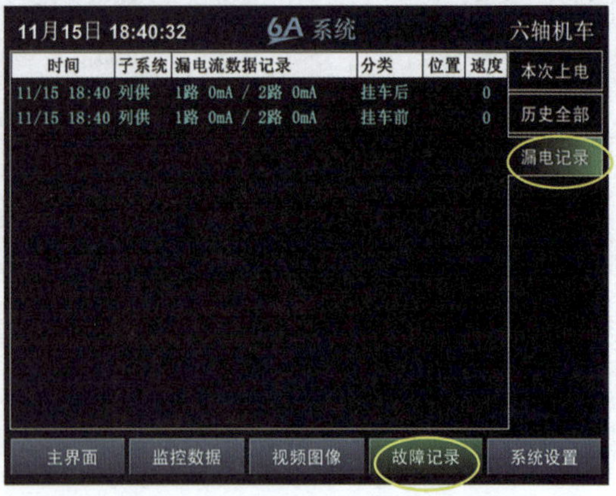

图 4-2-17　查看漏电记录界面

(5)走行部故障监测界面

点击【监控数据】—【走行 1】，进入机车走行 1 监测界面，如图 4-2-18 所示，此界面显示所有安装了传感器的轴位的温度值和冲击振动情况。图 4-2-18 中，小方框内的数字是对应传感器测量的温度值，文字是对应传感器测量的轴箱和齿轮的冲击振动状态。如有异常情况，对应显示红色文字，如图 4-2-19 所示。

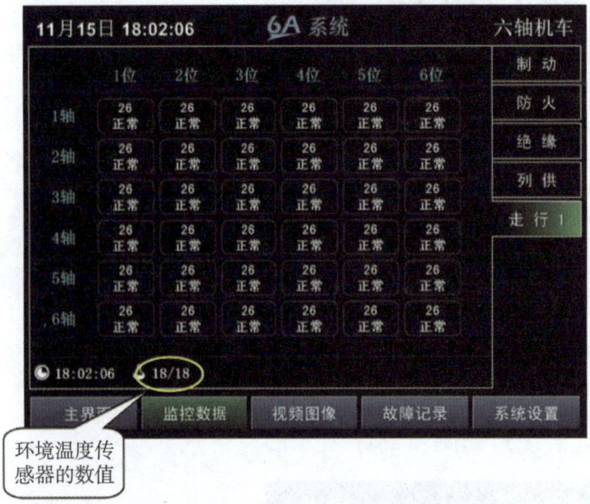

图 4-2-18　走行部故障监测界面

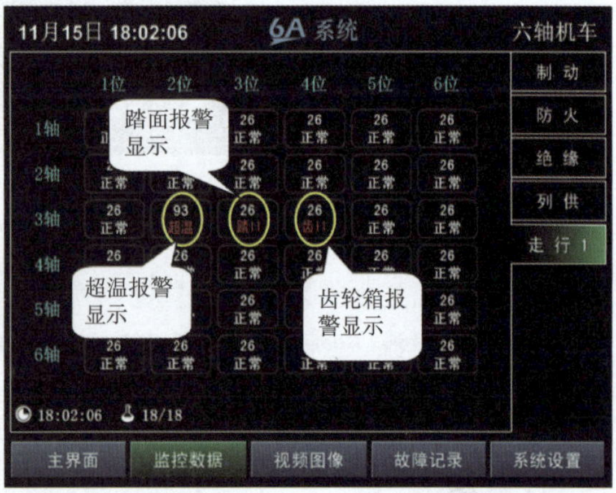

图 4-2-19　走行部故障报警界面

(6)视频监控界面

点击【视频监控】，可以查看实时的视频监控图像，界面如图 4-2-20 所示。

图 4-2-20 中右侧选项栏内的带编号方框 1～16 为可安装视频监控设备的通道，其中带有黄色文字的方框，表示此通道已经安装了摄像头并完成了相关配置，黄色文字显示了视频摄像头安装的位置。当通道被选中时，方框的边框会变为红色。

选项栏中【单画面】按钮可以切换视频通道显示数量，“单画面”表示当前界面只显示一

图 4-2-20　视频监控界面—单画面

个通道的视频图像，点击此按钮，“单画面”切换为“四画面”，如图 4-2-21 所示，表示当前界面同时显示 4 个通道的视频图像；再次点击，“四画面”切换为“单画面”。选项栏中【手动】按钮可以切换视频播放模式，“手动”表示机车乘务员可以根据需要自行选择视频通道；点击此按钮，“手动”切换为“自动”，界面当中的图像将按视频通道编号自动顺序播放。

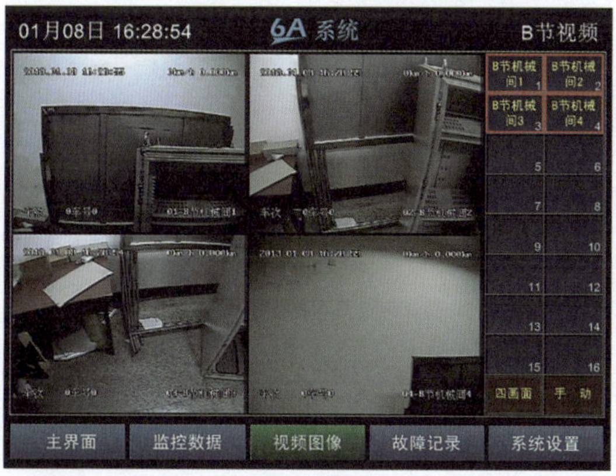

图 4-2-21　视频监控界面—四画面

2. 查看故障记录

点击【故障记录】—【本次上电】，可以查看本次开电后发生的故障信息，如图 4-2-22 所示。

点击【故障记录】—【历史全部】，可以查看历史曾经发生的故障信息。

3. 音视频显示终端按键操作

在开机界面按下键，可以进入主界面。对应【主界面】；对应【监控数据】；对应【视频图像】；对应【故障记录】；对应【系统设置】。按下按键可以进入相应的下一级菜单，然后可以通过方向按键选择查看内容。

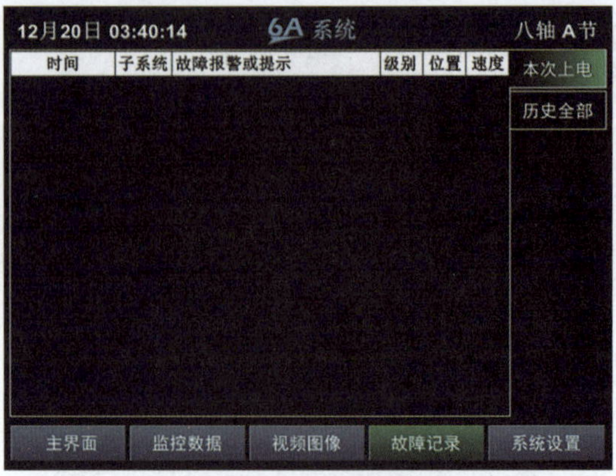

图 4-2-22 本次上电故障显示界面

在开机界面或者主界面时，按下，显示屏上部将会出现音量调节菜单，按下可以减小音量，按下可以增大音量，当音量调节完毕之后，按下收起音量调节菜单。

当音视频显示终端触摸屏的触摸功能失效时，可以通过音视频显示终端上的按键来查看相关信息。

任务实施

任务名称	机车车载安全防护系统音视频显示终端基本操作	任务编号	4.2
任务说明	掌握 6A 系统音视频显示终端的操作		
任务实施	6A 系统操作		
	在实训室练习 6A 系统音视频显示终端的操作后回答下列问题： (1)如何通过 6A 系统的音视频显示终端进入各子系统查看相应信息？ (2)6A 系统的音视频显示终端如何查看本次及历史的故障信息？		

任务考核

班级　　　　姓名　　　　学号　　　　第　小组

考核项目		考核要点	分值	自评	互评	师评
实践能力	6A 系统操作	6A 系统音视频显示终端操作方法的掌握情况	70			
职业素质		安全意识、遵章守纪、心态平稳	30			
小计						
权重(自评 30%＋互评 30%＋师评 40%)总分						

习题巩固

1. 在 6A 系统音视频显示终端点击________可以切换到主界面，点击________可以查看各子系统的监测数据和设备状态，点击________可以查看各视频通道的图像。

2. 机车速度大于 5 km/h，停放缸压力小于________ kPa，6A 系统制动监测界面报告停放制动意外施加。

3. 防折关监测模块的监测数据中“列车辆数”是从机车 LKJ 获取的列车当前________，“贯通辆数”显示的是在列车正常充排风结束之后，防折关监测模块检测到的________。

4. 当发生火灾时，防火监控界面上对应位置的探头图标会变为________色；火灾探头故障，界面上对应位置的探头图标会变为________色。

项目五
自动过分相系统

项目导语

在铁路电气化牵引区段，牵引供电采用单相工频交流供电方式。为使电力系统的三相供电负荷平衡和提高电网的利用率，电气化铁路的供电接触网采用分相段供电，各分相段采用长度不等的绝缘间隔(即分相区间)，电力机车通过分相区间必须断电惰行。为了保证电力机车安全通过分相区间，在分相区前、后 30 m 线路左侧设置断、合标志牌，以提示机车乘务员操纵机车安全通过分相区。

为了实现电力机车通过分相区时操作的自动化，减轻机车乘务员的工作强度，自动过分相系统应运而生，其主要功能是当电力机车通过分相区时，系统根据当时机车速度、位置自动平滑降牵引电流、断辅助机组和分断主断路器，通过分相区后，自动闭合主断路器、闭合辅助机组和控制牵引电流平滑上升。系统采用高可靠 PLC 作为控制单元、免维护的地面定位方式，实现精确控制电力机车通过分相区。

思维导图

任务　自动过分相系统认知

工作任务

自动过分相系统能够减少机车乘务员运行过程中过分相时的操作，通过本任务的学习，识别自动过分相系统及信号指示含义。

任务目标

1. 能够识别自动过分相系统。
2. 掌握自动过分相系统信号指示含义。
3. 培养责任心和职业素养。

相关知识

HXD_3 型电力机车装有 GFX3S 型电力机车自动过分相系统，其主要功能是当电力机车通过分相区时，系统根据当时机车速度、位置自动平滑降牵引电流、断辅助机组和分断主断路器，通过分相区后，自动闭合主断路器、闭合辅助机组和控制牵引电流平滑上升。系统采用了高可靠 PLC 作为控制单元、免维护的地面定位方式，实现精确控制电力机车通过分相区。

一、系统组成

自动过分相系统主要由感应接收器（简称车感器）、地面感应器和自动过分相主机（图 5-1-1）三部分组成。

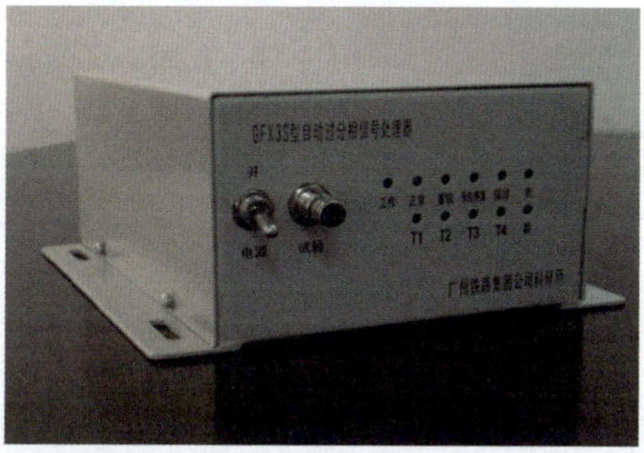

图 5-1-1　自动过分相主机

1. 感应接收器

感应接收器安装于机车下部转向架的两侧（图 5-1-2），共 4 个，前后相互备份，采用密封防水、防振设计处理，保证系统的可靠运行。感应接收器基于电磁感应原理，感应接收线圈与地面感应器的磁场相结合，机车通过地面感应器时，在感应接收器上感应一个幅值和宽度与机车运行速度相对应的信号，完成系统的定位识别。它具有识别准确高、相应时间短、抗干扰能力强、无故障运行时间长等优点。

图 5-1-2　感应接收器安装图

2. 地面感应器

地面感应器是嵌入到轨枕里的永久磁铁，具有耐高温、耐腐蚀、不会损坏等特点，适合安装在室外。

3. 自动过分相主机

自动过分相主机是由系统信号处理单元以及控制单元组成。系统信号处理单元具有采集感应接收器接收的定位信号、机车运行方向，处理相应的信息，发出相关的信息指令、自诊断故障信息，输出显示信息等功能。控制单元主要功能是采集由系统信号处理单元输出的定位信息、机车速度、司机指令、牵引电流、供电网压等相关机车信息，并根据接收到地面感应器输出的定位信息、机车运行速度，确定控制牵引电流下降的速率和确定断开主断路器的位置。通过分相区后，根据接收到地面感应器输出的定位信息，控制闭合主断路器和控制牵引电流平稳上升。

二、工作原理

自动过分相系统是基于免维护地面定位技术的车载自动过分相控制系统。机车通过地面感应定位信号确定机车与分相点的相对位置，地面定位和机车感应信号分别采用斜对称埋设和备份接收，以保证自动过分相的安全可靠。

如图 5-1-3 所示，预先根据要求在每个分相区前后分别埋设两个地面感应器。

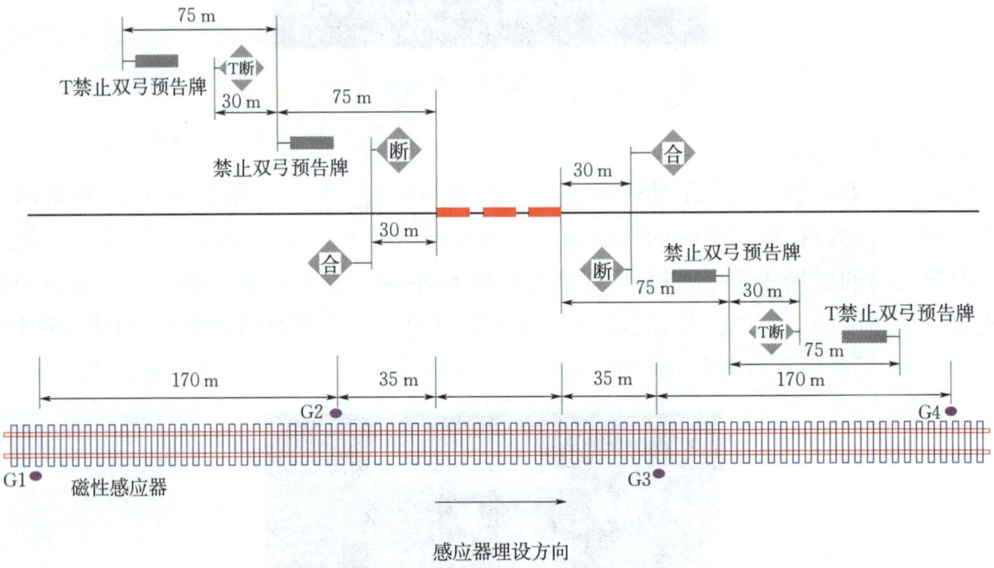

图 5-1-3 地面感应器的埋设方式

机车过分相信号的感应、处理，由地面磁感应器、车感器和车感信号处理装置共同完成。机车过分相的控制，由微机柜及机车控制回路完成。微机柜对机车过分相的自动控制，与司机操作控制并联，当司机操作控制过分相，自动控制起监视作用。

机车过“电分相”点之前(客车距“电分相”点 1 500 m、500 m，货车距“电分相”点 1 000 m、500 m)，LKJ 语音提示“禁止双弓”，提醒机车乘务员注意即将要经过分相区。机车运行至 G1(反向运行至 G4)点，自动过分相主机接收到车感器感应的预告地面定位信号，自动过分相主机向 TCMS 发出过分相预告信号，TCMS 根据此时机车运行速度，计算出延时时间，经过延时，控制电机电流平稳下降到 0，发出断“主断”信号给控制电路，控制电路控制机车断辅助机组、断“主断”(预告模式);机车运行至G2(反向运行至G3)点,自动过分相主机接收车感器感应的强迫地面定位信号,自动过分相主机向TCMS发出过分相强迫断信号,TCMS立即封锁电机电流,发出断“主断”信号给控制电路,控制机车断辅助机组、断“主断”。机车通过无电区后,运行到G3(反向运行至G2)点,自动过分相主机接收到感应接收器感应的合闸地面定位信号,则通过预告信号通道向TCMS送出合“恢复”信号,TCMS发出合“主断”给控制电路,控制电路控制机车合辅助机组、合“主断”,控制电机电流缓慢恢复到过分相前工况。在正常接收G3(反向运行至G2)信号时信号处理器将屏蔽G4(反向运行至G1)。如果信号处理器没有接收到G3(反向运行至G2),而信号处理器接收G4(反向运行至G1),则通过预告信号通道向TCMS送出合“恢复”信号。

任务实施

<table>
<tr><td>任务名称</td><td colspan="2">自动过分相系统认知</td><td>任务编号</td><td>5.1</td></tr>
<tr><td>任务说明</td><td colspan="4">掌握自动过分相系统的设备构成及其作用</td></tr>
<tr><td rowspan="6">任务实施</td><td colspan="4">自动过分相系统</td></tr>
<tr><td colspan="4">观察实训室自动过分相系统设备,说出各设备名称及各有什么功能,并填写下表。</td></tr>
<tr><td>序号</td><td>设备名称</td><td colspan="2">功能</td></tr>
<tr><td>1</td><td></td><td colspan="2"></td></tr>
<tr><td>2</td><td></td><td colspan="2"></td></tr>
<tr><td>3</td><td></td><td colspan="2"></td></tr>
</table>

任务考核

班级　　　　　　　　姓名　　　　　　　　学号　　　　　　　　第　小组

<table>
<tr><th colspan="2">考核项目</th><th>考核要点</th><th>分值</th><th>自评</th><th>互评</th><th>师评</th></tr>
<tr><td>实践能力</td><td>自动过分相系统认知</td><td>自动过分相系统组成的掌握情况</td><td>70</td><td></td><td></td><td></td></tr>
<tr><td colspan="2">职业素质</td><td>安全意识、遵章守纪、爱护机车</td><td>30</td><td></td><td></td><td></td></tr>
<tr><td colspan="4">小计</td><td></td><td></td><td></td></tr>
<tr><td colspan="4">权重(自评30%+互评30%+师评40%)总分</td><td colspan="3"></td></tr>
</table>

习题巩固

1. HXD_3型电力机车装有________型电力机车自动过分相系统。

2. 自动过分相系统由____________、____________和____________三部分组成。

项目六
机车辅助操控系统

项目导语

随着中国铁路快速发展，对列车安全、正点、平稳、节能运行提出了更高的要求。机车乘务员不仅要专注瞭望，还要进行控制速度、过分相、贯通试验及对标停车等复杂的操作，因此，机车辅助操控系统尤为重要。

机车辅助操控系统（STO 系统）主要通过总结列车节能运行优化操纵方法，结合车辆系统动力学进行建模，寻求出满足列车运行时间要求、安全平稳、节电（油）的最优运行曲线，并实现自动控制列车运行，从而达到降低机车乘务员劳动强度、节能减排的目的。

思维导图

任务一　STO 系统认知

工作任务

STO 系统具备自动驾驶功能，可减轻机车乘务员操作强度，能够提高列车的平稳性。通过本任务的学习，掌握 STO 系统的设备构成及控制模式，能够识读显示界面。

任务目标

1. 能够识别 STO 系统的设备。
2. 能够识读 STO 界面。
3. 培养与时俱进的心态。
4. 培养时刻警醒的职业态度。

相关知识

STO 系统主要作用是在机车乘务员仅实施有限干预操作的情况下，代替其进行牵引、制动操作，实现列车正线运行过程中的自动驾驶，并利用合适的操纵策略提高列车运行的平稳性，降低能源消耗。

STO 系统综合机车特性、线路数据、列车运行时刻表等固定信息，以及机车信号、临时限速等实时信息，采用智能优化的操纵算法与控制算法，使列车按照最优轨迹运行，实现列车“安全、正点、平稳、节能”的运行目标。

一、系统组成

STO 系统主要包含核心主机单元(VCU)、控制执行单元(CEU)、人机交互单元(DMI)、EBV 控制单元、隔离开关、操作按钮等，外接 LKJ2000 型列车监控装置、司控器、空气制动装置及机车电源。STO 系统架构如图 6-1-1 所示。

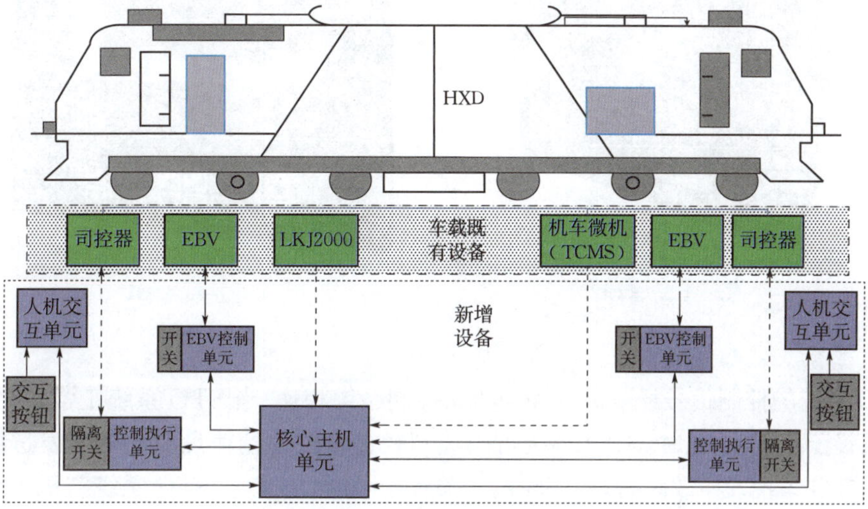

图 6-1-1　STO 系统架构

1. 核心主机单元(VCU)

VCU(图 6-1-2)是 STO 系统计算及控制的核心，它主要基于基础线路数据、运行时刻表和机车参数等信息，计算机车运行的优化轨迹，并在 DMI 上显示。

图 6-1-2　VCU

2. 控制执行单元(CEU)

CEU(图 6-1-3)为控制命令的执行单元，它可以将来自 VCU 的命令转化为 TCMS 可识别的指令进行输出，并监测司控器级位手柄状态。

3. 人机交互单元(DMI)

DMI(图 6-1-4)为系统与用户的交互接口，用于实现人机信息交互。

4. EBV 控制单元

EBV 控制单元输出空气制动指令至空气制动装置，达到辅助控制列车运行的目的。

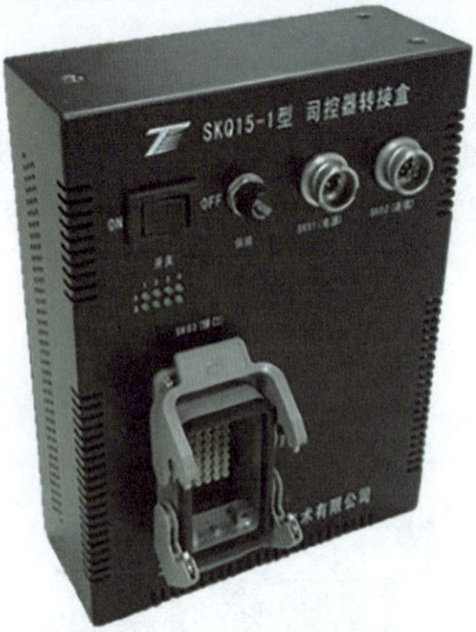

图 6-1-3 CEU

图 6-1-4 DMI

5. 隔离开关及操作按钮

STO 系统的控制信号经隔离开关与机车控制系统相连，当 STO 系统正常运用时，应将隔离开关置于正常位，此时，STO 系统可采集司控器级位手柄信息及向机车发送控制指令信息；当 STO 系统发生故障时，应将隔离开关置于隔离位，此时，STO 系统与机车控制系统物理隔离。为便于操作，在操纵台风笛按钮旁装有辅助驾驶按钮，通过该按钮可以快速地使 STO 系统进入自动控车模式。

二、系统工作状态

STO 系统的工作状态主要包括预备状态、手动控车状态、自动控车状态，且三种工作状态间可相互转换。

1. 预备状态

STO 系统仅具备辅助作业提示功能。

机车上电后 STO 系统自动进入预备状态，预备状态下 STO 系统仅对时间、停车计时、累计里程等辅助作业信息进行提示。

2. 手动控车状态

STO 系统具备辅助作业提示功能和优化操纵曲线指导功能。

当 STO 系统的 LKJ 数据版本正确且正确获取 LKJ 揭示信息时，自动进入手动控车状态；手动控车状态下具备辅助作业提示功能和优化指导功能。

3. 自动控车状态

STO 系统具备辅助作业提示功能和自动控制功能。

当 STO 系统处于手动控车状态时，可通过按压辅助驾驶按钮使系统进入自动控车状态；自动控车状态下具备自动控车功能和辅助提示功能。

三、控制模式

STO 系统的控制模式主要包括达速模式、点单模式、等信号驾驶模式，且三种控制模式可根据调度计划及列车运行状态相互转换。

1. 达速模式

达速模式适用于货运列车接调度通知达速运行或客运列车晚点后赶点的情况。达速模式下，STO 系统不以站间运行时分进行优化计算，以保障运行时间满足运输要求为第一目标，以尽量快的安全速度运行。

2. 点单模式

点单模式适用于正点运行的客运列车或需要按照站间时分运行的货运列车。点单模式下，STO 系统以站间运行时刻表为优化计算基础，合理分配运行时间，降低运行耗能。

3. 等信号模式

等信号模式适用于非计划停车的车站停车、站间接收到减速信号、L～L5 码情况下收到车站调度员通知减速运行等情况。等信号模式下，STO 系统控制列车以惰行或动力制动的方式减速运行，等待前方进路开通。

四、信息显示

DMI 的主界面如图 6-1-5 所示。

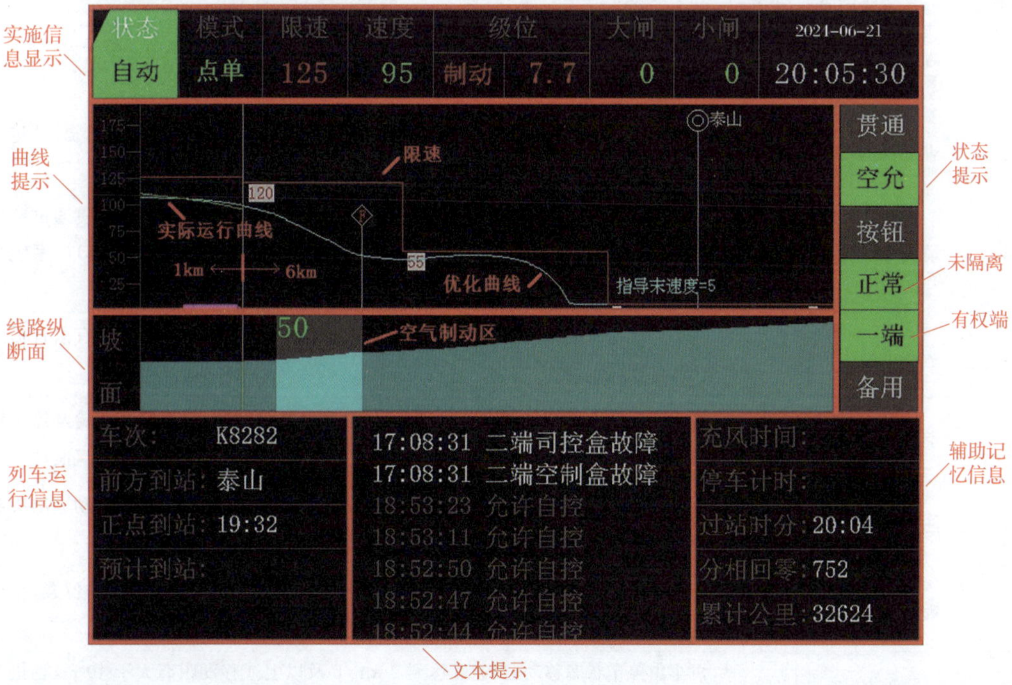

图 6-1-5 DMI 主界面

五、语音提示

DMI 输出的操作类语音提示见表 6-1-1。

表 6-1-1 操作类语音提示

序号	语音内容	触发条件
1	请将手柄放置零位	当STO系统进入自动控车状态且级位手柄处于非零位时，DMI语音提示“请将手柄放置零位”，并伴有10 s倒计时的窗口提示。若机车乘务员在10 s内未将级位手柄回零位，STO系统将提示进入自动控车状态失败
2	注意手动控制	当STO系统退出自动控车状态时，DMI语音提示“注意手动控制、注意手动控制、注意手动控制”，机车乘务员需要及时人工控制机车
3	注意减压	当前方地点满足空气制动要求时，距离空气制动开始点前10 s时提示“注意减压”
4	注意试闸	停车后每间隔20 min，通过DMI提示语音“注意试闸”
5	列车开始起动	停车时进入自动控车状态，当STO系统自动输出牵引级位时，DMI语音提示“列车开始起动、列车开始起动”
6	请确认距离	当机车信号为U、U2、UU灯且距离信号机300 m时，DMI语音提示“请确认距离”
7	请确认股道	列车侧线进站后且收HU灯时，DMI语音提示“请确认股道”

DMI输出的其他类语音提示见表6-1-2。

表 6-1-2 其他类语音提示

序号	语音内容	触发条件
1	已进入自动驾驶	进入自动控车状态后，DMI语音提示“已进入自动驾驶”，机车由人控转为自控，机车乘务员应加强瞭望
2	进入自动驾驶失败	当进入自动控车状态操作完成且STO系统未能进入自控时，DMI语音提示“进入自动驾驶失败”
3	请贯通试验	列车起车后机车乘务员未做贯通试验，当STO系统自动判定符合做贯通试验的条件时，DMI语音提示“请贯通试验”，具备自动控制空气制动功能时，STO系统自动进行贯通试验
4	确认进路表示器	在预先规定的信号机前，DMI以文本方式提示确认进路表示器，并伴有语音提示“请确认进路表示器”
5	空气制动	当动力制动无法满足调速要求、客运列车赶点进站调速、自动贯通试验及停车控制，且STO系统自动输出空气制动指令时，DMI语音提示“空气制动、空气制动”
6	注意缓解	STO系统自动输出空气制动指令后，当满足缓解条件时，STO系统自动输出缓解指令，且DMI语音提示“注意缓解、注意缓解”
7	确认上下行	在预先规定的地点，DMI通过语音和文本方式提示请注意上下行开关位置；当机车进入上下行转换位置所在分区后，DMI语音提示“确认上下行”
8	注意抱闸运行	机车由停车状态移动，当速度达到2 km/h及以上或移动距离大于10 m，且机车仍存在自阀制动或单阀制动(压力达到50 kPa及以上)，DMI语音提示“注意抱闸运行、注意抱闸运行”
9	注意泵风	机车运行至分相前1 000 m处时，DMI语音提示“注意泵风”

任务实施

<table>
<tr><td>任务名称</td><td colspan="2">STO 系统认知</td><td>任务编号</td><td>6.1</td></tr>
<tr><td>任务说明</td><td colspan="4">掌握 STO 系统组成及控制模式</td></tr>
<tr><td rowspan="4">任务实施</td><td colspan="4">1. STO 系统组成</td></tr>
<tr><td colspan="4">观察实训室 STO 系统的设备，说出主要设备的功能，并填写下表。
<table><tr><th>序号</th><th>设备名称</th><th>功能</th></tr><tr><td>1</td><td></td><td></td></tr><tr><td>2</td><td></td><td></td></tr><tr><td>3</td><td></td><td></td></tr></table></td></tr>
<tr><td colspan="4">2. STO 系统的控制模式</td></tr>
<tr><td colspan="4">观察 STO 系统，说出其控制模式及适用情况，填写下表。
<table><tr><th>序号</th><th>控制模式</th><th>适用情况</th></tr><tr><td>1</td><td></td><td></td></tr><tr><td>2</td><td></td><td></td></tr><tr><td>3</td><td></td><td></td></tr></table></td></tr>
</table>

任务考核

班级　　　　　　　　姓名　　　　　　　　学号　　　　　　　　第　小组

<table>
<tr><th colspan="2">考核项目</th><th>考核要点</th><th>分值</th><th>自评</th><th>互评</th><th>师评</th></tr>
<tr><td rowspan="2">实践能力</td><td>STO 系统设备认知</td><td>STO 系统设备的掌握情况</td><td>40</td><td></td><td></td><td></td></tr>
<tr><td>STO 系统控制模式</td><td>STO 系统控制模式的掌握情况</td><td>40</td><td></td><td></td><td></td></tr>
<tr><td colspan="2">职业素质</td><td>安全意识、遵章守纪、爱护机车</td><td>20</td><td></td><td></td><td></td></tr>
<tr><td colspan="4">小计</td><td></td><td></td><td></td></tr>
<tr><td colspan="4">权重(自评 30%＋互评 30%＋师评 40%)总分</td><td colspan="3"></td></tr>
</table>

习题巩固

1. STO 系统主要包含________、________、________、EBV 控制单元、________、操作按钮等。

2. STO 系统的控制信号经隔离开关与机车控制系统相连，当 STO 系统正常运用时，应将隔离开关置于________位。

3. STO 系统的工作状态主要包括________状态、________状态、________状态，且三种工作状态间可相互转换。

4. STO 系统的控制模式主要包括________模式、________模式、________驾驶模式，且三种控制模式可根据调度计划及列车运行状态相互转换。

任务二　STO 系统操作

工作任务

STO 系统可代替机车乘务员进行对司机控制器和制动手柄的操作。在本任务中，完成自动控车的进入与退出、停车操作。

任务目标

1. 能够进行进入与人工退出自动控车、停车及运行中的控制。
2. 能够进行自动控车时的应急处理。
3. 培养精益求精的工匠精神。

相关知识

STO 系统是机车乘务员值守下且 LKJ 处于正常监控状态(或已具备开车对标条件)时，代替机车乘务员操作级位手柄和空气制动手柄控制列车加速或减速的系统。STO 系统自动控车时，除级位手柄和空气制动手柄(不具备空气制动接口的机车除外)外，其他操作仍需机车乘务员按照规章制度执行；此时，需要机车乘务员加强瞭望及对突发情况的处理，当发现异常时，及时人工操作级位手柄或空气制动手柄退出自动控车状态。

一、接车确认

1. 系统状态确认

(1)若 DMI 处于屏保状态，机车乘务员按压操作端 DMI 的【↓】键，然后按压【确定】键退出屏保。

(2)DMI 文本提示框未提示故障信息。

(3)确认隔离开关在正常位，如果在非正常位将隔离开关打至正常位。

2. 控制接口试验

(1)机车乘务员确认机车停放制动有效。

(2)自阀运转位，单阀全制动。

(3)获取到有权端。

(4)机车乘务员操作 DMI 菜单，选择测试模式，输入密码后，选择第 6 项空制自测试开始试验，试验完成后 STO 系统报告空气制动试验结果正常。

(5)当 STO 系统报告试验结果异常时，应将隔离开关打至隔离位。

二、发车前准备

1. 确认操作端

当 DMI 主界面显示的“一端”/“二端”为绿色时，表示有权端已确认；若为灰色或与当前操作端不一致时，需人工移动级位手柄至牵引位获取操作权。

2. 揭示获取确认

观察 DMI 文本提示区，若提示“揭示获取失败”，需要按压 LKJ 显示器进行揭示查询，若连续操作 3 次仍无法正确获取揭示信息，应将隔离开关打至隔离位，按 STO 系统故障处理。

3. 确认牵引电机状态

确认牵引电机没有被隔离。

三、进入自动控车

1. 进入自动控车条件

同时满足以下条件时，STO 系统允许进入自动控车：

(1)LKJ 参数设定完成或已开车对标进入监控状态。

(2)大闸处于运转位(列车运行中需要列车已充风完成)。

(3)换向手柄置于前进位。

(4)若列车处于停车状态下，小闸压力大于 50 kPa，级位手柄位于零位。

(5)STO 系统数据版本与 LKJ 数据版本一致。

(6)STO 系统没有判断为起车困难区段(STO 系统根据预先存储的线路数据坡道判断)。

(7)当侧线发车时，一离去信号机附近不存在电分相。

(8)DMI 文本提示区显示“允许自控”。

2. 进入自动控车方法

(1)当 STO 系统 DMI 提示“允许自控”后，机车乘务员持续按压辅助驾驶按钮 1 s 以上，然后松开时，STO 系统进入自动控车状态。此时，若级位手柄未处于零位，需要在 10 s 内将级位手柄回零，否则，STO 系统提示进入失败。

(2)停车状态下进入自动控车操作流程

停车状态下进入自动控车操作流程如图 6-2-1 所示，此时 DMI 提示窗口如图 6-2-2 所示。

(3)运行中进入自动控车操作流程

当 DMI 提示允许自控，机车乘务员判断优化曲线正常，且列车运行速度大于 20 km/h 时，机车乘务员按压辅助驾驶按钮进入自动控车状态。运行中进入自动控车操作流程如图 6-2-3 所示。

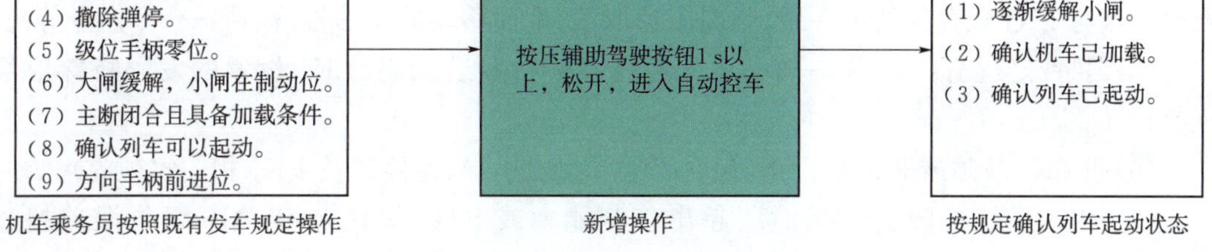

图 6-2-1　停车状态下进入自动控车操作流程

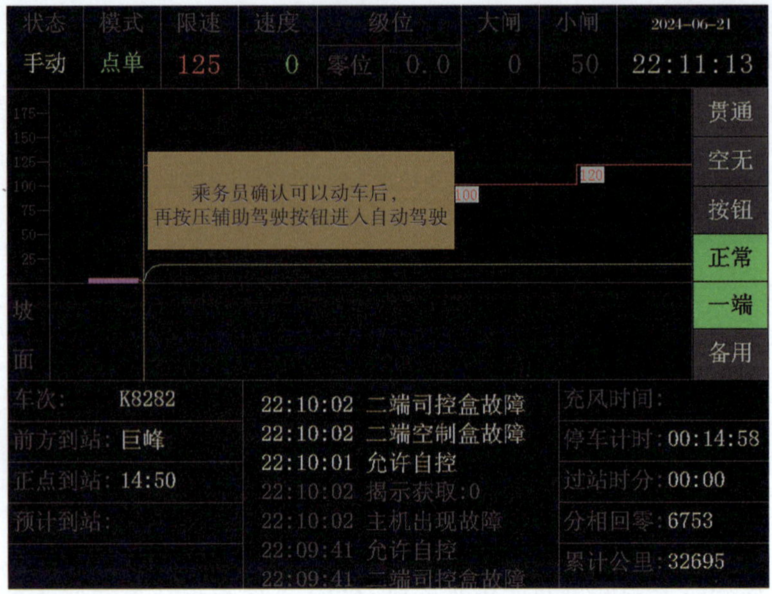

图 6-2-2 停车状态下允许控车提示

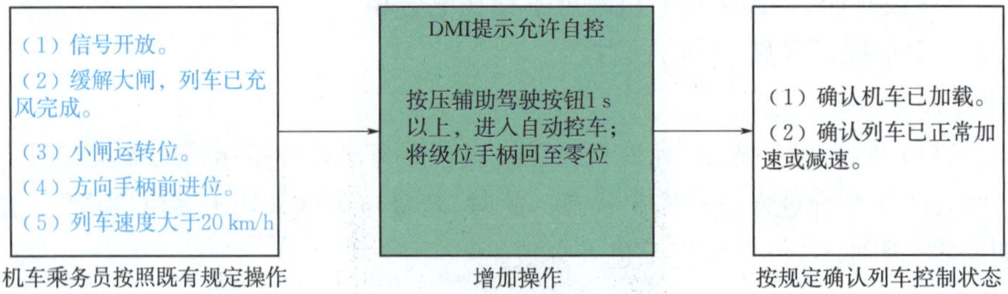

图 6-2-3 运行中进入自动控车操作流程

四、人工退出自动控车

1. 退出自动控车的条件

遇下述场景时，机车乘务员应操作级位手柄或空气制动手柄退出自动控车：

(1)雨、雪、大雾等恶劣天气。

(2)侧线通过且一离去信号机附近存在电分相。

(3)行车过程中遇非正常情况、机车故障。

(4)行车途中机车乘务员接收到未载入 LKJ 的临时命令(包括新增临时限速、限速值或限速地点与 LKJ 预存储的不一致、临时限速取消、地面移动减速信号牌、特殊行车命令等)。

(5)遇特殊发码区段(含一离去发码特殊、场间/股道无码、LKJ 设置的发码特殊信号机等)。

(6)遇 LKJ 故障或非正常行车(包含路票、绿证、引导、走停走及 LKJ 相关解锁等)。

(7)STO 系统故障、错误计算、超出控制能力或 STO 级位与 TCMS 级位误差超过 0.2 级。

2. 退出自动控车方法

当满足下列条件之一时，STO 系统退出自动控车：

(1)机车乘务员操作级位手柄离开零位。

(2)机车乘务员操作大闸手柄减压 40 kPa 及以上。

(3)机车乘务员操作小闸使制动缸压力达到 50 kPa 及以上。

(4)换向手柄置于中立位。

(5)STO 隔离开关置于隔离位。

五、停车控制

STO 系统控制列车自动停车时，进站后收 HU 灯机车乘务员应观察 STO 系统停车标设置是否正确，发现停车标数据不正确，应及时转人工控制列车停车。当接近停车标 30 m 时，再次确认停车标及 LKJ 距离误差，若 LKJ 误差大于 5 m，转为人工控制列车停车。DMI 显示窗口如图 6-2-4 所示。

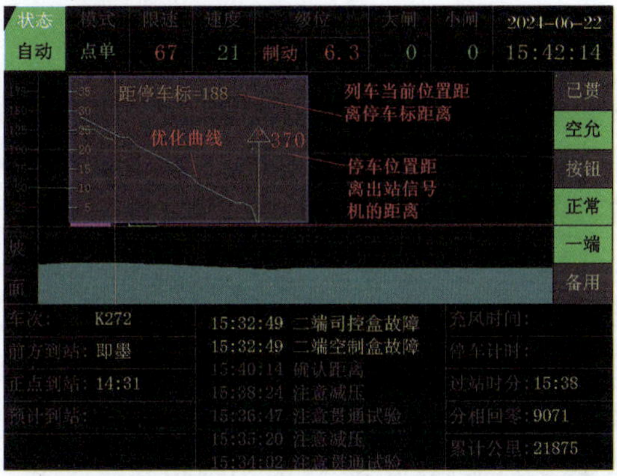

图 6-2-4　自动停车放大显示区

STO 系统控制列车停车后，自动控制列车减压 120 kPa 进行保压防溜；列车停稳后，机车乘务员操作空气制动手柄进行保压，并将换向手柄置于中立位。

六、运行中控制

1. 车速等级为 160 km/h 的客运列车按照连续控制模式进行控速，其他列车按照分级速度控制方式进行控制。

2. 分级控制的线路速度、道岔速度、临时限速及减速信号限速的控制值见表 6-2-1。

表 6-2-1　分级控制的限速控制值

区段	最高速度	U 灯信号机处	U2 灯信号机处	UU 灯	45 km/h 道岔	临时限速
客车	−2 km/h	＜55 km/h	＜90 km/h	＜45 km/h	≤40 km/h	下浮 5 km/h
货车	−2 km/h	＜43 km/h	＜45 km/h	＜30 km/h	≤28 km/h	

3. 在自动控车状态下，按压“辅助驾驶”按钮 1 s 可进入等信号模式，再次按压“辅助驾驶”按钮 1 s 退出等信号模式。

4. 在自动控车状态下，可通过 DMI 的【赶点】键切换达速模式和点单模式。

5. 当列车运行在半自闭区间时，STO 系统预先按照机外停车控制；当车机联控确认进路信号开放时，机车乘务员按压辅助驾驶按钮 1 s 后，按照进站信号开放进行控制，接收到进站信号机信号后，按照接收信号进行控制。

6. 对于不具备自动贯通条件区段，机车乘务员应手动贯通。自动贯通试验时，机车乘务员应确认尾部风压和列车制动力是否正常。

七、自动控车适用范围

1. 机车适用范围

系统自动控车适用于同时满足下列条件的机车：

(1)HXD3 系列电力机车并且牵引、动力制动性能正常的机车。

(2)具备空气制动接口的机车能够自动实施空气制动功能。

(3)担当本务牵引任务，已加装 LKJ 且 LKJ 工作正常的机车。

2. 牵引车辆适用范围

下述列车禁止使用自动控车功能：

(1)有特殊操纵规定的列车(如军运、关闭制动机构的列车、折关辆数超过 6%的列车等)禁止使用自动控车。

(2)规定按特殊条件办理的货物列车(例如由于货物的性质、体积、状态等在运输过程中需要使用特别的车辆装运或需要采取特殊运输条件和措施，才能保证货物完整和行车安全的货物，如超长、集重、超限、危险和鲜活易腐等货物)禁止使用自动控车。

八、自动控车时注意事项

1. 机车乘务员须加强信号确认、瞭望、间隔警惕确认等。

2. 机车乘务员应关注指导曲线优化情况，若出现指导曲线超越限速曲线、指导曲线消失、LKJ 限速曲线或揭示信息与 STO 不一致时，应及时退出自动控制。

3. 对 STO 系统未优化出贯通试验的区域，应由机车乘务员手动做贯通试验，人工贯通试验后，STO 系统不再进行自动贯通试验。

4. 安装 EBV 控制单元的机车可以使用空气制动调速(DMI 显示“空允”)；未安装 EBV 控制单元(DMI 提示空制盒故障)或空气制动功能未启用的机车(DMI 显示“空无”)，需要机车乘务员手动空气制动调速。

5. 当区间 LKJ 降级且停车再发车时，应禁止使用自动控制发车。

6. 自动控车过完分相后，当出现主断不能闭合时，机车乘务员应先退出自动控车再合主断。

7. 途中机车乘务员应注意确认车位，及时校正 LKJ 距离误差。

8. 当 STO 系统自动退出自动控车时(语音提示“请注意手动驾驶”)，机车乘务员须及时进行手动控制。

9. 对于容易空转的场景，机车乘务员应进行预防性撒砂。当机车出现空转时，机车乘务员应进行撒砂减缓空转。

10. 若 STO 系统控制逻辑与机务段规定不符且影响安全时，机车乘务员应进行手动控制。

11. 由 STO 系统控制造成 LKJ 输出卸载指令的，不计入机车乘务员考核。

12. 机车乘务员应将自动控车过程中的异常情况在行车日志中进行记录。

九、应急处理

1. 当前列车速度超过最大允许速度，LKJ 输出“减速、减速”时，机车乘务员利用空气制动进行辅助减速。

2. 发现控制异常或指导曲线超越限速曲线、指导曲线消失、LKJ 限速曲线或揭示信息与 STO 不一致时，应通过操作级位手柄退出自动控车。

3. STO 系统 DMI 异常或提示主机故障时，机车乘务员应退出辅助驾驶，并将隔离开关置于隔离位，手动进行控制并在机车运行日志中进行记录。

任务实施

任务名称	STO 系统操作	任务编号	6.2
任务说明	掌握 STO 系统相关操作		
任务实施	STO 系统操作		
	在实训室练习 STO 系统操作后回答下列问题： (1)STO 系统进入和退出自动控车的条件分别是什么？ (2)STO 系统进入和退出自动控车的方法分别是什么？		

任务考核

班级　　　　　　　　姓名　　　　　　　　学号　　　　　　　　第　小组

考核项目		考核要点	分值	自评	互评	师评
实践能力	STO 系统操作	STO 系统操作方法的掌握情况	70			
职业素质		安全意识、遵章守纪、心态平稳	30			
小计						
权重(自评 30%＋互评 30%＋师评 40%)总分						

习题巩固

1. 若 DMI 处于屏保状态，机车乘务员按压操作端 DMI 的________键，然后按压【确定】键退出屏保。

2. 当 DMI 界面显示的“一端”/“二端”为绿色时，表示有权端已确认；若为灰色或与当前操作端不一致时，需人工移动________至________位获取操作权。

3. 当 STO 系统 DMI 提示“允许自控”后，机车乘务员持续按压________按钮 1 s 以上，然后松开时，STO 系统进入自动控车状态。

4. STO 隔离开关置于________位会退出自动控车。

5. 在自动控车状态下，可通过 DMI 的________按键切换达速模式和点单模式。

参 考 文 献

[1] 中国铁路总公司. 铁路技术管理规程(普速铁路部分)[S]. 北京:中国铁道出版社,2014.

[2] 林瑜筠. 铁路信号基础[M]. 2版. 北京:中国铁道出版社,2014.

[3] 梅国宏,朱济龙. 铁路行车安全装备[M]. 北京:中国铁道出版社,2015.

[4] 弥耀翟. LKJ2000型列车运行监控装置实训指导书[M]. 北京:中国铁道出版社,2018.